王中江◎主编

哲学中国

Philosophical China

第一辑
Issue I

本期主题
"分析的"与"思辨的"

中国社会科学出版社

图书在版编目(CIP)数据

哲学中国. 第一辑 / 王中江主编. — 北京：中国社会科学出版社，2021.12

ISBN 978-7-5203-9483-3

Ⅰ.①哲… Ⅱ.①王… Ⅲ.①哲学—中国—文集 Ⅳ.①B2-53

中国版本图书馆 CIP 数据核字(2021)第 273776 号

出 版 人	赵剑英
责任编辑	郝玉明
责任校对	刘成聪
责任印制	王 超
出　　版	中国社会科学出版社
社　　址	北京鼓楼西大街甲 158 号
邮　　编	100720
网　　址	http://www.csspw.cn
发 行 部	010-84083685
门 市 部	010-84029450
经　　销	新华书店及其他书店
印　　刷	北京明恒达印务有限公司
装　　订	廊坊市广阳区广增装订厂
版　　次	2021 年 12 月第 1 版
印　　次	2021 年 12 月第 1 次印刷
开　　本	640×960　1/16
印　　张	20
字　　数	318 千字
定　　价	108.00 元

凡购买中国社会科学出版社图书，如有质量问题请与本社营销中心联系调换
电话：010-84083683
版权所有　侵权必究

学术委员会委员

（以姓氏笔画为序）

丁立群　万俊人　王庆节　王南湜　王　路　王　博
丰子义　甘绍平　刘笑敢　朱汉民　朱　菁　乔清举
仰海峰　江　畅　江　怡　孙向晨　孙周兴　李存山
李建华　李秋零　李培超　李景林　杨国荣　吴向东
吴国盛　吴根友　吴晓明　何怀宏　何　俊　汪信砚
张汝伦　张异宾　张志伟　张志强　张　法　张祥龙
张曙光　陈少明　陈　来　陈　波　陈建洪　陈嘉映
郁振华　尚　杰　赵汀阳　赵敦华　郝立新　姜广辉
姚新中　贺　来　倪梁康　郭齐勇　唐正东　黄　勇
盖建民　谢地坤　董　平　董振华　韩水法　韩庆祥
韩　震　傅永军　傅有德　焦国成　童世骏　赖永海
廖申白　蔡曙山　樊　浩　潘德荣　鞠实儿

编委会

主　编　王中江
副主编　李　巍（常务）　马天俊　聂敏里　文贤庆
委　员（以姓氏笔画为序）
　　　　　方　博　吴天岳　匡　钊　何　杨　贡华南
　　　　　陈　浩　周　濂　谢晓东

编辑部

主　任　曾令巍
成　员（以姓氏笔画为序）
　　　　　王翠平　刘　漫　张云凯　胡爱玲　钟远征
　　　　　程勇真

发 刊 词

哲学造就一个人内心的强大，亦造就一个民族的内在力量。一个民族若缺少哲学智慧，犹如一个人的身躯中少了灵性。历史上，不计其数的中国哲学家创建了多元的、丰富多彩的哲学和智慧。这些哲学塑造了中国人的心灵，奠定了中国的内在力量。晚近中国迅速而又大规模地摄取、吸纳来自西方的哲学，同时也燃起了古典中国哲学的复兴。两者的融合，产生了有别于西方又不同于中国过去的新型的哲学：新的语言表达、新的论说方式、新的精神气质。哪怕它再是洋产原味的智慧，无意之中它已化为本土；哪怕它再是本土固有的义理，默然之间它已有了新的外观和新气象。架构认识论、新实在论、新唯识论、新理学、新心学、新唯物论等，在短短的几十年中，相继诞生，蔚为大观，形成了现代中国惊人的哲学运动；哲学的不同领域和分支，也在过去不曾有也不可想象的面貌中建立起来了。中华人民共和国成立之后的一个时期中，狭隘的政治意识左右了学术，也左右了哲学。哲学家放弃了他们之前的哲学，新的哲学也未能建立起来。很不幸，哲学失去了自我。

改革开放新时期，学术复活了，哲学复活了。经过四十多年的发展，哲学的各个领域和不同分支又产生了新的积累，出现了许多哲学的专家和学者。遗憾的是，哲学界仍缺乏能被称为创造性的哲学，缺乏真正意义上的哲学家，就像文学院很难有小说家那样。这很奇特，也很奇怪。余敦康先生在世时一有机会就感叹说，我们只有一些哲学工作者，却没有哲学家。一有机会前去拜访他，他就念念不忘说，为什么还不做哲学而仍做历史上的哲学。语以试试，默然向往之。余先生心中一定有一个判断哲学家的标准，他用他的标准衡量，他没有数上一位。在一次会议上，他调侃说，某人是一位哲学家吗？最多是半个吧！他回答说。一个具有源远流长古典义理传统的民族，现在竟然缺少哲学家，似乎不可思议。

　　造成这种局面的部分原因，出在中国的哲学学科的建制中。哲学被哲学史化了，哲学过于细分和零碎化。主要原因是，成为一位哲学家要比做一个哲学学者困难得多，它需要很多条件来促成。柏格森说，哲学家一生只说一个哲学主题。成为哲学家首先需要发现一个真正的哲学问题，这又是他在哲学上的一个重要发现；同时，他还要不断地展开它和证成它，使之成为哲学的一个新领地。

　　更深层次的原因是，人们有不同的心灵和大脑，一些人可能适合做常规性的传述研究，当工匠；一些人可能适合做超常的思考，成为思想者。做一个哲学家不用说要有很好的哲学基础训练，他还需要具有特殊的性情、特殊的感受力和直觉，就像当一个革命家那样。习惯了做哲学学者的人们很谨慎，不敢贸然进入哲学学说的创造中。肤浅平庸而又胆大包天的人，却好宣称他们创立了什么。在中国做一个哲学家，还有一些特别的困难，他要抵挡对哲学的大量低级和庸俗之见，要抵挡对哲学的各种偏见，抵挡在经济和技术中心主义之下的目光短浅者和急功近利者。

　　世界发生了变化，哲学也在发生变化，它必须以有力的方式和强度扮演好自身的角色，应对人类遇到的挑战和风险，满足人们对智慧、理性和信念的追求，满足人们对建立好的生活方式的需求。霍金说哲学死了，这是他自己否定自己，因为他的物理学中有哲学的部分，而他的哲学部分又不是物理学的部分。他这样说的时候，失去了明智，表现出了科学家的傲慢。哲学不必同科学联姻，更不会成为科学的附庸。过去是这样，现在仍然如此。逻辑经验主义者（如石里克）的哲学只是哲学中的一种。胡适说哲学是坏的科学，金岳霖说他在哲学上是外行。罗素说哲学是介于科学与宗教之间的东西，这就是说哲学有自己的独立空间。哲学引导人们批判、怀疑，用正确的方法创造一切可能。它单凭它的自我反思就能不断自我超越。

　　有不同的力量，一种是外在的，指的是各种有形的物质能量的那一类东西，如经济、技术和工具等，它们是硬实力；一种是内在的，指的是那些无形的精神、信念和信仰一类的东西，如哲学、宗教、文学和艺术等，它们属于软实力。这两类东西的性质和作用非常不同。健全地拥有它们，就有不同意义上的中国。

在东西文明过去的大部分时间中，人类注重的是内在的力量，而不是外在的力量。近几个世纪以来，人类开始注重外在的力量，以至于这种力量成了世界的主宰，随之带来的惊人灾难比自然加害于人类的灾害要大得多。中国在追随这种力量的过程中也产生了不少畸形的东西。哲学应该也能够帮助世界纠正和改变这两种力量的失衡，哲学也能够弥补中国的部分缺失。中国需要哲学上的贡献，哲学也需要中国的土壤。

孟子说："困于心，衡于虑，而后作。"郑州大学哲学学院创办《哲学中国》辑刊的愿望，就是想同中国哲学界的同道们一起扮演建设哲学意义上之中国的部分角色。

目 录

哲学对话和评论

"分析的"与"思辨的" … 张志伟　江　怡　王　路　詹文杰等／3

哲学论说

哲学之变 …………………………［荷兰］马丁·斯托克霍夫　钟远征 译／69
亚里士多德的范畴理论与形而上学 ………………………………王　路／86
反思、直觉与想象
　　——胡塞尔先验现象学方法三论………………………韩水法／112
哲学的剧场化
　　——读德勒兹的《差异与重复》 …………………………尚　杰／131
解释学架起沟通思辨哲学与分析哲学之桥梁
　　——伽达默尔的两者融通性思考与意义理解…………张能为／151
后期维特根斯坦论逻辑必然命题………………………………钟远征／173

哲学家访谈录

哲学的科学方法
　　——访赵敦华教授………………………………赵敦华　王希佳／185
知识形态演进的历史逻辑及其对世界的影响
　　——韩震教授访谈录………………………………韩　震　张清俐／200
哲学的未来转向
　　——访浙江大学孙周兴教授………………………孙周兴　张振华／214

学科回顾与前瞻

新中国逻辑学研究 70 年 ………………………… 刘新文 / 227

新著评论与推介

纯粹理性存在的非理性选择
——读托比亚斯·霍夫曼的《中世纪哲学中的自由意愿与反叛天使》 ………………………… 吴天岳 / 265

观念史自觉、解释学态度与历时性中的共时性
——评王中江的《自然和人：近代中国两个观念的谱系探微》 ………………………… 郝颖婷 / 285

哲学殿堂

守望智慧的记忆：北京大学哲学殿堂的故事 ……………… 王中江 / 299

《哲学中国》征稿启事 ………………………………………… / 307

哲学对话和评论

"分析的"与"思辨的"

编者按：2021年4月10日，中华全国外国哲学史学会、中国现代外国哲学学会主办，郑州大学哲学学院承办的"分析的与思辨的哲学之对话"学术研讨会暨中华全国外国哲学史学会与中国现代外国哲学学会常务理事会会议于郑州大学顺利召开。北京师范大学、中国人民大学、武汉大学、南京大学、南开大学、吉林大学、上海交通大学、西南大学、山西大学、中国社会科学院等国内知名高校及科研机构的学者及郑州大学哲学学院师生近40人参加了会议。本次会议共有4场学术报告。第一场会议的报告人是中国人民大学张志伟教授，他报告的题目为"心灵与世界——兼论《纯粹理性批判》中的'经验'概念"；第二场会议的报告人是山西大学江怡教授，他报告的题目为"如何超越'分析的'与'思辨的'哲学之争——以王浩对分析哲学的批评为例"；第三场会议的报告人是郑州大学的王路教授，他报告的题目为"论句子图式的意义"；第四场会议的报告人是中国社会科学院哲学研究所詹文杰副研究员，他报告的题目为"亚里士多德《后分析篇》中的知识论"。山东大学傅永军教授、吉林大学李大强教授、南开大学李国山教授和武汉大学苏德超教授分别对上述4场学术报告做了精彩点评。参加本次学术会议的学者专家就报告涉及的问题展开了热烈和激烈的讨论。

张志伟教授的报告认为，自笛卡尔以来近代哲学确立了心物二元论的传统，康德在继承此传统的基础上对此做出了自己的修正，并确立了自己的认识论纲领。张志伟教授着重探讨了《纯粹理性批判》中康德对于"经验"概念的更新，并由此将传统的心物二元论变成了"直观"与"概念"的二元论，从此角度出发，将"心灵—所予—世界"的传统模式转变成了"心灵—经验世界—世界本身"的模式，从而启示人们进一步思考心灵与世界的关系问题。在报告结束后，参会学者充分肯定了张教授的报告，认为张教授报告的题目正好对应了会议的主题"分析的与思辨的哲学之对话"。他们就"直观是概念主义或者非概念主义的"的问题进行了充分的讨论，争论比较激烈。如果从匹兹堡学派本身对所予神话的批评来讲，这还是比较容易接受的。就单纯的直观来说，就人们的体验来讲，人们会感觉到问题不可能是这样，比如说看到窗外一棵树，既感觉到，也确实看到，但如果不知道这棵树叫什么的话，就只有一种比较朦胧的直观。

江怡教授的报告首先从"分析的"与"思辨的"方法争论之背景谈起，具体阐述了"超越"概念本身包含的主要内容，即批判性、不确定性、分析性等。江怡教授就科学与哲学的关系着手讨论了分析哲学家的一些基本思想，最后结合王浩的著作，对分析哲学进行了元哲学的思考，包括对预设的哲学考察、分析哲学与思辨哲学在目标设定上的差异、科学的方法与非科学的方法之间的区别等。参会学者就江教授的报告表达了自己的观点，对大陆哲学与分析哲学的关系进行了深入的探讨。有学者认为大陆哲学家的思维方式和英美分析哲学家完全不一样，用传统的分析哲学或者说传统的经验论、唯理论这一套方法根本无法把福柯等后现代哲学容纳进去。还有学者以大陆哲学与分析哲学的关系为切入点，深入探讨哲学的本性问题，认为哲学是面对未知，斯里克在他就职的时候，当时就遇到了这个问题，认为原来哲学所研究的任务似乎自然科学都代替了，比如说物质的特性、物质运动的规律等。江教授就学者们提出的问题进行详细、全面的回答，认为我们不能把哲学的范围限制在狭小的范围之内，人文科学这个说法本身其实已经包含了一种时代痕迹。

王路教授的报告认为，在分析哲学家看来，人们关于对世界的认识是通过语言表达出来的，那么通过对语言的分析则有望达到对于世界的认识。基于此，有必要区分清楚语言和语言所表达的东西，而句子图式正满足这一需求。参会学者对王教授的句子图示理论比较感兴趣，认可王教授对句子三分法的分析，赞成存在三个层次，包括语言的层次、认识的层次、存在或者"是"的层次。当然，也有学者对王教授的句子图示提出了疑问，从语言到认识到存在这三个层次，句子图示到底是不是典型的视角？王教授对这类问题给予了详细的回答。

詹文杰副研究员的报告从整体解读《后分析篇》的文本出发，重点研究了亚里士多德对于证明性知识的基本前提的讨论。他认为，把握到初始原理的认知品质是"理性洞见"（nous），它与"非证明性知识"并无不同；"理性洞见"不是如有些人认为的那样属于非命题性的认知形式，相反，它根本上是一种命题性的断真方式；此外，"理性洞见"也不是脱离经验性认识的理性直观，而是在感知和经验的基础上通过归纳过程被把握到的，它尤其是关于构成任意一门科学辖域之主题的诸本质之定义的把握。参会学者对亚里士多德的感知是否具有普遍性问题展开激烈的讨论，一些学者主张感知并不是普遍的，认为假定感知是所有动物都与生俱来的一种辨识能力，如果感觉到普遍者的话，意味着能够接收到一个概念，如果动物也都有这种能力，意味着动物也有概念能力，这显然说不通。另一些学者从逻辑学的角度出发，认为感觉具有一定的普遍性，亚里士多德讲得非常清楚，我们感受到卡利亚斯，这人就是不变的，人是普遍的。

——整理者：崔增宝　钟远征　刘冬冬　刘漫

心灵与世界
——兼论《纯粹理性批判》中的"经验"概念

张志伟

主持人：韩震

动物的语言——如果动物有语言的话——只能表达世界上能看到的东西，食物、配偶、天敌，这些实际存在的危险。但是唯有人能看到、能表达、能叙述这个世界上看不到的东西，甚至觉得有上帝。这就进入了心灵世界。心灵世界怎么来的？这是这么多年来哲学家探索的重要问题之一。我记得康德说过，是休谟打破了他形而上学的迷梦，休谟强调"经验"概念的现实，对他有很大启发。我想张志伟教授把"心灵与世界——兼论《纯粹理性批判》中的'经验'概念"拿出来探讨，这是抓住了哲学根源性的一些问题。根据要求，报告35分钟，点评10分钟，由傅永军教授进行点评，然后讨论30分钟。整个环节是这样的。下面让我们以热烈的掌声欢迎张教授做报告。

报告人：张志伟

首先要感谢王路教授安排的发言，今天上午两个发言，下午两个发言，一共4个发言，他的安排正好也是两个做古典哲学的，两个做现代分析哲学的。原来的主题是"在古典与现代之间"，现在改成了"分析的与思辨的哲学之对话"，但是这两个主题实际上意思是一样的。

我这段时间关注到匹兹堡学派对所予神话的批判，尤其是他们以康德作为理论资源。我对康德相对熟悉一点儿，对匹兹堡学派只是了解一星半点儿的皮毛。他们对所予神话的批判、对康德的利用，引起了康德学界的一些反响，主要是对康德的直观概念究竟是概念主义的还是非概念主义的这样一种争论。这对我有很大启发，所以就定了这个题目，当然就像韩震教授讲的，题目可能有点大。下面的报告主要落足在《纯粹理性批判》中的"经验"概念上。

我们知道心灵和世界的关系，其实是古典哲学的概念，一个非常古典的论题。从笛卡尔开始，心灵和世界的关系问题，基本上以心物二元的方式被讨论，以至于笛卡尔实际上给整个近代哲学打上了二元论的烙印。不光是20世纪的分析哲学，其实整个后来的现代哲学都是要试图克服主客二元式的思维方式和架构，无论现象学还是语言的转向都是如此，像现象学一脉，海德格尔从《存在与时间》到存在哲学，走的都是这样一条道路。

这涉及匹兹堡学派的分析哲学、实用主义的方面。在相当一段时间，我们讲康德往前，包括黑格尔，会讨论感性和知性的关系或者心灵什么的问题，但在语言的转向之后，认识论问题就被转化为语义学的问题，不再讨论心灵的东西了，而是用语言的方式去探讨这个问题。我们知道因为第二次世界大战，欧洲的知识分子大量流亡美国，各种哲学流派都在美国产生了非常大的影响，但美国的本土哲学即实用主义仍然有很强的生命力。在实用主义的"经验"和分析哲学的"语言"之间存在着某种张力。通常有人把现在的匹兹堡学派称为新实用主义，当然我其实对各种标签不太在乎，比如罗蒂说，塞拉斯实际上是把分析哲学从休谟阶段引向了康德阶段，近些年来也有人在谈论布兰顿把康德阶段又引向了黑格尔阶段,说分析哲学里有一个黑格尔转向。我觉得都有点夸大其词。因为在哲学讨论中,不同的人利用不同资源是非常正常的,如果我们只抓到其中的一点,就把它看作英美哲学或者分析哲学的发展趋势,我觉得有点过火。但的确现在的匹兹堡学派,至少它的主题是在这个问题上,对于古典哲学的利用比较明显。在此之前,尤其在20世纪五六十年代以前,分析哲学基本不管哲学史,这是很大的区别。

塞拉斯所批判的所予神话(the Myth of the Given)是经验论的基础主义的一种立场,指的是把直观所予的感觉经验看作知识的非概念基础。从这个意义上来说,通常会把它看作构成心灵和世界之间的中介,这要追溯到笛卡尔的心灵和物体之间的关系。物体刺激心灵而产生感觉观念,我们称之为表象。心灵对自身之中东西的把握是直接的,但是对心外之物的把握是间接的,通过心中的表象才能知道心外有物。但是所予或者表象处在这样的位置带来了很大的麻烦。一方面,以非概念式的直观作为知识的基础,我们无法解释概念和直观之间的关系。所予是非概念性的,如果是非概念性的,那么怎么处理从它到概念的过渡?另一方面,所予也无法解释心灵和世界的关系。所予看起来构成了心灵和世界的中介,但实际上构成了心灵和世界之间的障碍或帷幕。

这就引发了一个问题,我想也是涉及知识论的问题,正像麦克道威尔在《心灵与世界》中所谈到的。这本书由中国人民大学出版社出版,一共出了两版,因为第一版翻译得有点儿问题,所以请韩林合老师做了一个新译本,书名叫"心灵与世界"(新译本)。大家如果要看,看新译本,不要看老译本。麦克道威尔意识到一个很重要的问题。所予或直观是非概念性的,它既不是世界也不是知识。假如不要所予,心灵就是推论性的或概念性的,它好像通透了,问题在于心灵和世界的关系无法处理,我们仍然面临所谓融贯论的问题,即被封闭在自身之中的问题。这就像"布里丹的驴子",左右为难。如果不接受所予,就倒向融贯论。麦克道威尔说,"终止在这样两口陷阱之间摇摆不定的途径是像康德那样将经验知识构想成感性和知性之间的一种合作"[《心灵与世界(新译本)》第72页]。[1] 从塞拉斯到麦克道威尔,都是在试图回到康德的

---

[1] [美]麦克道威尔:《心灵与世界(新译本)》,韩林合译,中国人民大学出版社2014年版,第72页。

感性和知性之间的关系这一点上，尤其是我们都熟知的康德的话："直观无概念是盲的，思维无内容是空的。"康德强调构成知识和经验，必须通过感性和知性的结合才是可能的。

我想塞拉斯和麦克道威尔，他们讲康德其实不是为了解读康德，这也是引起康德学界的反响的地方。康德学界的争论是，究竟康德的直观是概念性的还是非概念性的，或者康德既然说直观无概念是盲的，那么究竟有没有盲的直观？如果有盲的直观，塞拉斯或麦克道威尔的说法就有问题了。因为他们致力于把直观和概念打通，试图构成一个连续体。我讲康德，实际上是借匹兹堡学派的问题，重新审视康德。这让我对整个会议的主题有了新的体会。我们两个学会向来是一起做每年的年会，古典的和现代的哲学研究的界限越来越不清楚。在20世纪80年代，我的老师苗力田先生总是强调，做古典哲学的要学现代哲学，研究现代哲学的也要有古典哲学的基础。我想我们尽可以去做古典哲学，但是角度和立场一定得是现代哲学的。在我这个年龄，毕竟受过去学科界限限制，我希望我们打破界限，不要把古典哲学当古董去研究。

我现在分几个方面来跟大家讨论。首先是二元论的问题。笛卡尔以来的二元论基本体现在"心灵—所予—世界"的模式中。所予是心灵和世界沟通的中介，同时又是障碍。在笛卡尔那里，心灵和世界是两个封闭的世界。笛卡尔从唯理论的角度出发，在《第一哲学沉思集》第二个沉思中以蜂蜡作为例子：感官让你看到它或者是液体或者是固体，它有不同的颜色，但是理性却可以把握到它的本质是广延，所以还是一个理性主义的立场。但是对于心外世界的问题，笛卡尔最终还是需要第三者。因为心灵封闭在自身之中，物理世界是另一个世界，这两个封闭的世界之间的关系问题是它们自己不能解决的，所以要论证上帝存在。笛卡尔不仅影响唯理论，他的二元论的框架实际上影响到整个近代哲学，包括经验论。经验论的特点是强调经验是基础，一切知识来源于感觉经验。但从洛克开始，经验论也接受二元论的架构，结果是经验论最终导致休谟的怀疑论，我们没办法谈心外有没有世界这件事。

我想康德解决问题的思路值得我们考虑。康德不把心灵和世界的关系看作封闭的、"相切"的关联，而把它看作"相交"的领域。在这个领域里面，有外部事物的刺激或影响产生的杂多表象，同时也有心灵的认识形式渗透其中。他不把对象看作心外的东西,实际上认识的对象已经渗透了认识的活动在里面。这一点很重要。康德把主体渗透其中的东西看作先天的认识形式,它独立于经验,是心灵自身的,但同时构成经验和知识的前提条件。从这个意义上来说,康德实际上是说在所予中已经有概念性的或者知性范畴的因素渗透其中,这等于把"心灵—所予—世界"的模式,变成"心灵—世界—事物自身(或者世界自身)"的模式。

我们知道,康德认为我们只知道事物相对于我们的显象,我们的认识形式渗透其中,由此形成了经验和知识,而物自体则是不可知的。正因为如此,他悬搁了世界本身或者事物自身,而把我们面前的世界带入了心灵之中。这涉及康德强调的感性与知性相互结合的问题,我把它叫作康德的"认识论纲领":感性之所司在直观,知性之所司在思维,直观无概念是盲的,思维无内容是空的,只有两者相互结合才形成知识,缺一不可。在这个意义上,康德的直观或者说所予,其实已经渗入了概念或者知性范畴的因素。这样一来,康德解决的问题不仅是知识的问题,也涉及对象或世界的问题,即所谓心灵和世界之间的关系问题。说到这里,不得不提到康德一个很重要的观点,即先验哲学的最高峰,叫作"知性为自然立法"。

我想强调两点。其中一点是,我们经常听到学界朋友不是太严格地讲"人为自然立法"。我非常不认同这个说法,因为这句话跟普罗泰戈拉的"人是万物的尺度"是没法区别的。说"人为自然立法",究竟是人的欲望还是别的什么东西为自然立法?康德讲得很清楚,是"知性为自然立法",而知性所立之法说的是先天认识形式,康德恰恰要摆脱主观的方式,讲客观性。另一方面,更深入地讲,康德讲的不是"知性为知识立法",而是说"知性为自然立法"。在某种意义上说,康德没有特别强调这一点,因为他总要避免被人批评为主观唯心论,特别是贝克莱式的唯心论,但他在《纯粹理性批判》第一版中其实讲得比较清楚。

我想康德的问题不光涉及先天综合判断如何可能的问题,也涉及先天综合的经验如何可能的问题,也就是对象是如何可能的问题。我们看到,在《纯粹理性批判》第一版前言里,康德把先验演绎分成了主观演绎和客观演绎,主观演绎解决知识的先天条件问题,而客观演绎解决的恰恰是对象的问题。如果只涉及知识，对康德来说，问题要简单得多。因为感性仅仅达到表象，知性要形成知识，就要形成判断，判断是在两个不同的表象之间做联结，而这种联结康德称之为"综合"，"综合"是按照某种规则去做的。我们只要证明知性有一套范畴体系，这套范畴体系就是我们下判断的先天的规则，就一切都可以了。但实际上康德不仅如此，他必须解决对象的问题。麻烦在于证明感性的先天直观形式（空间和时间）是先天的，是有困难的，这是有悖常识的。但是，只要你证明了空间和时间是先天的，它就是经验的先天条件，因为它是直观，没有时间和空间，我们就没有经验。但现在要证明的是知性范畴，看起来它与经验是间接的关系，现在却要证明它是经验的直接的先天条件。我觉得对康德来说这是难度最大的地方。大家注意康德在1770年的教授就职演说，那时他的关于空间和时间是先天直观形式的学说已经很成熟了，但是关于知性的问题，康德还是沿着传统形而上学的思路。经过后来的十几年思考，关于知性的思想才完全成熟。康德的重心在先验逻辑上，这从《纯粹理性批判》篇幅的比例上可以看出来。先验感性论的比例很小，不到两万字，而三四十万字的篇幅是在先验逻辑上。

我想我们朴素的意识会把事物看作事物自身，我们看到的事物似乎自身就是各种属性的集合，但是按照康德的观点：首先，物自体不是认识对象；其次，感性直观只能提供杂多表象，不能提供综合，综合只能是知性的。康德要证明知性范畴对于经验的客观有效性，这是先验演绎的关键点。康德的证明涉及一个问题，很长一段时间，我觉得有些不可思议。康德不止一次讲，通过感性直观一个对象被给予，通过知性该对象被思维。康德在不同的地方说了很多次类似的话。这显然与他的基本原则是相悖的，因为物自体不是认识对象，感性直观只提供杂多表象，说对象通过感性直观被给予我们，怎么说得通？我觉得这不应该是笔误，也不是康德自己没有弄明白。康德实际上讲的是，对我们来说，对象是通过直观被给予的，但是只有直观和杂多表象还不构成对象，是知性范畴通过先验想象力在直观中的活动形成了对象。康德的先验想象力一方面是盲目的、非理性的、在直观中活动的能力；另一方面作为形成形象的能力，它的综合规则源于知性范畴。于是先验想象力就构成了知性和感性连接的一个环节。从这个意义上来讲，康德的这句话就比较容

"分析的"与"思辨的"

易理解了。的确,通过感性直观对象被给予我们,通过知性该对象被思维,但这并不是说直观能够提供对象,直观只提供杂多表象,根据知性范畴的综合统一规则形成对象则是先验想象力的作用。这就涉及了康德的"经验"概念。

《纯粹理性批判》译本中与"经验"相关的有两个概念,一个是"empirisch",另一个是"erfahrung"。"Empirisch"这个词,韦卓民和庞景仁都译作"经验的",李秋零和邓晓芒则译作"经验性的",而他们都把"erfahrung"译作"经验"。这个词在德语、英语里很清楚,但在汉语翻译里,这个"的"的所属不太容易判定。明确的区分在于,"empirisch"这个词指的是单纯感性知觉的、相对的、偶然的杂多表象,而"erfahrung"是包含杂多表象,同时有概念的综合统一性渗透其中。

康德有一句话很有意思:"只有一个经验,其中一切知觉都被表现为处在普遍的且合规律的联系中,就像只有一个空间和时间,显象的一切形式和存在或者不存在的一切关系都在其中发生一样。当人们谈论不同的经验时,这只不过是不同的知觉罢了,这是就它们都属于同一个普遍的经验而言的。也就是说,种种知觉普遍的和综合的统一性恰恰构成了经验的形式,它无非就是显象按照概念的综合统一性。"[①] 由此可见,康德的"经验"的概念等同于现象界的概念,等同于"知性为自然立法"中的"自然"。这个自然不是自然本身,是一切可能的表象、一切可能的经验的总和。笛卡尔通过所予把心灵和世界隔绝开了,现在康德通过感性和知性的结合重新打通了心灵和世界。在康德这里,甚至可以说心灵和世界是一体两面的,既构成对象,同时也形成知识,区别在于先验想象力在里面的作用。康德一方面接受了经验论对感性的理解,感性是被动的接受性;但另一方面又把知性范畴的规则作用通过先验想象力渗透到了直观之中。这样一来,在直观经验之中,既有被动的感性接收来的杂多表象,同时也有概念的规则性作用。非要说在康德这里有没有纯粹的无概念的盲的直观,我觉得这个问题意义不大。因为康德实际上区别于经验论和唯理论,把感性和知性做明确的区分,在这之前,无论经验论还是唯理论,都没有对两者划界或区分。在《纯粹理性批判》

[①] [德]康德:《纯粹理性批判(注释本)》,A110,李秋零译,中国人民大学出版社2011年版,第134页。

里，康德批评莱布尼茨说知觉要么是清晰的，要么是不清晰的，也就是感性的和知性的。康德说两者的明显区别不是逻辑的，而是先验的，是否清晰不是逻辑的区别，而实际上是两种不同的认识能力的区别。康德区别两者的目的是用知性的先天形式去约束和规范感性提供的杂多表象。但问题在于，康德需要不断地在感性和知性之间寻求结合和中间环节。在先验演绎里，要讲先验想象力，在"原理论"里，通过时间的先验图形，说明先验想象力是如何沟通感性和知性的。怎么才能够有一个东西既是感性的又是知性的？这是康德的一个麻烦。

正因为这个麻烦，后来的很多哲学家试图重新打通感性和知性。在弗莱堡学派之前，胡塞尔做过这个工作，海德格尔也做过这个工作，张荣教授很久以前也写过一篇关于感性和知性的"共同根"的论文。海德格尔实际上把康德的先验想象力看作感性和知性的基础，我们是先有想象力，然后才分化出感性和知性的。我想在某种意义上来说，康德更新了"经验"这个概念，"经验"不再是感性知觉的杂多表象，而相当于"世界"，即我们的世界，所以他说只有一个"经验"。康德把知性范畴看作概念的综合统一性，通过感性直观获得的一切可能的杂多表象都被规范在这样的范围之内。我想这符合匹兹堡学派对所予神话的批判，他们要构建直观和概念的连续体，要打通两者。

我们前面提到，康德实际上是把"心灵—所予—世界"的模式，改造成"心灵—世界—世界本身"的模式。我们批评康德是二元论的，但我认为，康德在这一点上不是二元论的，他不再支持笛卡尔的心物二元论，而把物悬置了。悬置之后，这个世界就是我们所要认识的、感官感知的世界。我想这是匹兹堡学派引入康德哲学很重要的一点，他们没有在融贯论和所予论之间陷入摇摆不定的困境。他们批评所予的神话时征引康德的理论，尤其我们一开始提到麦克道威尔在《心灵与世界》里说，也许康德的感性和知性的结合是一种解决的方式。我想做分析哲学的人肯定了解这一点，我到现在为止始终使用的是思辨哲学的语言，匹兹堡学派的说法使用另外一套描述方式，这个不是我擅长的。但问题却是一样的。我相信匹兹堡学派仍然面临康德的问题，也是我们面临的问题。感性和知性之间有关系，那么感性直观究竟是概念主义的还是非概念主义的？非概念主义的无法解释心灵和世界的关系，无法解释心灵和

"分析的"与"思辨的" ◎

直观所予的关系,而融贯论的方式等于根本不谈论世界,只局限在理论范围之内。我觉得康德巧妙的地方,从古典哲学的角度来说,一方面,在于我刚才讲的它既有外部事物的入口又有被动的接受性;另一方面,只要进入感官,实际上已经开始受到概念的规范。当然这个规范最初是经由先验想象力来实施的。对于先验想象力,康德解释的是为什么我们会有知识和对象的区别。认识活动不可能只有知识,没有对象,对象既然不是物自体,它是什么?总要解决知识和对象的问题。既然如此,我们怎么会把对象看作独立于意识之外的东西?康德说因为想象力。想象力是非理性的,在直观中活动。但是形成形象所需要的综合的规则,从康德的角度讲,只能来自知性。"想象力"的概念,"einbildungskraft"这个词,王庆节教授在翻译海德格尔的《康德与形而上学疑难》时,不再把它译作想象力,而把它译作"形象力"。的确,想象力容易引起误解,因为汉语的想象力和德语的想象力的意思并不一样。汉语里的想象力往往指的是天马行空胡思乱想,而德语的想象力则是形成形象或图形的能力。

从匹兹堡学派的角度来看,康德相当于从一开始就把感性的杂多表象通过先验想象力纳入了"理由的逻辑空间",虽然看起来直观是自然的逻辑空间,但是已经有推论性渗透其中。这也就可以理解后来的麦克道威尔尤其是布兰顿引入黑格尔哲学的意图。我们会发现哲学有时候是循环的,类似于从康德到黑格尔,而现在又有从康德到黑格尔的说法。康德提出了四组十二个范畴,如果要问为什么,他会说不知道。但从康德之后,费希特、谢林、黑格尔都试图把范畴构成逻辑的过程。范畴是从哪里来的?麦克道威尔后期和布兰顿引入黑格尔其实都是要把规范性活动引入社会生活实践。

我个人认为,从匹兹堡学派的角度来说,自然的逻辑空间和理由的逻辑空间其实是摆不平的,也许可以说明理由的逻辑空间,但是自然的、单纯的经验根本没有概念推论渗透其中,它还是有无法解释的问题。我们好像没有必要去争论,说康德的直观是概念的还是非概念的,直观无概念是盲的,有没有纯粹盲的直观。理论上可以有,但实际上没有。因为感性和知性从一开始就是结合着活动。我想这个题目看起来很大,但它相当于重新提出了从所予到经验的问题。在这个意义上,我觉得古典哲学实际上总有它可利用的资源。

谢谢大家。

韩震：稍微超了几分钟，我们节省时间，下面请评论人点评。

评论人：傅永军

我尽量把时间控制在10分钟之内。会议组织者的安排十分精心，让我来做志伟教授的评论人，因为我们都属于思辨传统，这样会引发一场内部"论争"。这样说是想表达这个意思：我熟悉大陆哲学而对分析哲学有陌生感，只是有一点了解，不是专家，所以不敢从分析哲学角度评议志伟教授——也是我的师兄——的报告，思辨哲学内部争论一下吧。但组织方实际上是找了一个同盟军。我的评议可能会更多地补充论证师兄的观点。志伟教授的论证很清楚，观点也很棒，我基本赞同。志伟报告的结论也非常有启发性，尤其是最后提出，我们不必像匹兹堡学派那样去考虑康德的直观是概念化的还是非概念化的，而是要将思考引向重新思考所予问题、心灵与世界的关系，问题被提升了一个高度。

回到报告本身，来之前看志伟教授的文章，当时就有一个非常强烈的感觉，哲学思考仿佛就是一种轮回，我们前行却是要回到原点。我们在志伟的文章中看到匹兹堡学派对康德的批评，但好像不是传统分析哲学风格，而是回到了所予或者事物的表象这个古老的哲学问题上。这是一个地地道道的古典哲学问题，我从这个问题想到的是被早期分析哲学所拒斥的形而上学，这种形而上学首先将所予当作心灵和世界之间的中介，虽然所予作为直接呈现的表象地位不高，但这种理解对后面哲学的影响却很大。比如，康德对传统本体论哲学的扬弃，将形而上学推向思的领域，就借助现象与物自身的区分。在康德那里，表象作为在感性意义上直接给予的表象，隶属于感官的形式而内在于人的意识之中，并不是物自身的表现。所予不能沟通心灵与世界，世界本身不能显现出来，也就不能被心灵把握。康德终结了传统形而上学。康德的努力重要吗？从哲学家要说明世界，要表达对哲学问题的独特理解看，康德是试着走一条可能的路，康德很重要。但康德之后，哲学家还要尝试其他的路。匹兹堡学派就是要走另外的路。但按照志伟的说法，匹兹堡学派在心灵与世界的关系上，协调不了自然的逻辑空间和理由的逻辑空间，摆不平它们之间的关系，所以还要寻找另外的路。

"分析的"与"思辨的" ◎

我比较看重海德格尔的道路。海德格尔在《形而上学导论》中对形而上学在古希腊开始的历程给出了有着典型海氏风格的论述。他用4组不同的关系来描述我们对形而上学的认知历史，存在与变易、存在与显象、存在与思想、存在与应当。柏拉图之前的巴门尼德，通常被看作形而上学第一人，他把形而上学第一位的概念"存在"给找出来了，意思大体也说清楚了。希腊哲学第一个形态是自然哲学。自然一词，希腊人用的词是"physis"，与17世纪自然科学在"nature"意义上理解的自然完全不同。"Physis"对应的是"ethos"，习俗那类东西，也就是人为的而非自然而然的东西。所以，希腊人所面对的世界是"physis"的现象世界，是自然而然出现的东西构成的世界，不是康德所说的那种由我们的知性概念结构杂多表象形成的经验世界。只有一个自然而然出现的世界，表现在我们面前的是能够给予出来的变动不安的感觉表象，而不变的那个作为这个世界基质或本原的东西藏在后面，悬搁在流变现象之后，是所谓"是"，永恒不变的"有"或者"在"，而流变的是"是者"，变动不居，转瞬即逝，被那个时代的哲学家论断为存在原因不在自身的东西，因此也就是不真实的东西。真实的东西是那种凭自身而在的"在"，完整、单一、不动、无时空、不变化。所以巴门尼德说，存在者存在，不存在者不存在。这种思想到了柏拉图，就进一步将理念当作"ousia"，也就是实体，于是两个世界的划分就成型了。一方面是在我们的感官中直接能显现出来的可见世界，由被给予的表象组成，是眼里看到的世界、流变的世界；另一方面是灵魂之眼才能看到的可知世界，由那些构成事物的内在形式的理念所组成。这两个世界也就是后来哲学家所说的现象的世界和现象世界背后的本体的世界。哲学家的工作就是要打通这两个世界，亚里士多德做这个工作，康德也做这个工作。不过康德告诉我们，这个工作可能在知识学意义上完成不了。以前许多哲学家都把现象看作事物本身所呈现出来的表象，表象和事物本身有着一种隐秘的联系，通过对表象的正确把握可以抵达事物本身。康德非常果断地放弃了这个想法。现象并不是事物本身的表象，而是给予主体而被主体的先天形式把握的东西，是能够被意识到的主观表象，因此，现象并不表现物自身，物自身没有呈现自身的通道。我们把握的世界不过是知性造就的现象的秩序，世界本身藏在黑暗之中。志伟教授给出的

· 15 ·

"心灵—世界—世界本身"这样一种结构描述,非常形象生动地说明了心灵与世界之间的区隔。世界本身在心灵之外,世界则在心灵之中,也就是在思想之中。康德的结论大概是大多数哲学家不想看到的,所以还要努力在心灵与世界之间搭桥。这就是从早期希腊形而上学到康德造就与解构所予神话的过程。

如果说匹兹堡学派或者分析哲学用语言学的方式继续解构所予神话,那么从胡塞尔开始,似乎大陆哲学要从形而上学角度为所予正名。胡塞尔的现象学的第一原则即面对事情本身,事情本身总是会如其所是地显示出来,所以,显现并不是别的东西的显现,它就是事情本身的显现。现象学意义上的"现象"首先意指显现或显现活动,其次就是在显现活动中显现出来的事物即"显现者",因此,显现绝不会屏蔽我们和世界的关系。这非常像我们现在所用的"windows",所见即所得,你看这个世界,世界就在你看的当中如其所是地打开自身。对世界本身的把握为何非要有一个抽象化、逻辑化、概念化的过程呢?世界本身就直接给予出来,并且有着自明确然性。从这个意义上说,我觉得海德格尔对亚里士多德开启的传统形而上学的解构是有道理的。在我们与世界的关系中,世界就直接给予我们,不需要借助概念去形构那只有在我们的观念系统中才成为可能的世界,我们直接面对这个世界本身,它也直接给予我们。希腊哲学形而上学以显现与被显现者的区分,让在感觉中给予的表象成为把握世界本身的屏障,挖出了一个不相信直接给予者的陷阱。康德区分了我们能够认知到的世界和不可知的世界本身,心灵可以通达世界,但对世界本身无能为力。康德撕破了希腊形而上学的世界二分观念,似乎能够走出传统形而上学的陷阱。但康德虽然肯定直接给予的表象之于世界的意义,但却又让表象与世界本身完全脱钩,结果跌落进另外一个陷阱。康德告诉人们,不要信任直接出现在我们直观中的所予者,要信任存在于人的理性中的纯粹概念形式。如此一来,人们还没有接触世界,就将世界论题化了。现象学要解构这种意识哲学。海德格尔要求,必须从显现的东西本身那里如它从其自身所显现的那样看它,存在就在去存在中将自身显现出来,也就是在显现之中存在,借助显现而敞开自身,将自身给予出来。这样,哲学在现象学意义上似乎又以形而上学的方式为所予正名。

"分析的"与"思辨的" ◎

最后，我提出一个问题："心灵—世界—世界本身"这个图式，是把我们可以构造出来的世界看作我们可以理解的世界，而世界本身则远在我们之外，不仅在我们的直观之外，在我们的逻辑之外，也在我们的语言—语音系统之外，现象学的形而上学显然不承认这个图式。世界的显现就是世界本身，无须中介，世界本身就在显现中向着心灵自明地敞开自身。从这个意义上说，心灵与世界之间的关系如何打通，取决于我们做哲学的方式，做哲学的方式不同就会影响到用不同方式架构心灵与世界的关系。如果是这样，心灵与世界的关系附随于哲学家做哲学的方式，那么，哲学家是否有必要去寻找一种普遍语言来讨论心灵与世界的关系呢？这种普遍的语言能够找到呢？我说出了我的想法，求教于诸位。

好了，我的评议就到这里。谢谢大家。

陈嘉明：志伟教授做了很好的发言，他的题目正好对应我们的会议主题"分析的与思辨的哲学之对话"。从匹兹堡学派的给予神话入手，然后进入康德哲学。我对这个题目比较感兴趣。我觉得如果从匹兹堡学派本身对所予神话的批评来讲，这还是比较容易接受的。就单纯的直观来说，就我们自己的体验来讲，我们会感觉到问题不可能是这样的，比如说我看到窗外一棵树，我感觉到，也确实看到，但如果不知道这棵树叫什么的话，我就只有一种比较朦胧的直观。这意味着，如果直观里面不加入某个概念的话，这样的直观只是模糊的。所以对于匹兹堡学派对给予性的批判来讲，我觉得是有道理的。他们借用康德的资源。康德讲这个争论，直观是概念主义或者非概念主义的，因为康德的认识论的主张是直观无概念是盲的，所以对康德来说，在这个问题上持一种概念主义的看法。

我这里主要想谈一点，就是志伟兄提到康德的麻烦，他需要不断在感性和知性之间寻找结合点，比如说世界的图式等。这一点确实构成麻烦，但我觉得康德在这个问题上更大的麻烦在于什么呢？刚才志伟不断讲到康德的经验概念，在感觉或者知觉方面，需要有形式性的范畴加以规范。就康德哲学自身来讲，康德总喜欢把内容跟形式分割开来，在认识论上如此，伦理学上也是如此。伦理学上有形式性的道德法则，道德活动在内容方面有形式性的规定。如果这样的话，就有一个麻烦，就是说形式的东西能不能决定内容的正确性。康德举的例子,太阳晒石头热,这是两个现象或知觉,加上形式性的范畴,作为因果性关系的规则,这个规则意味着在时间上原因在前,结果在后。这个规则加上去以后,判断就是客观的、普遍必然的了。内容加上因果性范畴,在知觉综合上被规定以后,假如内容是正确的话,那么康德讲的条件,形式规定内容就能够成立,假如内容是错误的,比如说把筷子放到水里去,筷子看起来是弯的,如果以康德的规定,就有两个知觉的判断,两个知觉的内容,一个是筷子放到水里去,另一个是筷子变成了弯的。按照康德的说法,加上范畴的形式规定,这个判断就变成客观的、普遍必然的。但问题是,如果内容不正确,形式正确,这就好像说如果"2+2=4",那么雪是白的,这在形式上是正确的,但是内容上我们觉得两个东西不相干。所以我觉得康德的一个麻烦是,他想用形式的东西规定内容的正确性。实际上,形式的东西只是必要条件,比如太阳晒石头热。作为形式条件规定出来以后,我们就能形成一个因果判断,这是形式上的表现。康德的这个说法是把形式规定内容作为充分条件,只要加上形式的范畴的规则的条件,内容就一定是客观的。但问题恰恰在于形式不能作为认识的充分条件。我觉得就康德的经验观来讲,经验怎么形成,这可能是一个麻烦,我就说这么一点。

王路:我觉得这是一个很好的报告,我在北京时本来想看一下,那天突然被一个电话打断了。其实我觉得"given 的神话",不用管"神话","given"是非常重要的。它虽然不是经常被讨论的概念,但是由此生成的非常容易理解。我只想说一点,你们刚才没有对"given"完全地展开解释。从语言哲学的角度出发,这非常容易能够理解。其实说"S 是 P"的时候,有些东西已经被"given"了。你们是不是有这意思我不知道,但在语言哲学里这一点其实很明确。我们关于世界的认识是通过我们的语言来表达的,因此我们可以分析语言达到关于世界的认识。康德所说的形式与内容的区别问题,康德的范畴或者说十二个概念,刚才讲的时候也被提到,后来别人说哪儿来的,觉得困惑。我觉得这大概是没有完全理解这个东西。当然不应该这么说。诸位是专家,我随便说说。康德把范畴表说成形式的,是因为想从这儿获得一种关于普遍性的东西的说明,并且这种说明在他看来是依据逻辑的,所以才得出十二个范畴。十二个范畴是从判断表来的，逻辑的形式能够提供这十二个范畴。比如"全体性"来自"全称"，"特殊性"来自"特称"，"单个性"来自"单称"，很明显的。"定言的"来自"直言"，就是"S 是 P"，"选言的"来自"要么，要么"等，完全是这么来的。康德在说这话时信心十足，而且批评说亚里士多德的范畴分类是没有规则的。为什么康德要讲这个东西，刚才志伟教授讲到这两句话。我总说"知性"这个概念其实给我们很大误导，"verstand"其实就是理解，一旦到理解的时候，一定是"S 是 P"这样的东西，一定是语言、语句形成的东西才会有"verstand"。"知性"给我们的感觉是好像比感性高一个层次。什么叫"verstand"？Verstand 实际上是要有比较成型的表达，至少形成一个句子，所以康德讲"verstand"才会有范畴表这样的东西。但是康德认为仅仅有这些还不够，如果够的话，那纯粹形式的逻辑就解决问题了。康德说还要再加上一些东西，要加"gegenstand"，或者叫"object"，要把对象这样的东西加进来。或者有时候他又不说这个对象，说要把"实在"这样的东西加进来，这样才使先验哲学不同于原来那种叫普遍逻辑的东西，这样才能探讨关于志伟兄今天讲的一些东西，比如上帝存在、灵魂不死、自由意志等。我觉得这才是看问题的角度。

志伟兄讲的"given"问题，我认为很重要。不管怎么理解，一定要从整体上讲，康德讲的最大的特点是从逻辑出发的，一定要认识到这一点。康德所说的形式也好，关于世界的也好，关于"given"这样的东西也好，我发现任何东西逃不出康德最开始说的十二个范畴。为什么这十二个范畴是从逻辑来的？今天借着志伟兄的报告，我只提一个问题：我这种直观地理解"given"对不对？它是不是有这个意思？

张志伟：他实际上受所谓实用主义的影响。之所以叫新实用主义，是从经验的角度理解的，麻烦在于，一个是经验的，一个是语言的，怎么把经验的和语言的打通。

陈嘉明：我对王路的发言做一个简单的回应。你说的康德从逻辑形式方面着眼，这一点我也同意，特别是你说范畴是从判断形式里面引出来的，这个是显然的事情。但是我刚才说的用形式来规定内容，这一点我觉得还是应该引起大家足够的注意，这方面并不是完全从逻辑形式上来讲的。"Gegenstand"的概念有一个对象的问题，这里你提到这一点，它实际上涉及康德思想本身,要把话说严就很麻烦。因为有一些形式性的规则,规定以后,就能够产生一个客观有效的判断,这就产生一个形式跟内容方面的问题,就有刚才讲到的形式是不是能够决定内容的问题。康德之所以要把话讲严,就他的真理观而言,承认符合论,形式上规定如果符合对象,这样一般能够成立。康德虽然承认符合论,但哥白尼式的革命主张的不是认识符合对象,而是对象符合认识,这样就有一个非常麻烦的问题。讲主观符合对象很容易,讲对象符合主观或认识,因为要求客观性。但真正来讲认识要达到的一个结果是内容上的,而逻辑上也只有那么一些形式,形式上肯定是正确的。

傅永军:嘉明教授说的这个问题肯定非常重要。康德之后,尤其是费希特,就是从"我=我"这种在自身同一性中的绝对开始,设定自身,又以本源行动设定非我,虽然开始设定行动的自我,形式上与形式逻辑的同一律"A=A"有着同样的普遍有效性,但它却是涉及内容的,在行动中呈现自身的同时也呈现客观的表象。黑格尔的逻辑也是这样的,绝对精神在发展中体验到自身同一性的差异化,并在经历全部发展过程达于真理之后,返回来检视自身差异化发展的合理性。黑格尔实际上是想突破形式逻辑而开展出一种思辨逻辑,绝对精神的每一步发展都被设定为同一性与差异性的统一,分析和综合都在里面,并不像王路教授所说的那样,只注意真理在形式方面的规定性。

王路:康德说得非常清楚,在形式方面有真或者说真理的普遍标准,但是在内容方面没有。这里有一个问题。实际上按照我对康德的理解,比如说康德说形式的东西,为什么要把对象加进来呢?形式被抽象之后,比如所有S是P这儿的东西,S、P都被抽象掉了,因此要把这样的东西加进来讨论。因为逻辑表现的是"是""不是""所有"。我认为这恰恰说明康德讨论的也是形象,但是他认为是内容,比如他谈的对象、质料、关系、性质这样的东西,我们平时谁说话也不是说这儿的东西,我们说雪是白的、人是动物,这都是举例,康德不会讨论这样的问题,我们也不会讨论这样的问题,但是当我们说"雪是白的"的时候,"雪"是我们要讨论的对象,"白的"是我们赋予雪的一种性质,是我们对它的描述,当我们说"人是动物"的时候,也会相信。当我们说对象、性质或关系这样的东西,我们以为我们在谈内容,我们以为我们在谈和逻辑不一样的东西,其实只不过这里获得不了逻辑上的一种普遍性。

傅永军:但从感受性角度看,雪是白的,直观上的事实是雪具有白的性质或者偶性;从人的感觉意义上说,这是对雪的显象的一种描述,可以诉求感觉证实为真。如果说,这里有一种逻辑的普遍要求,那就是康德在先验逻辑开始部分所说的,符合真理性要求的真判断,它的最低标准是不能违反形式逻辑的规则,与这些规则相矛盾的东西,就是错误的,认识上就是与自己的普遍的思维规则相矛盾。这是康德给出的关于真理的消极标准,比如,"这杯子是黑色的",为什么说它是一个真的陈述,就是在最低真理标准上满足了真判断的基本要求,判断符合思维要求的逻辑规则。当然,康德所说的知识有更高的标准,所以他强调虽然一切知识表现为判断,但单纯从判断形式中找不到知识判断。知识需要先验内容的供给,是给予的表象加上认识的先天形式形成的经验整体,不仅要满足形式逻辑要求,更要满足先验逻辑要求。于是就有了志伟所说的感性和知性的关系,就有了嘉明所说的形式性的规则规定经验表象,产生一个客观有效的判断,是一种形式与内容的关系。

王路:跟这个充分条件、必要条件的说法都没关系。其实在我看来,康德所说的关于对象比如白的、烫手的、玻璃等这样的东西,在康德那里,比如性质、关系、表象或者表象的表象等这些东西。

傅永军:从洛克的立场说,有第一性质和第二性质的区别,杯子是否是黑色的,黑色是否原初地属于杯子,我们客观上无法断定,但作为出现在感官中的表象,可以说是主观的,比较接近康德关于表象的观点。

张荣:我说一点,我觉得志伟老师的题目还是挺好的。实际上今天的话题是在分析的背景中提出来的所予神话,塞拉斯主要在讲关于语言哲学的问题。我想如果从思辨的角度,或者从我的研究的角度,我来理解一下给予的问题。给予的问题就是我们经常说的所予,所谓被给予的东西。我们认识这样一些现有的东西,或者说这种直观的材料,实际上是根据具体内容来讲的。我现在讲的是给予的问题或者与所予问题相关的东西。我们如何在康德哲学里面去追问自身给予的问题,我想到的是绝对给予和绝对被给予的问题,就是原初给予的问题。只有当达到原初给予和原初被给予的时候，我觉得才能够和所予的神话连接在一起。否则的话，我觉得如果从思辨的角度不太好讲，包括刚才说的经验的问题，在康德那里经验就是一个知识的表达，经验就是知识。刚刚说知觉判断和经验判断的时候，比如说太阳晒热石头，这是一个经验判断，就具有普遍必然性的知识。康德说太阳晒热石头，只有当我们把因果性加进去的时候，这个判断才叫经验判断。我是在这个意义上讲的，康德讲的经验实际上是科学知识的表达式。康德讲的世界的概念，我们知道他其实是从这个意义上来理解世界的。刚才讲的心灵与世界也是在语言哲学里面理解的，而康德讲的世界的概念，是和灵魂、上帝并列的，比如他讲笛卡尔、莱布尼茨、斯宾诺莎。当康德说所予的时候，是在说杂多，这个杂多就是被给予的东西。我们后来讨论所谓直观、知性、概念和非概念的支撑主要是就事论事，而我们进一步去追问杂多究竟是谁给予的，我们只要知道对杂多进行综合、加工或者说形式化等，这些东西是我们知性的，或者说有我们的直观或综合活动参与的，但在这些活动发生之前，杂多的东西究竟是从哪里来的？就像刚才有人说范畴或者形式的能力，无论是所谓客观的杂多，还是我们的主观活动能力，只有在我们追问这两者源泉的时候，我觉得才有可能和神话进行联系。当然我们也可以不知道神话。从思辨的角度，我知道塞拉斯讲的所予神话不是这个东西（不一定翻译成神话，所予的迷思），他在语言哲学里讲的现有的东西，我们怎么拿来说？但是我刚才讲的自身给予问题，这都很难讲。我讲三个方面，绝对给予、自身给予以及绝对被给予，这有很多维度。

张志伟：我先回应一下张荣。你讲知识就是经验，其实两者是一定要分开的。因为我看到一棵树和我描述这是一棵树，它是分开的。这是融贯论最大的麻烦。康德有一段话说得很清楚，知性一般的来说就是认识的能力，认识就在于被给予的表象与客体的确定关系，而客体则是在其概念中被给予的直观的杂多被结合起来的东西。关键是对这个对象怎么理解。因为德语比较有特点，它一定要给外来语加上自己的概念，比如相对于"objekt"有"gngenstand"，先要有站在面前的东西，然后才能对它形成知识。康德其实讲这个对象不是物自体，也不是单纯的杂多表象，实际上想象力已经渗入了。当然再往下追问，也可以从现象学的角度去回应这个问题。我这个主题主要还是从匹兹堡学派的角度来回应的,所以不涉及自身被给予和绝对被给予。从现象学上其实的确是可以拓展去讲的,不过我的问题是限制在这个角度的。

张荣:先验想象力其实还不是从真正本源意义上来讲的。

张志伟:因为要让海德格尔往下推论,应该是我与物能够共同相处的敞开境遇。其他哲学一定会讨论的是主体怎么去认识物,而海德格尔则认为把物当作对象来表象,这不是主体的能力,而是敞开境遇让物对你显现,你对物开放,你才能表象物。这又涉及另外一个问题了。

如何超越"分析的"与"思辨的"哲学之争

——以王浩对分析哲学的批评为例

江 怡

主持人:陈嘉明

以王浩对分析哲学的批判为主题,请江怡教授做重要报告。

报告人:江怡

非常感谢这次有机会能够在郑州大学跟大家讨论学术,尤其感谢王路教授的盛情邀请!这个题目的确是一个命题作文,之前我虽然对此有过很多思考,但并没有真正去把它做成一篇文章,或者说做一个完整的报告。当王路教授跟我说到这个话题的时候,我马上就答应下来,完全支持这个讨论,同意来参加会议,并按照他的要求,围绕这个主题,关于"分析的"与"思辨的"哲学对话,准备了一个发言提纲。我当时正好在看王浩的《超越分析哲学》这本书,就想到了这个题目,算是把我之前想到的一些问题,包括通过阅读他们的著作,把一些新的想法做了一个梳理,希望能够得到大家的批评。至于能不能引起争论,像陈嘉明教授刚才希望的这样,就不知道了,只希望不要引起大家瞌睡就好。

因为时间有限,我大概介绍几个方面的内容,第一是争论的背景,关于分析与思辨方法的争论背景是什么?第二是关于超越本身到底包含了什么意思,什么叫超越?如何超越?第三是科学与哲学的关系,讨论分析哲学家的基本思想方法。第四是我自己关于元哲学的一个考察。最后有一个结语。

一　简短的历史背景

1982年，莫汉蒂（J. N. Mohanty）出版了《胡塞尔与弗雷格》（*Husserl and Frege*）一书，引发人们开始对欧洲大陆现象学与英美分析哲学之间关系的哲学思考。因为在20世纪五六十年代，大家基本上认为分析哲学跟现象学是完全割裂的，甚至没有交流。这种冲突矛盾是非常明显的，无论在欧洲大陆，还是在英美等国，他们大多对对方所做的工作持排斥的态度。而莫汉蒂的这本书第一次给我们展现了早期分析哲学与现象学创始初期两位哲学家之间的思想交锋，提出了一些他们共同关心的哲学问题。到1993年，达米特（M. Dummett）的《分析哲学的起源》（*Origins of Analytical Philosophy*）出版，王路教授把它译成了中文。这本书的出版可以说正式开启了重新思考欧陆传统跟英美传统之间内在的思想关联。这就意味着，我们不能简单地把分析的传统看作来自弗雷格或者罗素，而是需要考虑欧洲大陆的思想根源，如波尔查诺（B. Bolzano），甚至包括我们过去不太熟悉的一些德国哲学家和其他欧洲大陆哲学家，他们对分析哲学思想的贡献。

另外还有两篇文献，这里给大家做一下简单介绍，就是莫兰（D. Moran）2013年发表的这篇文章《分析哲学与欧陆哲学之间的四次交锋》（"*Analytic Philosophy and Continental Philosophy: Four Confrontations*"），就是讲分析哲学跟欧洲大陆哲学经历的"四次遭遇"，揭示了现象学跟英美分析哲学之间经历的冲突，构成了分析哲学家重新认识欧洲大陆传统，或者是欧洲大陆传统理解的分析哲学，这两者之间的一个关系。第一次交锋主要是早期现象学跟维也纳学派之间的冲突：以胡塞尔与石里克之间的对话为代表。两者之间实际上是有交锋的，只是过去我们对其关注不够。由于胡塞尔跟当时的新康德主义实际上也有对立，新康德主义者反驳胡塞尔的很多观念。石里克站在新康德主义的立场上反驳胡塞尔。中间有一个人特别有意思，这就是我们较少谈到的考夫曼。考夫曼实际上是为两方面做辩护的：他希望一方面接受胡塞尔的现象学观点，同时又坚持新康德主义的一些基本思想。但是考夫曼本人是维也纳学派成员，还是一个非常重要的角色。第二次交锋就是卡尔纳普与海德格尔以及胡塞尔的交锋。首先卡尔纳普与胡塞尔的交锋。卡尔纳普参加过胡塞尔的研讨班,很长时间一直在听胡塞尔的课,跟胡塞尔有很多交流,胡塞尔也很认同卡尔纳普的很多想法。比如,卡尔纳普在1928年出版的《世界的逻辑构造》,里面就借用了胡塞尔的很多观念。所以,卡尔纳普的哲学并不是完全像我们今天所想象的那样,只是分析的或逻辑的,他借鉴了很多胡塞尔的思想。但是,卡尔纳普对海德格尔的思想持一种坚决的批评态度,这就是他在1932年发表的那篇檄文《通过语言的逻辑分析清除形而上学》,文章中他把海德格尔作为整个西方传统形而上学的重要代表,由此来攻击传统形而上学论说方式是一种错误的言说。后来,两人争论的最后结果双方没有得到任何胜利。虽然许多人认为卡尔纳普误解了海德格尔,但海德格尔的思想在这次交锋中多少也受到了挫折。海德格尔晚年的想法发生变化,不再按照1924年《存在与时间》的观点来谈关于语言和世界的话题。第三次交锋是发生在剑桥和牛津学派与现象学之间的争论。在剑桥,主要是维特根斯坦在1929年后考虑过很多关于现象学的思想,甚至能够理解海德格尔关于"烦"(sorgen)这个词的用法。在牛津,以赖尔(G. Ryle)为代表,也接受一些关于现象学的想法。第四次交锋就是胡塞尔与德里达之间的争论,这个已经成为大家所共知的一个学术公案。

最后一个就是扎哈维(D. Zahavi)在2016年发表的一篇很有影响的文章《分析哲学与欧洲大陆哲学:从来自多元性的二元到(某种)统一》["Analytic and Continental philosophy: From duality through plurality to (some kind of) unity"],这就是希望通过多元性,从二元走向某种形式的统一。他希望,我们应该超越分析哲学与现象学之间的简单对立,因为他认为,无论哪一个传统,都完成了某种共同的哲学目标。扎哈维本人是一个现象学家,实际上他也是一个当代现象学的认知哲学的一个代表人物。他提出了很多观点,对于当代认知科学哲学研究有很大的影响。

这是一个关于共同起源与分歧的讨论。另外,还有一个是不同传统之间的争论。这里列出了六个不同传统,分别代表了欧洲大陆哲学跟英美分析哲学之间某种至少是表面上的对立。之所以把它们理解为表面上的对立,因为在我看来,这种对立是一种派别之争,而不是思想之争。这种派别之争在今天看来,是完全可以通过思想分析消解掉的,包括早期胡塞尔跟弗雷格之间的争论，胡塞尔与罗素跟柏格森，海德格尔与卡尔纳普，赖尔、奥斯汀与梅洛-庞蒂，法兰克福学派跟逻辑实证主义，波普尔、塞尔跟德里达等，这些交锋都体现了不同的哲学传统。在这些交锋中，我们需要注意这样一个事实：分析哲学与欧洲大陆哲学之间的分野，主要肇事者不是欧洲大陆哲学家，不是现象学家，而是分析哲学家。换句话说，是分析哲学家挑起了关于欧洲大陆哲学与分析哲学之间的对立。这是我们的一个基本判断，而且这个判断也得到了印证。因为在所有这些冲突中，首先挑起事端的就是分析哲学家，这些哲学家不满欧洲大陆哲学的论说方式和思维方法，认为大陆哲学不是真正的哲学。英美分析哲学家对哲学的理解和判断有自己特定的方式，而这种方式在欧洲大陆，尤其在现象学中，他们认为是找不到的。所以，他们认为，欧洲大陆哲学做的不是哲学。这一点特别明显地体现在剑桥大学授予德里达荣誉学位这件事情上。整个事件过程中就是一边倒的情况，就是分析哲学家反驳德里达。

在这里，我们看到的是这样一个历史背景，但其中还有一个更重要的问题，这就是他们在研究方法上存在着很大的差异。我这里不想从思想内容上来梳理他们之间交锋的内在原因，仅从他们的研究方法上，也可以看出他们之间的冲突。哲学研究的方法有很多，即使分析哲学，也不是仅一种分析方法。分析方法有很多，比如概念分析、语言分析、逻辑分析等，还有语境分析。"分析"只是相对于我们通常理解的综合方法，包括思辨的方法。

分析哲学里比较常用的两种方法，一个是思想实验，另一个是反思平衡。目前我们所知道的很多思想实验都来自分析哲学家的贡献，比如说普特南的"孪生地球"，包括塞尔的"中文屋"实验以及囚徒悖论等。所有这些实验都是哲学家以分析的方式提出来的，但是这种思想实验最大的问题是脱离思考问题的一个基本理路，即它是简单化的、理想化的。用传统哲学概念来说，这就叫作抽象地、孤立地思考具体问题带来的理论结果。所以，在某种意义上，思想实验会误导我们。所谓"误导"就是我们会按照思想实验提供的方案思考原初问题，这就有可能招致误导，比如，"孪生地球"假设原本是普特南在他的科学实在论中提供的一个关于指称理论的例子，但后来被当作了一个证据，去说明名称跟对象之间指称关系如何确定的问题,这就使得本质主义的确定方式跟非本质主义的确定方式发生了冲突。这样的思想实验本身虽然也能说明问题,但并不能真正解决问题。它只是展现了问题的困境在哪里,就像塞尔的"中文屋"一样,他只是提出了一个问题,但是并没有给出解决问题的方案。

反思平衡也是分析哲学家经常使用的方式。这种方法是说,在我们考虑任何因素的时候,都应该想到它的对立面,充分考量在给出各种理论的时候,它应当或者必须要考量的所有因素,从而使得我们对这个问题的解决具有某种更为全面客观有效的维度。这种要求实际上很难做到,因为在日常生活中,当我们谈到一个问题的时候,往往需要把一个事情推到一个极端情况,比如,力图用概念去把握对象,而不是用经验的方式把握对象。这是一种极端化的方式,把日常理解的经验用概念的形式加以固定。一旦固定之后,我们就喜欢用已然固定的概念去理解甚至解读那个对象本身了,这就使得我们的解读有了某种特殊的形式,我称之为"极端形式"。这个极端是必需的,这个极端是人类思维活动中的一种特殊能力。动物不可能有这样的能力,只有人类才具有这个能力,就是用抽象概念规定对象的能力。人类有语言,动物也有语言,但是人类使用语言可以超越现成的事物,用概念把握对象的方式是人的一种能力,是我们用概念把握对象的能力。

首先让我们来考虑一下思维经济原则里的简单性原则。我们在考虑事物时通常会把复杂的东西化解为简单的东西,通过简单的东西来认识复杂事物的多维性,这就是所谓简单性原则。思维经济原则就是简单性原则。其次就是逻辑性原则,也就是逻辑推理规则,用某种推理形式给出概念理解的内容。最后是概念化方式。这三个就是简单性原则、推理原则和概念化运作。它们都是极端化的方式,但这种极端化可以保障对象理解的一个简易化方法,比较容易把握一个对象,但同时也造成了理解对象的困难。因为我们用极端化的方式显然背离了事物本身的复杂性,用逻辑推理的方式可能忽略了我们在使用逻辑能力时应当考虑的一些非逻辑的层面,比如情感层面,为了保证逻辑能力的有效,不能把非逻辑的东西纳入逻辑之中,否则逻辑就变得无效了。但是一旦舍弃那些方法中不能够被纳入的东西,这种舍弃就背离了事物本身的样子。王浩曾指出，分析哲学本身就是我们理解事物的一种简单方式，或者说，分析方法是我们理解事物的一种最简单的方式，但是这种方式并不是唯一有效的方式，它只是我们所能够使用的最为有效的方式。这是王浩对分析方法的一个基本判断。

关于现象学的方法，这里举先验推理为例。虽然先验推理不完全是现象学独有的一种方法，分析哲学家也用先验推理的方式，比如斯特劳森的《个体》一书就是用先验推理的方法，维特根斯坦后期也采用了先验推理的方法。但是，现象学在使用先验推理时有一个基本的假设，就是说在考察意识活动中，意识活动的结构比意识活动的内容更为重要。这一点，胡塞尔在他的《大观念》当中就明确地说，如何理解意识的结构决定了如何去谈论意识内容。对这个意识结构的断定就是一种先天（a priori）假设，运用这种先天假设，我们就可以做出一个先验推理。这就是胡塞尔在他的《大观念》中要做的工作。当然，胡塞尔提出的"回到事情本身"，也被认为是现象学的一个重要方法。"回到事情本身"，就是采用本质直观或悬置的方式来说明事物的原初样态。这个事物的原初样态不是通过逻辑分析出来的，而是事物本身向我们显现的，呈现于我们的意识之中，回到事情本身或回到事物本身，叫"实事"（sache）。这不是我们通常讲的"事物"（thing），不是我们已经看见的那个东西，而是那个事物本身的状态。

当然，还有谱系学的、诠释学的、结构主义等方法，所有这些方法都被统称为现象学的方法。这些方法显然是与分析哲学采用的反思平衡、思想实验、逻辑分析等方法截然不同的。

我认为，分析方法的重要性在于，它能够让我们在思考任何问题之前，在概念的意义澄清和论证逻辑的严密方面做好准备工作。例如，康德的经验概念有一套完整的说法，这个说法在分析哲学家看来非常符合分析的要求，就是说，澄清经验概念在康德哲学中的作用或地位，这就是一种"分析"。它不是思辨，而是分析。我们先搞清楚在康德那里经验是如何被解释的，然后再来反观匹兹堡学派，他们是如何使用经验概念的。我们在分析问题上为什么会引起争论？矛盾出在什么上？矛盾当然是出在分歧上，因为有分歧所以产生矛盾，但是这个分歧的出现恰恰不是建立在共同的方法上，而是建立在两种不同的方法上，这就是刚才我所说的一个是分析的方法，一个是思辨的方法。这两种方法之间的冲突导致了我们的争论。

二 超越意味着什么

为了深入讨论这个问题，我们需要了解如何面对这个争论：我们是要消除分歧，还是要超越争论？根据王浩在《超越分析哲学》这本书里讨论的问题，我大概按照两种思路来处理这个问题。一个就是要在科学与艺术之间划界，另一个是在哲学与科学之间划界。

我们知道，英美分析哲学家那里，哲学研究基本上被看作一门科学的事业，即按照严格的追问事物本来样子的方式去思考这个对象，然后以逻辑推演的方式来给出思想观念得以产生的根据。这是一种科学研究的方式。同时，哲学研究也像科学一样追求真理。当我们把"sein"作为"wahrheit"的一个根据的话，才能够说得清楚这个"真"，同时也能够反过来可以更好地认识"sein"。在英美分析传统当中，自然主义是很容易被采取的策略，无论是心灵哲学还是认知科学哲学，以及早期的语言哲学，基本上都采用自然主义态度，这一点已经被普遍接受了。但是，在欧洲大陆哲学家眼中，哲学不是科学，也不能按照科学的方式做，哲学应当是一门艺术。哲学需要的是想象力。"想象力"概念到底是什么？它当然不是指我们的推理过程，而是一种构造过程，是我们的构造能力，或者说是对我们人类心灵理智的构造能力的探究。这种构造能力体现在哲学当中，就表现为概念创造。这就说明了，为什么分析哲学家很少提出新的概念，而在欧洲大陆哲学中到处充斥着各种各样新的概念。甚至可以说，欧洲大陆哲学家基本上以他们使用的专名或专有概念来加以划分，比如，胡塞尔就是提出"本质直观"的人，海德格尔就是提出"dasein"的人，伽达默尔就是提出"视界融合"的人。这些语词概念都是他们创造的，他们是勇于并且善于创造概念的哲学家。但是在英美分析哲学家那里，没有这些创造概念的痕迹，或者说他们使用的都是很平实的，我们通常使用的哲学概念，没有创造更多新的哲学概念。比如，在分析哲学传统中谈论真理、逻辑、知识、存在、个体等，没有一个词是新创造的。另外，欧洲大陆哲学与英美哲学在风格上有所区别，分析哲学家强调风格的简单清晰，但欧洲大陆哲学家则比较突出个性特点。

下面，我们来简单说一下超越究竟是什么。王浩《超越分析哲学》的副标题是"尽显我们所知领域的本相"，他把这个规定为哲学研究的基本原则。他提出了一个批判性超越的实质，就是用现象描述学来作为替换性方案，作为现象学的替换方案。他使用的现象学概念不是胡塞尔意义上的现象学，而是物理主义意义上的现象学，这是完全不一样的。他还特别对分析传统的经验主义，即分析的经验主义加以驳斥。他提出了四个理由驳斥分析哲学家采用的这种经验主义。第一，分析哲学家往往追求局部的精确性，而容忍全局的不确定性。第二，经验主义无法对数学给予充分的说明。第三，分析性与约定性之间存在着明显的冲突。第四，分析哲学既没有把逻辑和数学作为概念性知识的典型，也拒绝把直观性知识作为可靠的经验基础。当然，王浩的这些批评很大程度上来自他对哥德尔的研究。王浩是哥德尔研究专家，他接受很多哥德尔哲学的基本观念，尤其是哥德尔的不完全定理出来之后，我们对逻辑本身也形成一些不同于传统逻辑观念的想法。第四，他明确地区分了分析的经验主义与通常理解的经验主义，由此表明分析哲学的错误。

三 哲学与科学的关系

如何理解哲学与科学的关系？我这里主要介绍的是王浩表达的观念，其中也有一些我自己的思考。

首先，哲学与科学发展路径相向而行，这个我们大家都清楚，科学的进步往往就意味着哲学的让步，即让出了原有的哲学范围。其次，作为世界观的哲学，可能会存在三种不同的世界观：第一个是科学的，第二个是道德的，第三个是审美的。当然这三个其实跟康德有关，我们可以做一个简单的对比。康德的第一批判是一种科学式的哲学，他明确地提出要把先验哲学做成一个能够在科学上（当然这个科学主要是在逻辑的意义上的）能够经得起检验的哲学。第二个就是它的实践哲学，也就是在道德哲学领域。第三个就是它的审美即在美学领域。这三个领域就是三种不同的哲学观，康德希望把这三者结合起来。这是很有意思的努力。再次，关于哲学的专业化与科学的学科化之间的一个冲突，这里也可以供我们去思考哲学跟科学之间的一个内在联系。最后，是对具体事物的科学理解与对普遍事物的哲学解释之间的区别。哲学往往关注的是为什么会有分歧，思想观念上的分歧是哲学讨论中经常遇到的常态现象，哲学家会关注为什么会出现这些分歧。而科学家往往关注的是他们之间的分歧究竟在什么地方。我认为，科学对分歧的规定可以为哲学对分歧产生的原因提供边界和定位，这使得科学可以为哲学提供帮助，但反过来也可以说，哲学同样可以推进科学的思考本身。

四　元哲学的思考

我在这里要提出的是，任何哲学都有某种元哲学的预设。这个预设可以从三个方面来考察。其一是关于统一性和普遍性的追求，就是哲学试图满足对统一和普遍的要求。其二是对终极原因的追问。这是在中西哲学中都会有的要求，这是哲学的一种预设。哲学研究不是问这个终极原因是什么，或者这个统一和普遍的东西是什么，哲学是问我们为什么会有这个问题，要区分背后的理论根据，形而上学由此就产生了。其三，思辨哲学与分析哲学在目标设定上的差异需要我们从元哲学去思考。也就是说，如何跳出分析与思辨这两种思维方式，使我们能够认识到，哲学家在这个过程当中应该采用什么样的方式。

在元哲学的思考中，我们需要特别区别科学的方法和非科学的方法。我特别要强调这一点，非科学的讨论在当代哲学当中越来越重要。这一点以普特南为例，普特南在晚年的时候，专门给学生开了一门课程，叫"非科学的方法"。普特南晚年比较重视詹姆士实用主义的哲学，他特别重视实用主义哲学提供的心理方法，一种想象的方法，一种社会的方法，还包括道德的方法等，这些都不是科学的方法。

五　结论

最后，我的结论是：仅有分析是不够的。但是这个结论不是来自我，是来自王浩。王浩在书里这样说："泛而言之，我的看法是哲学的一个与众不同的特征，便是它通常是包含了元哲学的。老实说哲学还是将元哲学作为哲学的一个主要的部分来包含它，也就是说元哲学原本应当包含在哲学之中，这是哲学的与众不同的特征。"他还说："我的核心问题是哲学应当关注我们人类在当下的所知、所信和所感。依据当下的浅见，这应当成为任何一种严肃哲学的根据。而真正困难的问题仅仅在于哲学如何能够以一种最为有效的方法，把这种覆盖面极广，同时又高度分化的人类所知的领域统统纳入自己的考察范围。""我现在依然认为哲学必须以某种方式是具有包容性的，而且必须朝向一个统一的目标，特别是哲学还必须为我所熟悉的不同类型的强调点，找到相应的位置。比如通过理解种种差异和分歧产生的根源做到这一点。"最后，"根据一种能够让我感到舒服的观点，哲学的核心目标是要找到具有包容性的方式，把所有的事情可以拢聚在一起，聚拢在一起，以一种融贯的方式去取得。并且表达出一种对于世界的富有包容性的相对稳定的比较合理的观点"。这就是王浩的一个基本判断。王浩批评的分析哲学是分析的经验主义，特别是以奎因和卡尔纳普为代表的分析的经验主义。所以，他提出以一种追问统一的世界观的模式来看待哲学的工作。

最后补充一句。王浩受到马克思主义哲学的强烈影响。王浩在书里反复提到了恩格斯和马克思的著作。他说，因为在中国所受到的哲学基础教育是德国古典哲学的概念，所以德国古典哲学是他的思想的根据，因而，他的哲学背景就是德国古典哲学。这里，我们不谈他的观点对错，或者是否可以接受，而是要讨论分析哲学研究的另一种方式。这就是我所理解的超越分析和思辨两者之间区别的一种做法，我认为是很有意思的一个做法。谢谢大家。

陈嘉明：下面请大强老师来做一个评议。

评论人：李大强

感谢嘉明教授和江怡教授，尤其感谢王路教授和郑州大学安排这次交流。很高兴向大家汇报一下我学习江教授思想的心得。我在一周时间里一直努力做两件事，一是我在努力地学习王浩的《超越分析哲学》，二是我研读了江老师在过去十年间的几十篇的论文。

昨晚我一直在做这个工作，但是今天我突然发现，我受到了江老师的误导。第一个意外是，我以为江老师会主要讲分析哲学，没想到今天江老师一半以上时间在讲大陆哲学；第二个意外是，因为王浩这本书写得非常犀利、非常狠，所以我以为江老师也会非常狠地批评，但是我发现江老师的发言极其温和。

我先说说我对王浩的这本书的体会，然后再说说对江教授发言的体

"分析的"与"思辨的" ◎

会。我尽量不超时。

王浩的理想是建立一种理想的"未来哲学",他这么做,是因为他对那个时代的主流的美国哲学产生了非常深的失望。他决定写三部曲,这本《超越分析哲学》是第一部,但是写完这一部之后,后两部就不写了。他写完这本书之后又写了三本书,一本是文集,另外两本是关于哥德尔的,都跟这个三部曲没关系,所以我不知道他要在后两部中说什么,只能猜一猜。据他自己说,在第三部中他要介绍一个新学科,这个学科就是江教授刚才提到的"现象描述学"。王浩认为,奎因和卡尔纳普代表了主流的分析哲学,但是这个主流是错误的,应该被称为"分析的经验主义",它是不合格的分析哲学。

有一种真正的分析哲学,一种严格的分析哲学,那就是现象描述学。有什么差别?他认为,奎因和卡尔纳普片面地追求严格性,这种严格性是一种表面的严格性。奎因和卡尔纳普获得了表面的严格性,丧失了整体的严格性,在整体上是含糊的。另外一个更严重的局限就是为追求严格性而放弃丰富的内容。

为什么会产生这种恶劣效果?王浩总结了四个原因。第一个原因在于分析的经验主义的两个教条。教条之一是全部的哲学等于经验主义,经验主义承认,所有经验领域都是科学的研究领域,于是哲学就没有自己的合法领域了。教条之二是分析意味着内容上是空洞的。这意味着,即使哲学家给出了什么结论,这个结论也是空洞的。这是第一个原因。第二个原因是在研究方向上的选择。实际上,卡尔纳普和奎因他们都是沿着罗素的思路前进的,但是他们做出了同罗素完全相反的选择。罗素在写完《数学原理》之后遇到一个困难,他要重新选择路线。他同时强调两个目标:第一个目标是追求内容的丰富性,罗素很博学,兴趣很广泛,他的研究领域包括物理学、数学、政治、宗教、婚姻和教育,几乎无所不包,什么要谈,他不能放弃内容的丰富性;第二个目标是追求表述的严格性,严格性是通过把逻辑技术引入哲学实现的。罗素发现这两个目标是冲突的,在后期哲学中他实际上放弃了对严格性的要求。但是卡尔纳普和奎因做出了相反的选择,他们为了得到表面的严格性,放弃了内容的丰富性,这是第二个原因。第三个原因是科学知识的爆发性发展。罗素是一个非常渊博的人,相比之下,卡尔纳普和奎因即使在数学上的知识也要比罗素单薄，就对当代社会的了解而言就更差了。罗素非常了不起，他是一个在人文和社科方面非常博学的人，但是如果把罗素跟19世纪以前的大师相比，罗素还不算渊博。我们做出这个判断不是就所掌握的知识的绝对量比较罗素和先贤，而是就相对量进行比较的。在20世纪，人类科学知识产生大爆炸，从而导致哲学家在20世纪之后占有的科学知识的相对量剧烈下降了。这样产生了一个非常严重的恶果。在19世纪以前，哲学大师有两个特点，他们既是渊博的，又是富于好奇心的。他们知道得多，而且想知道得更多，把自己的哲学探索深入各个他们所知的领域之中。但是，在卡尔纳普和奎因之后，哲学家做了相反的选择，他们既是无知的，又是满足于无知的。称哲学家无知会冒犯同行，这不是我的观点，这是王浩的观点。第四个原因是哲学的职业化。在这方面王浩的分析是失败的。王浩看到了结果，但是没有看到原因。这个结果就是在第二次世界大战之后职业哲学家的数量剧烈膨胀，但是他们工作的质量在剧烈下降，他们的工作是空洞的，是脱离人民群众的。于是，知识分子群体和普通民众都表达了对哲学家群体的深切失望。为什么会这样？这个原因王浩基本没有说清，王浩对学术江湖的运作机理没有深刻洞察。这个原因就是职业哲学家群体膨胀造成内卷，内卷导致恶性循环，使得这些哲学家被困在内卷的指标上。

如何使哲学家走出这种困境？换言之，如何建立王浩所说的"现象描述学"？"现象描述学"要满足两个条件：一是内容上要丰富和重要，二是形式上要严格。这两个要求，一是内容，二是形式。昨天下午江教授在讲座中提到，哲学的耻辱是无法回应怀疑论，具体到王浩所批判的分析的经验主义潮流，这种耻辱是，不仅无法回应怀疑论，而且完全放弃了回应怀疑论的努力。昨天我学习了很多江老师最近发表的论文，我发现江老师的主旨跟王浩大体重合，表述框架有很大的差别。

江老师在很多论文中提到一种观点，我以为今天江教授会说，但是他没有说。这种观点就是"走进历史的分析哲学"，它的要点在于分析哲学家群体对哲学事业的自我定位，通过对自身发展历史的全面反省，来确定自己的方向和使命。与"走进历史"完全相反的是"成为历史"。2000年前后，在分析哲学家内部出现了一个说法，叫作"后分析哲学"。这个说法背后藏着这样一个悲观的预设：他们相信分析哲学的发展史是一场反教条运动，但是现在分析哲学自身变成了教条，它已经耗尽了自己的思想资源和批判积极性，这是一种唱衰的观点。江老师所说的"走进历史"同"成为历史"相反，"走进历史"是为了避免成为化石、成为教条。

如何才能"走进历史"？刚才，我在江教授的讲座中有四个体会。第一是"仅有分析是不够的"，要在哲学中包含元哲学。第二是哲学要包含丰富的内容，人类所知、所信、所感都要纳入其中。第三是要获得对整个世界统一性的包容性理解。这三条是江教授对王浩的延续和阐释。第四条是江教授自己提出来的，就是要超越分析哲学和大陆哲学的分歧。这种分歧的根源是方法，要跳出方法，按照江教授的想法就是，方法应该是无所不包的，哪个方法好用，就用哪个方法，我们不把自己当作分析哲学家或大陆哲学家，我们只是哲学鉴赏家和哲学实践家。这又与王浩的观点相印证。王浩曾经评价马克思主义的发展，他说，我们不能把辩证法当作研究和阐释的对象。如果把辩证法当作研究和阐释的对象，就把辩证法变成教条了；一定要把它当作工具，它是一个为我们所用的工具。

那么，如何"走进历史"？我们还看不到清晰的整体图景，此刻我们可能需要继续做一些零敲碎打的工作，后人可能凭借他们的后见之明在这些零敲碎打中看出一个整体图景。谢谢大家。

尚杰：我说两点疑问，一个是超越分析哲学和大陆哲学，实现一种方法论的统一，这种说法实际上还是有前提的。也就是说，你还是预设了哲学要有一种统一的东西去说明哲学。我们还是用哲学的说法来讲，实际上是个差异的问题。就是说，分析哲学和大陆哲学的一种学派之争，不要纳入一种目标式的东西，一个真理的标准在前面放着，然后我们谁符合标准、谁是标杆。就是说，我觉得这里边还是差异的问题，而且差异本身是值得肯定的，不是超越。第二个问题就是说分析哲学是科学的，大陆哲学是倾向于艺术的，或者说大陆哲学是倾向于非理性等类似说法。我觉得可能还是对大陆哲学有一些误解，换句话说，"什么是科学的"本身就只能是争论的。按照海德格尔、胡塞尔的说法，胡塞尔本人说现象学是严格的科学，这是毫无疑问的。海德格尔在《存在与时间》里也认为他的作品不是哲学的一类东西。所以，如果要把它作为一种艺术来理解的话，可能还存在一些问题。

江怡：我们这次话题，就是王路定的话题，即所谓分析跟思辨之争，这个说法本身就是我们的一个话题。什么叫话题？就是说它是一个真实的哲学问题。我自己把这个话题放在这个题目上来说，其实也是借这个由头来引出怎么看待当代的分析哲学家跟现象学家在某些哲学问题上的一些争论。也就是说，分歧本身是客观存在的，是我们可以看得见的、很明显的。但是，问题关键是我们作为旁观者，我们来看待他们这种争论的时候，我们想要从中得到什么东西，我们希望能够得到什么东西。实际上，在讨论的过程当中，我们更想知道的是他们到底在说什么，而不是说他们为什么这么说。其实，他们为什么这么说，我们是知道的，我们想要了解的是他们说的这些东西背后到底隐含着什么样的假设？这是我们希望知道的，比如说做大陆哲学，无论你做德里达或者其他法国哲学家，你肯定也要了解他的根据是什么？例如，他有自己的理论，有自己哲学的基本要求和诉求，而分析哲学家也会有自己提出的要求，他为什么会这么强调？他也不是说完全地不顾及欧洲大陆哲学家的那种思维方法，只是说我不认为你的东西是适合讨论问题的方式，所以他不会把它接受为哲学，这是他们的一种偏见或者预设。他们的理论是这么一种想法。但是有一个问题。我不认为所谓超越的做法是为了得到一个统一的东西，我觉得这一点我是不同意王浩的。我说仅有分析是不够的，只是告诉大家，王浩的理论只是一种看法。但是，我的隐含在分析背后说的东西是，我们不仅仅是需要用分析的方法，我们还有别的方法。所以，在方法论上来说，没有统一的方法。我不认为有一个统一的方法可以解决超越的问题，或者说可以解决大陆哲学与英美哲学的冲突。我认为恰恰是因为分歧存在，所以才能使得我们的哲学讨论变得更加丰富。如果这个方法，大家都是一样的，或者像王浩说的那样，为了追求某一个统一的东西去做哲学，那肯定要走到死胡同，这是很简单的道理。

最近我读得比较多的是大陆哲学家的书，特别是福柯的书。我觉得读福柯的时候，明显地感觉到福柯的思维方式跟英美分析哲学家完全不一样。他的《事物的秩序》一书里对于整个十六七世纪的思想展现的那种非传统的、非观念性的概念理解，在什么程度上可以为我们今天的人所接受？按照正统哲学的思路来看，他当然不能放在我们理解的分析传统当中。福柯的思想是一种另类的东西，但这种另类揭示了欧洲的哲学家在思考所有当代问题的时候展现出来的理路，是用传统的分析哲学，或者传统的经验论、唯理论这一套方法没有办法容纳进去的。

尚杰：其实大陆哲学，实际上对分析哲学问题是有所回应的，比如说逻辑问题、同一性问题，反而分析哲学家对大陆哲学家的问题，他们不但不回应，而且是拒斥的。他们认为这些东西是文学。

江怡：第二个问题是回到艺术。这个问题是这样的，我当然不是说把艺术完全等同于或者说把欧洲大陆哲学等同于一种艺术的方法。我是用个简单的例子来说明。如果我们把科学看作分析哲学的标志性的方法论的一个标签的话，那么似乎欧洲大陆的现象学家或者说整个欧洲大陆哲学，我们都可以看作一种概念创造的方法，我用的是创造概念的方法，如果把它看作一种创造概念的方法，那么这种概念的创造本身具有艺术的想象力，而我们认为这种艺术的想象力在某种程度上是要强于科学的方法。这是我个人的理解。

我不认为科学的方法一定比艺术的强。我认为，因为我们人类的知识按照狄德罗的分类的话，无非就是三种方式，这三种方式里面最重要的是什么？是想象力。就想象力、记忆、知识这三种类型来说，知识是科学，记忆是历史，想象就是哲学。

王路：有人说，欧陆哲学中没有分析的传统，我本人是非常反对这种说法的，康德就是典型的分析哲学家。英国洛克等谈先天观念也都是分析的。

江怡：对，我现在在做的国家课题就是分析的西方哲学史，用分析的视角考察西方哲学的发展历程中，到底他们是如何把分析运用于对自己的哲学辩护当中的。任何哲学的论证和辩护用的都是分析的方法，分析是基本方法。如果一个大陆哲学家连分析都搞不明白，他怎么做哲学呢？他一定是懂分析的，但不能仅仅满足于分析。

王路：王浩对哲学怎么看？

江怡：包容性的世界观。

王路：这说明他从逻辑走回到他最初的马克思主义。那等于说，你的观点跟他差不多。首先关注包容，我特别记得你最后说是要走向包容、超越分析。

江怡：这不是我的主要观点，仅有分析是不够的，我只是给出这个观点。刚才我讲的是王浩的观点。

王路：大强，你读到这本书的时候，你的感觉是什么？他（王浩）对哲学是怎么看的？

李大强：这本书是三部曲的第一部，如果写出第三部的话，他会提到怎样看哲学。我觉得他对马克思主义有一些尊重，但是强调这是方法，而不是教条。你要把马克思主义的辩证法看成一种可用的方法，不能把它当作经典来研究。跟卡尔纳普不一样，他崇拜的是那些像康德一样关心整个世界的哲学家。

江怡：他更多地用了哥德尔的思想，因为哥德尔对他所理解的哲学的概念跟传统的不一样。当然，哥德尔本人作为逻辑学家，他的这种哲学观是跟他的逻辑观相关的，是建立在逻辑观之上的。所以，他认为，如果我们的逻辑不能够完全解决所有认知活动所存在的问题的话，哲学也不可能解决所有的问题。所以哲学不是万能的。不仅分析不是万能的，哲学也不是万能的。甚至说，逻辑也不是万能的，就是这个意思。这是哥德尔的看法，王浩本人是研究哥德尔的，所以他比较接受哥德尔的说法。但是，他推进了一步，既然哲学不是万能的，但是哲学总要做一件事，所以这就是他给出的哲学观。他认为哲学应该做这件事，可是今天在我看来，这件事真的做不了。假如哲学能够做这件事，我们就回到过去了。作为个别哲学家来说，你要建立体系，这是你的自由，没有人反对。但是作为一个共同事业的哲学，我们不能这么做。

王路：再一个问题，你刚才谈到他的那个观点，就是说科学越来越发展，哲学就得越来越让步，你对此怎么看？

江怡：这个事最早是尼采提的，我对这个问题的基本看法是这样的：就是说，根据现在我们所掌握的哲学、科学自身发展的路径与可能的前景来分析，一方面，哲学要思考那些科学目前无法回答的问题，有些问题是科学自身发展阶段所限，有的是科学从根本上就无法解决的问题，比如说人性的问题，道德的本质，伦理观念的产生等，这些都不是科学能够给出最终解答的。而这些问题，哲学家是可以给出解释的，但是这种解释本身也不是一个终极的回答，所以不同的哲学理论就会出现，就会提出各种不同的观点。这是哲学可以为科学做的事情。另一方面，当哲学一旦确立了某些问题的解决方案和方向，哲学就自主地退出了这个舞台。按照恩格斯在《自然辩证法》一书中所说，哲学就剩一个地盘，就是一个所谓辩证法。但是，辩证法的前面需要加一个东西，这就是逻辑学，所以哲学肯定是要处理逻辑学和辩证法的问题。这两个问题是科学本身不去研究的。所以，无论科学怎么发展，逻辑学一定是在哲学的范围之内的，就如辩证法一定是在哲学范围之内一样。虽然现在数理逻辑已经发展得非常丰富了，但是逻辑学的性质或者关于逻辑本身的反思是哲学家的工作。

恩格斯在《自然辩证法》里根据当时自然科学的发展路径来理解哲学跟科学的关系。今天看来就不能这么简单地来处理，因为科学跟哲学没有这么明确的界限。恰恰相反，哲学与科学之间界限模糊，使得哲学的讨论在很大程度上既可能会直接应对科学的挑战，同时应对它本身既有的问题。

傅永军：科学所说的经验是可以重复的经验，只有能以同样的方式再现它们，它们才是合理有效的客观经验。哲学面对的则是新经验，属于一种人文经验，人们总是在无法预知的前提下去经验，经验就是不断获得新经验，超越过去，带来新可能。哲学面对未知，科学确证已知。

张能为：石里克在他就职的时候，就遇到了这个问题，认为原来哲学所研究的任务似乎自然科学都代替了，比如说物质的特性、物质运动的规律等。哲学还有没有其他的事可做？这就是著名的"石里克之问"。你刚才那个观点，我是比较赞同的。当代的科学和哲学是互相作用的，科学对哲学也是有作用的。问题在于中间的关系是非常复杂的，从欧洲近代以来，哲学和科学越走越远，越来越背道而驰。关于这一点，伽达默尔已经有明确的说法，哲学已经终止了其经典的作用。伽达默尔提出来的哲学要转向，转向的方式有两种，即艺术和人文科学。在他的《科学时代的理性》一书中明确地有这样一个事情，伽达默尔对"未来哲学"是有他的一套论述的。他认为整体性、普遍性是哲学的主要特征，但是哲学千万不能代替科学。我想问的是：这个当代也好，未来也好，像伽达默尔提出来的这样一种对哲学的新的理解，如果基于这个，你怎么来看这种关系，既不能不分，也不能完全分？

江怡： 这个比较复杂，因为刚才涉及好几个问题。第一个是关于如何定义哲学，这是一个最基本的问题。第二个涉及刚才我们讲到，大陆哲学能不能把它划为，比如说像伽达默尔所说的，用艺术或者说用人文科学这样的方式来讨论的哲学，我觉得这也是一个可以讨论的问题。我不认为我们可以把哲学的范围限制在这么狭小的范围，说只能够以艺术的方式呈现，或者以人文科学的方式呈现。我恰恰认为，人文科学这个说法本身其实已经包含了一种时代痕迹。它是18世纪以后所形成的一种近代哲学的传统，而我们今天把人本主义看作哲学所在的阵地，这个做法本身就限制了哲学的范围。实际上，人本主义里面有没有科学？如果按照现在的说法，人文科学跟自然科学，就是李凯尔特那个时代区分的东西，那么今天看这个区分没有那么明显。实际上，科学跟人文之间没有绝对的界限，如果哲学家想要在两者之间划出这么个界限，这是我们自己的问题，也就是说我们把它划出来了，但实际上它们之间没有明确的界限。所以，陈启伟先生一直坚持说，所有的人文主义传统里面一定要有科学的精神。如果人文里面没有科学，这个人文就不成其为人文，我觉得这个观点是对的。那么同样反过来也可以说，科学的东西里面一定有人文，如果没有人文就不叫科学，所以这两者之间没有明确的界限。所以，我觉得伽达默尔的说法限制了哲学可能做的工作范围，无法解释科学哲学的发展。如果按照伽达默尔的解释，现在的科学哲学都不叫哲学。

张能为： 我的理解就是，哲学作为一个独立的学科，伽达默尔开始怀疑，质疑它将来的作用方式，作为一个学科性的东西，会慢慢地被削弱。

江怡： 这实际上是他对康德时代的哲学定义的一个重新反思，因为从康德开始，哲学才成为独立学科。在康德之前，哲学从来没有被当作独立学科。到了19世纪末期以后，自然科学的发展直接危害到哲学这种独立学科的地位。这不是从伽达默尔开始的，是从19世纪末20世纪初，随着自然科学本身的发展，哲学地位逐渐衰落了，所以才会有石里克之问。

论句子图式的意义

王　路

主持人：张荣

请王路老师为我们做《论句子图式的意义》的报告。

报告人：王路

我借这个名称来说这样三个方面：

句子图式

（语言）句子：谓词　　　　　　／专名
（涵义）思想：思想的一部分　　／思想的一部分
（意谓）真值：概念　　　　　　／对象

首先，这个句子图式的意义在什么地方？传统哲学主要讲两个方面，就是形式与内容。人们甚至说搞逻辑的人，你们讲究形式，我们还要考虑内容的东西，有些时候我们也要考虑形式与内容的关系问题。这样一来，做逻辑的人要讲句法和语义这样两个方面，做哲学的人要考虑形式与内容这样两个方面。就好像做逻辑的跟做哲学的人是有分歧的。

那么你要把这双方结合起来，好像应该是四个层次。但是其实不是，就是句子图式这样三个层次。大家看这三个层次，第一行就是语言，相当于逻辑的句法，或者你把逻辑的句法看到语言上去的时候，就是第一层，就是语言句子。比如我们说"亚里士多德是哲学家"，这是一个句子，里边"亚里士多德"是专名，"是哲学家"是谓词。那么它表达的东西就是"涵义"，第二行，这个我们都明白。除此之外，这句话还有真假，所以还有第三行。所以直观上看，与语言表达相关的应该是三行。

也就是说，搞逻辑的人只注意两行，就是注意第一行与第三行，搞哲学的人也只注意两行，只注意第一行与第二行。这是过去认识的一般常态。依据句子图式来分析的时候，首先就是一个句法层面的问题。比如"being"问题，康德也好，黑格尔也好，到现在都是谈系词。那么在系词的意义上指的是什么？今天上午傅兄讲"S 是 P"，我觉得说得非常好，这就是句法，"S 是 P"。它是第一行的。那么它表达的东西是什么？这与句法是不同的，因而是第二行的。此外，它所表达的东西会与真假相关，比如我们说的是真的还是假的？这是第三行的东西。这肯定应该是比较清楚的。

"亚里士多德是哲学家"这个例子有名字，许多句子没有名字，但有量词。比如我们说"所有苹果都好吃"，这里的"苹果"和"好吃"就是谓词，"所有"是量词。"所有苹果都好吃"有所表达的东西，相应地也会有真值。同样看这三行的话，逻辑学家只考虑第一行和第三行，那么哲学家通常不考虑第三行，他只考虑第一行和第二行。我们今天上午的讨论也是这样，比如对逻辑学家来说，形式逻辑只管形式不管内容，那么什么是内容呢？人们一般想到的大概是第二行，比如今天某位学者说了，这个东西的规则是什么，他想的是这个问题，他想的一定是第二行，但是他不会考虑第三行，比如逻辑所说的真值、真假、对象、概念等，他不考虑。实际上，我认为并不是不考虑，而是没有考虑清楚。传统逻辑中对这个东西是有认识的，但是它表达得不是很清楚。现代逻辑产生以后，人们把这个问题搞得比较清楚了，这样我们对这个东西的认识还是进步了的。这是我个人的研究看法。

句子图式做出来以后，这两年我用的时候发现很好用，它实际上能够帮助我们探讨，不仅探讨现代分析哲学的东西，也可以帮助我们探讨传统哲学的东西。比如探讨语言哲学，第一，我们可以借助句子图式区别语言和语言所表达的东西，这些应该可以区别的。因为分析哲学家相信，我们所有关于世界的认识都是通过我们的语言表达的，因此我们有望通过分析我们的语言而达到关于世界的认识。既然如此，你就要区别语言和语言表达的意思。你关于世界的认识是通过你要表达的东西来体现的。第二，我们要区别句法和语义，一个句子是有句法的，同时还有语义，语义是什么，简单说就是真假。第三，我们要认识语言层次，一个认识通过语言表达，但是它是有层次的，有不同的层次。第四，最重要的是要认识真之条件，就是一个句子在什么条件下是真的。这个东西才是核心，关键是在这儿。比如我们说"雪是白的"，我们说的这句话是真的。今天上午谈的经验，当你说的经验是真的的时候，一定是经验中的。"雪是白的"这句话在什么条件下是真的，这是一个先验的问题。"雪是白的"，这是一个句子，它表达的东西在第二行。我们可以说它是

"分析的"与"思辨的" ◎

真的,是因为我们对"雪是白的"这句话有一个理解、有一个把握,我们才能说它真的。所以我们这时候说它是真的,这是一个经验的问题。

当我说"雪是白的"这句话在什么条件下是真的时,它的真之条件是句子图式第三行做出的说明,这是先验的东西。这里涉及句子的意谓和专名的意谓以及谓词的意谓之间的关系。这种说明是不限于"雪是白的"的,它是具有普遍性的,它适合一类句子。句子图式的作用在分析哲学研究中应该是比较清楚的,下面我举几个例子来说明一下。

我们知道分析哲学跟传统哲学不一样。传统哲学的核心概念是"是","being"这个概念;而分析哲学的核心概念是"truth","真"这个概念。由此形成了各种各样的真之理论,提供了很多分析的方法,这些理论和方法实际上主要都是围绕着真这个概念来进行的。

比如我们看一看弗雷格的话。弗雷格说,如果一个句子的真值就是它的意谓,那么一方面所有真句子就有相同的意谓,另一方面所有假句子也有相同的意谓。就是说,所有真句子都指真,所有假句子都指假。通俗说就是这个意思。他还说,由此我们看出,在句子意谓上所有细节都消失了。也就是说,在句子图式这个图上,真在第三行,这里所有细节都消失了。那么这些细节指什么?指的是第二行的东西,就是说它没有第二行的东西。实际上,当我们说"雪是白的"的时候,这个句子在第一行,它表达的东西在第二行。我们说和理解的就是这两行的东西。但是,这句话是不是真的?这里的真是什么?对象是什么?概念是什么?我们说这话时是不会考虑的。但是在我们考虑真之条件的时候,即这句话在什么情况下是真的,就不会考虑第二行的东西了。因此从第三行看,第二行的东西是看不到的,所以说所有细节都消失了。

弗雷格说,一般来说重要的是句子的真值,正是对真的追求驱使我们从"涵义"进到真值,对真的追求是我们考虑的东西。我们再看一个例子。这个例子是我在给学生讲课的时候经常讲的,这个例子我觉得非常有说服力、有代表性。"奥德赛在沉睡中被放到伊萨卡的岸上"这个句子,简单地说就是"奥德赛被放到岸上"。弗雷格说这个句子显然有"涵义"。这个句子就是第一行的东西,它显然有"涵义",就是它有第二行的东西。然后弗雷格说,由于无法确定这里出现的名字是否有一个意谓,即是否有一个对象,因此我们无法确定这个句子是否有意谓,就

· 43 ·

是说我们不知道这句话是真的还是假的。他的意思是说，你要是不知道奥德赛这个名字是否有一个对象的话，你就不知道这句话是真的还是假的。这就等于从句子内部来说句子，从句子的组成部分、专名、来说到句子，这是第一个方面。但是还有第二个方面。弗雷格说，可以肯定，所有当真认为这个句子为真或为假的人都承认，奥德赛这个名字不仅有"涵义"，而且有意谓。他的意思是说，你只要认为这个句子是真的或者假的，你就得承认奥德赛这个名字有一个对象。这就相当于从句子说到句子的构成部分。所以弗雷格实际上是从两个方向对句子的真值做出说明。我们一方面可以从句子这个角度来说，如果你要认为这个句子是真的或假的，那么就会要求它里边这个名字一定得有一个对象。另一方面，如果你要不知道这个名字是不是有一个对象，你就不知道这句话是真的还是假的。所以"奥德赛被放到岸上"，它只是一个例子，说明的却是一个句子的构成部分和整个句子之间的关系，而且是与真假相关的。用我的话说，弗雷格在讨论的是句子的真之条件，就是一个句子在什么情况下是真的。

还有一个例子，这个例子是非常出名的，后来在维特根斯坦的《哲学研究》和克里普卡的《命名与必然》中都出现了。在弗雷格那里，它是出现在一个脚注中的。这个例子特别出名，后来被这些人放到正文中去讨论。弗雷格说，当出现一个像亚里士多德这样真正的专名时，关于"涵义"的看法当然可能产生分歧。比如有人认为它是这样的，有人认为它是那样的。但是，只要意谓相同，这些分歧就是可以容忍的。

那么"意谓相同"是什么意思？句子的意谓指真假，因此意谓相同是说，只要这句话的真假不变，那么这种歧义是可以理解的。我们可以举个例子说一说："亚里士多德是形而上学的创始人"。我现在把它改一下，我说："《尼各马可伦理学》的作者是形而上学的创始人"，因为我理解亚里士多德就是《尼各马可伦理学》的作者。另一个人把它改成"亚历山大大帝的老师是形而上学创始人"。我对亚里士多德的理解和这个人对亚里士多德的理解是不一样的。理解不一样没关系，我们指的对象没有发生变化，整个句子的真假没有受到影响，所以弗雷格说这样的分歧是可以容忍的。所以，从这里可以看出弗雷格的讨论完全是在句子真假的层面上进行的。

"分析的"与"思辨的" ◎

下面再简单说一下量词句,比如全称量词句就是"所有东西是怎么样的",存在句就是"有些东西是怎么样的"。这样的句子也有真之条件。比如像全称量词句,它的真之条件是什么?就是说量词表示有一个范围,里面的东西是个体。全称量词指其中所有的个体。一个全称量词句的真之条件就是谓词所表达的概念适合于量词范围内的所有个体。比如我们说"所有人是聪明的"。那么这句话的谓词是什么?如果某个东西是人,那么这个东西是聪明的,这就是它的谓词。那里面"所有"这个量词是什么意思?它说的是"任何一个东西"。所以,这句话的真之条件是:上面那个谓词,"如果它是人,那么它是聪明的"这个谓词,要满足所有的个体。只要有一个不满足,这句话就是假的。关于这一点,弗雷克说了这样一句话:"逻辑的基本关系是一个对象处于一个概念之下,概念之间的所有关系都可以划分为这种关系。"实际上,我们用语言表达的时候,始终会有对象与概念之间的关系。比如"亚里士多德是哲学家",这里显然涉及一个对象和一个概念。名字所指称的就是第三行,对应的是对象,谓词对应第三行的就是概念。因此,基本的逻辑关系就是一个对象属于概念之下,讲的就是这样的关系。很明显,这样的关系是涉及真假的。又比如刚才说的"所有哲学家都是聪明的",这句话里面没有名字,都是谓词,谓词对应的就是概念,因此这句话表达的是概念之间的关系。但是你可以把它划归为对象处于概念之下的关系:如果 X^1 是哲学家,那么 X^1 是聪明人,并且如果 X^2 是哲学家,那么 X^2 是聪明人……X^1 和 X^2 就相当于专名,指称的就是一个具体的对象。

刚才讲的是句子图式对分析哲学的意义,下面讲一下句子图式对传统哲学的意义。我发现这个东西不光对分析哲学有用,对传统哲学也有用。有用的关键地方在于,第一,我们可以用它来区别语言和语言所表达的东西,这一点毫无疑问,传统哲学也依然如此。因为我们去读康德的东西也好,读亚里士多德的东西也好,你都可以看到他们关于语言的考虑和借助语言来表达。在康德的讨论中,他明确说"being"是系词。亚里士多德说,当说一事物是怎样的话,它就是真的,这显然也是在说系词意义上的东西。所以他们都有关于语言的考虑,但是他们表达的意思不是很清楚。这样我们借助句子图式可以把它们表达得更清楚一些,能更好地认识他们的思想。

第二就是关于真的认识。关于真的认识，显然从传统到现在都是有的。我们都知道亚里士多德说过，说是者是就是真的。康德在讨论先验逻辑的时候也有关于真的论述。特别是其中第三部分，就是"先验逻辑"的四节里面的第三节，他专门讨论真。他提出了"真是什么"的问题，他不满足于传统上关于它的名词解释，不满足于真是认识与对象的符合这一说法。他要进一步地问什么是真之标准？有没有普遍的真之标准？康德的结论是非常清晰的，他说在形式方面我们有普遍的真之标准，比如矛盾律，但是在内容方面我们没有普遍的真之标准。我们发现传统哲学中有大量类似的关于真的讨论，包括关于真的讨论、关于真命题的讨论、关于真理的讨论。

传统哲学从古希腊到今天，在所有的哲学家里边，几乎这些大哲学家没有一个人不讨论矛盾律，他们在说认识的时候统统都要讨论矛盾律，为什么？矛盾律是一事物不能同时既是又不是。那么为什么要讨论这个东西？我们可以说矛盾律是真理，矛盾律是真的，我们也可以讨论矛盾律的真。为什么可以说矛盾律是真的，这个真是什么意思？在传统哲学的讨论中，可以看到真这个东西它是时隐时现的，不是很清晰，不像"being"这个概念自始至终是非常清晰的。那么它为什么时隐时现呢？下面我给大家讲一个案例分析。比如亚里士多德的范畴理论。范畴理论实际上是亚里士多德区别语言或者区别谓词的一个理论，它区别了两类范畴。一类范畴，他在《范畴篇》中叫"实体"，在《论辩篇》里面叫"是什么"。这两个地方的名称是不一样的。另外一类范畴就是我们通常说的"质""量""关系"等。大家如果去读亚里士多德都会发现，在谈论范畴的时候，亚里士多德压根没考虑过真。也就是说，他在很多地方谈论真，但是在谈论范畴理论的时候没有谈真的问题。

现在我们用句子图式来讨论这个问题。比如亚里士多德的范畴，他举的例子"苏格拉底是人"。"是人"，这就叫作"实体"或者说"是什么"，而"是白的""是三肘长"这个就是"质""量"等。后面这样的东西就不管了，我们只说第一个范畴。比如"苏格拉底是人"，这显然是个句子，"是人"是一个谓词，在句子语言层面上来看"是人"显然是谓词。谓词在"涵义"层面应该是思想的一部分。那么"人"的"涵义"是什么，它与思想相关，表达的是什么？我觉得我们可以这么

"分析的"与"思辨的" ◎

说,它表达的意思可能是两足的,是直立行走的,是无羽的动物等。这样,这些也就是第二行的思想,或者是与思想相关的东西。所以,它们其实不是我们平常所讨论的范畴。不是我们所说的"实体"。那么这时候实体应该放在什么地方?实体大概只能放在第三行,因为实体不是人这个词所表达的东西。它实际上是关于"是人"所表达的东西的说明,因此在句子图式上它只能放在第三行。那么我们看句子图式,你如果把实体放在第二行,你说实体就是第二行的东西,我们指的就是这个东西的话,那么第三行是什么?也就是说,它在语义层面没东西了。所以,你用句子图式区别语言和语言所表达的东西,你就可以看出传统哲学讨论的问题是不清楚的,或者它表达得不是很清楚。实体不是语言所表达的东西,实体是我们关于语言所表达的东西的说明,而语言真正表达的东西是我们平时所说的,我们认为那个东西是自明的。

因此,如果用句子图式来讨论的话,我觉得很清楚,我们能看出来应该怎么说。谓词是语言层面的,你可以随便说,"是人""是什么"等。它所表达的是什么?是思想的一部分。因为"是P"无论是什么东西,肯定是不完整的。它是思想的一部分,它一定在表达的东西层面上。现在就看出第三行的意义了。亚里士多德的范畴学说其实是语义层面的说明,比如说它可以是"实体",它可以是"质",可以是"量"等。这样你就可以看出,为什么亚里士多德这样一个范畴理论会不讨论真假,因为它只是句子的一部分,句子中的一部分与真假显示是没有关系的。所以我们可以看得很清楚,好像传统哲学是不考虑第三行的,但是实际上它是考虑第三行的,但是由于表述得不太清楚,由于不区别语言和语言所表达的东西,因此没有把这样的考虑显示出来。所以到了康德那里也是一样,以为逻辑学家不考虑内容的东西,什么是内容的东西?内容是第二行的。其实传统哲学家也是不考虑这一行的东西的。他们考虑的是关于那一行东西的说明,但是他们对于逻辑的认识不够充分,对于语言和语言所表达的东西的认识还不够清晰,因此他们的说明也就存在着含糊之处。这是我举的第一个例子。

下面我再举个黑格尔的例子。黑格尔在《精神现象学》中从感觉确定性谈到绝对精神。他说感觉确定性暴露出自己是一种最抽象、最贫乏的真,对于它所知道的东西,它所说出的仅仅是:"它是"。它的真仅仅

· 47 ·

包含着事物的是。这里黑格尔谈到了两个东西,即"being"和真。那么为什么传统上在谈真的时候,总是要跟"being"对应起来呢?因为传统哲学家认为,真是与句子相关的。他们把"being"也看作句子,或相当于整个句子,它代表"S是P"这样的句子,所以它可以和真对应起来。句子是有真假的,所以他们在直观上这一点是没有错的。黑格尔说感觉确定表达什么东西,实际上就是"S是P",就是今天上午所讲到的那个例子,"S是P",他省略了,他把P省略了,"它"是一个不定指的代词,相当于一个空位,"它是"后边还带着一个空位,这就相当于我们说"S是P",等于"S"是一个空位,"P"也是一个空位,是没东西的。但是它包含着真,为什么?因为它是一个句式,体现的是一个句子,而句子包含着真。所以它和真是对应的。

黑格尔在《精神现象学》里面讲得很清楚。先刚的翻译不是"真",而是"真理"。现在如果把句子图式摆在那里,你就会考虑,这个"真理"应该放在第几行?"真理"大概只能放在第二行。因为"真理"是道理,它是一个句子所表达的东西。"它是"的现有中译文是"这东西存在",它从一个句式变成了一个句子。"这东西存在"是一个完整的句子,是有含义的句子,是有确切含义的句子。因此它开始说真理。没错,这是真理。但是,这句话所表达的是真理吗?即便是,黑格尔所谈的感觉确定性还有普遍性吗?也就是说,他所说的东西跟普遍性就没关系了。我们再看看贺麟先生的翻译。贺先生把"esist"译为"它存在着",把同样一个"wahrheit"翻译为两个词"真理"和"真理性"。这说明,贺先生在翻译这个词的时候,他认为在这里不能把它翻译成"真理",它说的不是"真理"。为什么?用句子图式来看,"真理"是第二行的东西,"真理性"却不能是第二行的东西,而只能是第三行的东西。这说明,贺先生已经认识到黑格尔说的不是第二行的东西,而是第三行的东西。黑格尔说的不是语言所表达的东西,他是在探讨一种语义的东西,一种真假意义上的东西。所以贺先生在这里就把它译成"真理性"。

我觉得我们用句子图式去看西方哲学,可以从整体上产生一种认识,实际上我们可以看到,西方哲学中关于是与真的认识是贯彻始终的。但是由于他们语言或者逻辑工具的问题,在表述上有时候说不清楚,但是这方面的思考是一直有的。比如亚里士多德说有一门科学研究是本身。这是他在《形而上学》第四卷说的,他在《形而上学》第二卷又说,把哲学称为关于真的学问是恰当的。这显然将是与真放在同等的地位。

最后我们看一下胡塞尔。胡塞尔在《逻辑研究》里面说,在知识中我们拥有真。在我们最终所依据的现实知识中,我们将真作为一个正确判断对象而拥有,但仅仅如此还不够,因为并非每个正确判断与真相一致的对于事态的设定或否定的,就是一个关于事态的是或不是的知识。

胡塞尔在说这句话的时候,他把几个东西搁在一起说。第一,他只是在谈知识;第二,他谈的是对于一个事态的一个设定和否定,设定可能不清楚,但否定是清楚的。是或不是,这显然是清楚的,不是存在或不存在,或者有或没有。同时,他前面还提到一个真,也就是说,在这一段话里边,在谈认识的时候,既有句法层面的东西,这就是是和不是,也有语言所表达的东西,这就是知识。此外这里边还有真。从句子图式看,真就是第三行的,真就是传统所说的知识与对象的符合,这是语言所表达的东西的问题。胡塞尔简单一段话就把所有这些都囊括进去了,随后的论述自然是在这一论述基础之上展开的。所以胡塞尔也是有是与真二者之间关系的想法和论述的。

最后,我想说一个问题:西方哲学中能够被称为"大家"的人,能够使我们后来的后辈们孜孜以求至今还在读他们著作的人都是谁?亚里士多德、康德、黑格尔等,这些人的著作里面当然都有逻辑,没有人不谈逻辑。传统哲学家的思想里也都有逻辑,而在谈逻辑的时候,他们经常要谈的两个概念就是"being"和"truth"。为什么?所以我认为句子图式是有意义的,我希望句子图式至少可以帮助大家理解这些问题,至少可以在大家理解这些问题的时候能够起到一个比较好的帮助作用。

张荣:时间把握得挺好,现在把话筒交给李国山,请国山进行评议。

评论人:李国山

王路老师在他的文章和刚才的报告中对自己的观点做了清晰的阐释,我这里不再重复,只想略做评论,并提出几个可供进一步讨论的问题。

第一，我觉得"句子图式"这个概念的提出和阐述，突出了语言哲学的视角，是王老师的一个重要学术贡献，是在"照着讲"的基础上的"接着讲"。不过，我注意到，王老师用到了"句子图示"和"句子图式"这两个汉语中读音完全一样的表达式，尽管写出来有一字之差。在2014年发表于《求是学刊》上的《句子图式：一种弗雷格式的解读方式》一文中，我看到了这两个表达式的区别和联系："弗雷格图示表达了一些具有普遍性的东西，但是它只适用于简单句：含有一个名字和一个概念词。假如可以根据这个图示构造出一种图式，它既具有弗雷格图示的普遍性，又能够适用于不同形式的句子，那么就可以得到一种广泛适用的图式。"我没有查到弗雷格在给胡塞尔的信中用的是哪个表达"图示"的德语词，所以，想知道这个词和哲学文献中常用的"图式"（schema）一词的区别和联系是什么。

由此，我想接着提第二个问题：这里的"句子图式"和斯特劳森的"概念图式"有无关联？王老师比较强调前者的直观性，那么它是不是也兼具后者的先天性呢？

第三，既然弗雷格最早给出的那个句子图示具有普遍性，那么可否参照维特根斯坦关于命题的一般形式的论断，将句子图示当成一个变项来理解？而王老师所给出的这些句子图式是否可理解为这个变项的值？

第四，由此，我想请问王老师这样一个文本中没有直接涉及的问题：句子图式是否可用来处理像"我相信p""我知道p"这样的句子？

第五，王老师主张"句子图式"的引入不仅可以解决分析哲学特有的问题，而且也可用于解决传统哲学的问题。我非常赞同王老师的观点。不过，我在阅读弗雷格时，发现他本人对传统本体论问题的解决办法还有很多让人疑惑的地方。比如，他关于第三领域的本体论假定将概念、思想、真值、数等一股脑儿地纳入其中。单就王老师这里所展开的各种句子图式来说，似乎就会遇到这样的麻烦：在这些图式中，思想在第二行，而真值在第三行，那么，将它们纳入同一个本体领域，是否合适？或者说，"句子图式"到底该做怎样的"本体论承诺"？

第六，王老师在报告中借助句子图式对分析哲学和传统哲学的探究方式做了细致的比较，并指出传统哲学也和分析哲学一样，包含着语言、认识和是（存在、真）这三个层次。王老师尤其强调语言是所有哲学探讨都绕不开的。我很赞赏王老师的这个观点。不过,不知道王老师是否赞同前期维特根斯坦的哲学观:全部哲学就是语言批判?

第七,王路老师在报告中尤其强调真对于一切哲学探讨的核心意义,这种强调富有新意,很有启发价值。王老师借句子图式仔细辨析了对"wahrheit"这个德语词的三种中文译法(真、真理、真理性),并分别将三者归于句子图式的第二行或第三行。想请教王老师的是,由不同语言间的相互翻译所造成的理解障碍,是不是无法克服的?

第八,最后想请问王老师一个更大的问题:您关于"句子图式"的阐释在汉语语境中会有怎样的应用前景?您在"照着讲""接着讲"之后,下一步是不是要"自己讲"啦?

王路:大家问得好,我简单回答一下,你们还有其他问题。是这样,比如说我在书里构造了七个图式,我做的也是给处理,因此你可以把它加工,在谓词上加模态词。康德范畴里边有一个模态的范畴,然后你可以加……比如亚里士多德……这就不说了,胡塞尔的那个说法……

亚里士多德《后分析篇》中的知识论

詹文杰

主持人:陶林

他们都是年龄比较大的,我们这一组从主讲人和评论人都是最年轻的才俊。所以,我们首先请文杰给我们讲《亚里士多德〈后分析篇〉中的知识论》。

报告人:詹文杰

今天这个会议的主题是"分析的与思辨的哲学之对话"。"分析"这个概念可以追溯到亚里士多德,但是他的分析不是跟思辨而是跟辩证法相对的。分析法是讨论三段论和证明的,而辩证法是讨论跟证明不同的另一种论证的;证明是从必然为真的初始原理出发进行论证的,而亚里士多德说的辩证法是从普遍接受的意见出发进行论证的。

亚里士多德在《后分析篇》的最后一章,也就是第二卷第十九章,开头就提出了这样的说法:"关于演绎和证明,两者各自是什么、如何产生，乃是清楚的，而关于证明性知识也是一样，因为这是一回事。"这实际上是总结了《前分析篇》和《后分析篇》前面所有内容的主题：演绎和证明。这里说的"演绎"原文是"syllogismos"，有时候被翻译为"三段论"，不过有些英文译本直接翻译成"deduction"，即演绎。并非所有的演绎都是证明，但是证明一定是演绎；证明是一种特定类型的演绎。接下来，亚里士多德提出了两个问题：第一，初始原理是如何被认识到的，或者说，关于初始原理的认识是如何产生的；第二，认识到初始原理的那种认知品质是什么。在《后分析篇》最后一章之前，亚里士多德讨论的都是证明性知识，而到了最后一章，他开始要讨论证明性知识的初始前提，就是关于初始原理的认识问题。亚里士多德提的两个问题，一个针对"是什么"，另一个针对"如何产生"。很明显，亚里士多德认为有两种认识：第一种认识已经有名称了，就是证明性知识，希腊文是"episteme"，翻译为"科学知识"或"知识"；第二种认识是关于证明性知识的初始原理的，它的名称还没有确定，所以要探讨它"是什么"。按照正统的解释，第二种认识就是"nous"（音译"努斯"），我把它翻译成"理性洞见"。这就是说，实际上《后分析篇》谈了两个主题，一个是证明性知识或科学知识（episteme），另一个是理性洞见（nous），后者就是最后一章要谈论的主题。

这里补充一点，"nous"的含义比较复杂，有时指的是一种能力（capacity），也就是理性，有时指的是这种能力的"实现"，这时亚里士多德经常说它是某种"品质"，"hexis"，就是我们说的理性洞见。还有些时候，"nous"被用来表示某种实体，相当于心灵。所以，我们不能笼统地谈论"nous"，而需要根据实际语境去翻译和解释。

"Nous"（理性洞见）在《尼各马可伦理学》第六卷中被说成灵魂通过肯定和否定的方式把握真的五种认知品质之一。"Nous"可以跟科学知识形成一定的关联，这时候它是理论性的，而亚里士多德还提及实践性的"nous"，它跟实践智慧或者明智形成某种关联。理论的"nous"跟实践的"nous"针对的对象可能是不同类型的，它们跟自己的对象的关联方式或许也是不一样的。我们现在不谈实践的"nous"，而主要讨论理论的"nous"。

"分析的"与"思辨的" ◎

有个学者叫佩雷穆特,他在 2010 年在 *Phronesis* 发表了一篇文章①,他说亚里士多德在《后分析篇》中提到的不止两种认知品质,而是有三种。除了证明性知识之外,还有非证明性知识和理性洞见(nous)这两种,而非证明性知识才是关于初始原理的认识;理性洞见并不是关于初始原理的认识,仅仅是关于构成初始原理的概念的把握。他认为非证明性知识和理性洞见不是同一个东西。但是,以往的正统读法是把非证明性知识等同于理性洞见。我今天要试图反驳佩雷穆特的观点,支持正统的读法。

我们先来看亚里士多德的"分析篇"到底在说什么。《前分析篇》实际上讨论的三段论或者演绎,"是一种论证(logos),其中设定某些东西,而另一些与所设定的东西不同的东西必然地从它们中推导出来"(24b20-22)。《后分析篇》的主题是讨论证明和证明性知识,就像前面说的,证明是一种特定类型的演绎,通过证明达到的认识就是科学知识或者严格意义上的知识。那么,什么叫严格意义上的知识?

亚里士多德说,"但凡我们认为我们认识到事物(pragma)为什么是如此的原因(aitia),而且它不得不如此,我们就认为我们在严格意义上,而不是在诡辩的意义上即以偶合的方式对一个事物具有知识(epistasthai)"(71b9-12)。这里是对"epistasthai"(具有知识)的界定。第一点,它是关于一个事物为什么如此的把握,也就是对原因的把握。某人对一个事实拥有"epistasthai",当且仅当他认识到这个事实的原因,即"aitia"。Aitia 在形而上学上我们翻译成"原因",但是在知识论方面我们可以翻译成"explanation",即"解释理由";它既有"原因"的意思,也有"解释理由"的意思,在不同语境应该做不同的处理,但是两个意思是相关的。第二点,"具有知识",要求某人认识到某个事实"不得不如此",也就是它的必然性。具备这两个必要条件,那么某人就对一个事实具有严格的知识。

亚里士多德把知识跟证明联系起来。"如果知识就像我们设定的这样,那么证明性知识必然出自真的、原初的、直接的东西,而且是比结论更可知、更在先的东西,也是结论的解释理由。……没有这些条件,

---

① 参见 Perelmuter Z., "Nous and Two Kinds of Episteme in Aristotle's Posterior Analytics" *Phronesis*, 55, 2010。

也会有演绎,但是不会有证明。"(71b19-25)证明的前提要求具备若干条件。第一,真,证明的前提必须真的。第二,初始性,前提必须是最初始的、最直接的。第三,前提要比结论更在先,而且更可知。这种在先不是时间上的在先,而是逻辑上的在先。它的更可知也不是从认知的发生上更可知,而是就对象的本性而言更可知。对亚里士多德来说,感觉从认知的发生而言是更在先的,感觉对象是就我们而言更可知的,而关于普遍者的认识在时间上是在后的,但是关于普遍者的认识就其对象的本性而言是更可知的。亚里士多德区分了"就我们而言"和"就事物自身而言"这样两个不同的维度。"就我们而言",感知的东西是更可知的,并且是更在先的,但"就事物本身而言",对于普遍者或本质的认识是更在先的,并且是更可知的。第四,证明的前提还必须是结论的解释理由,也就是前提所表达的事实是结论所表达的事实的原因。原因和解释理由就是这么关联起来的。

初始原理是不可证明的,不然的话,要么就会出现无穷后退,要么就会出现循环论证。这就是说,如果初始原理可以证明,它自己就必须有前提,而对这个前提的证明又要求新的前提,这样会陷入无穷后退,或者循环论证。初始原理虽然是不可证明的,但应该是可以认识的,不然的话就会陷入怀疑论了。于是,亚里士多德说,证明不是我们仅有的获得知识的方式,我们还必须有另一种认识形式可以把握初始原理。换言之,关于初始原理的认识不是通过证明得到的,而是通过另一种认识形式得到的。这另一种认知形式是什么?

亚里士多德说,"我们说,并非所有知识都是可证明的,就关于直接命题的知识而言,它是不可证明的……而且我们还认为,不仅只有知识,还有某种我们由以认识到最初项(horoi)的知识之开端"(72b18-25)。这段话非常关键,它区分了两个东西,一个是可证明的知识或者证明性知识,一个是不可证明的知识或非证明性知识。它还表明,知识的开端是另一种认识形式,它是关于最初项的,而不是关于从最初项上推导出来的东西。亚里士多德在其他地方也提到"理性洞见指的就是知识之开端"(《后分析篇》88b36)。在《尼各马可伦理学》,他进一步说"理性洞见是关于那些不存在逻辑推理(logos)的最初项(horoi)的"(1142a25-26)。知识的开端就是理性洞见,它是关于最初项或最初原

"分析的"与"思辨的"

理的认识。

但是,前面提到的那位佩雷穆特,他说非证明性知识跟理性洞见并不是一回事,而且非证明性知识才是把握初始原理的认知形式;而理性洞见只是把握概念,它是一种非命题性的认知形式,它是不带有逻各斯的。也就是说,他就把理性洞见或者"nous"视为一种前命题的认知方式,但是正统的读法不是这样。正统读法把"nous"等同于非证明性知识,把它视为一种命题性的认知方式。

我们来看一下《后分析篇》最后一章的文本。亚里士多德接下来提出两个难题。第一,关于直接命题的认识与关于从直接命题推论出来的东西的认识究竟是同一种认识还是不同的认识——究竟是关于两者各有知识,还是关于其中一个有知识,而关于另一个有另一形式的认识?(在正统的解读中,这"另一形式的认识"指的是"nous"或者理性洞见,但是佩雷穆特认为它指的是跟理性洞见不同的非证明性知识)第二,究竟这些认知品质是获得的而非我们内在固有的,还是它们为我们内在固有而不被我们意识到?这里提出的两个难题实际上就是要回应一开始提出来的两个问题:第一,把握初始原理的认知品质——它的名称——是什么?第二,关于初始原理的认识是如何被我们得到的?

对第二个难题的解答是《后分析篇》最后一章的主要内容。亚里士多德的论证大概是这样的。一方面,我们高层次的认知品质不是内在固有的,因为如果我们内在固有,却意识不到它们,这是荒谬的。譬如,科学知识、技术、理性洞见等,如果我们生下来就有,我们却意识不到,这是不合理的。但是另一方面,我们也不能够全然没有任何认识能力,否则的话我们就没有办法开展任何学习,所以我们必然地要有某种能力,这种能力是属于所有动物的。动物天生就有某种辨别能力,就是所谓"感知"。然后亚里士多德接着说,我们从感知产生记忆,从记忆又产生经验,基于经验我们又得到技术和科学知识的开端。如果我的理解没错的话,那么这个技术与科学知识的开端指的就是"nous",这里提出了多个认知的层次。从感知出发,感知的停留是记忆,对相同的东西的重复记忆产生经验,经验还可以进一步上升,最终认识到作为整体的普遍者,也就是与感性杂多相区分的"一"。某人认识到这个"一"或者普遍者,就达到了某种理性洞见。这整个的过程,按照亚里士多德

· 55 ·

的说法叫"归纳",即"epagoge"。

归纳在亚里士多德这里主要表示认知的上升、发展过程。他在这里讲的是怎么样从感知上升到对概念的把握。"当不可划分者当中的一个站定了,在灵魂中就会有最初的普遍者(因为尽管被我们感知到的是个别项,但是感知是关乎普遍者的,例如,关乎人而不是关乎作为人的卡里亚);接着在这些中又有一个站定了,直到无部分的、普遍的东西站定。例如,某一种动物站定了,然后动物站定了,再以同样的方式进行下去。"在这里,我们看到,尽管感知到是个别项,但是感知是关乎普遍者的,例如是关乎"人"的,也就是说,感知在某种意义上是把各个个体感知为普遍者的一个例子。我们看见某个人时不单单是看见最初级的感觉对象,一堆颜色、形状之类,而且我们还同时把它感知为一个人,也就是把它视为"人"这个类的某一个例。亚里士多德的意思实际上就是我们不断从感知出发获得某个类概念,而且这个类概念从种到属,到更普遍的属,最终到最高的属,比如说我们从张三李四等过渡到"人",再上升到"动物",最后把握到最高的属——"实体"。

亚里士多德接着说,"很显然,我们必然是通过归纳而知晓那些最初者;因为感知也是以这个方式造就普遍者"。这里出现了两种解释,一种解释是说,通过归纳把握的"最初者"是初始原理,是证明由之出发的初始前提,而对初始原理的把握就是理性洞见,即"nous"。还有一种解释说,通过归纳把握的是普遍概念,乃至最高的属,而不是把握到命题性的初始原理。这就出现了一个麻烦,到底亚里士多德所说的"最初者"是命题性的东西、证明的公理,还是普遍概念?

第一种解释可以很好地对应于亚里士多德的任务,也就是回答"初始原理是如何被获得的"这个问题。但是它有一个困难,因为亚里士多德似乎一直在谈论普遍概念的获得,而不是作为命题的初始原理的获得。这是为什么?为什么亚里士多德谈的是概念的获得而不是谈初始原理的获得?第二种解释是说通过归纳把握的是非命题性的概念,而且理性洞见只能把握概念,不能够把握命题。这种解释似乎符合文本的实情,即从感知进展到理性洞见的过程是把握普遍概念的过程,没有涉及证明的初始前提如何被认识的问题。

按照巴恩斯的解读,亚里士多德在理性洞见究竟把握概念还是把握

"分析的"与"思辨的"

命题方面处于"摇摆不定"的状况。如果是命题读法,那么,就会是这样:某人看见一只天鹅是白的,然后他记得这只天鹅是白的,接着他看到很多天鹅是白的,最后他认识到所有天鹅都是白的。如果是概念读法,那么,就会是这样:某人看见一只天鹅,然后保留了关于这只天鹅的记忆影像,接着他保留了许多这样的天鹅影像,最后他获得了关于天鹅的观念(notion)。巴恩斯也提出了两种读法兼容的可能性。他说这里关于天鹅的"观念"可能指某人获得了关于什么是天鹅的定义,而这个定义可以是命题性的。这样概念读法和命题读法有可能统一起来。

卡恩实际上就是把命题读法和概念读法统一起来了。他说这两种读法没有真正地对立,因为构成一门科学本身的初始原理(本原)的只有两种东西。一种是特定科学领域内的那些本质,也可以说是描述这些本质的那些定义。定义就是对某个事物"是什么"的描述。另一种是用存在断言来设定存在这些本质。关于一门科学本身的初始原理的把握跟关于普遍概念的把握是一致的,而普遍概念就是定义所描述的这个东西。亚里士多德还提到初始原理可以是不矛盾律或者是等量公理之外,而这些不是定义,怎么解释呢?卡恩说,这些跨学科的公理不是本己意义上的初始原理,严格意义上说,初始原理就是关于本质的定义。

佩雷穆特对卡恩的观点是不赞同的。他认为把握初始原理的就是非证明性知识,不是理性洞见,他为他的观点提出了辩护。第一个理由是,概念是单纯的,命题是复合的,它们两者不能由同一种认知品质来把握;所以,如果理性洞见是把握概念的认知方式,那么它不会是把握命题的认知方式。第二个理由,理性洞见是知识之开端,这要求理性洞见和知识不能拥有同一存在论层级的对象。如果知识的对象是命题性的东西,那么命题不能是理性洞见的对象。

我认为佩雷穆特的两个理由都不能成立。首先,概念和词项不能够混同。虽然词项和句子是像简单物和复合物一样有根本区别,但是概念和命题的区别不是这样。理性洞见能够把握概念,不意味着它只能领会词项而不能领会句子的意思。毋宁说,以某种方式把握普遍概念就意味着把握特定事物的本质,也就是把握相应概念"是什么"的定义。这样,我比较同意卡恩的说法,就是说,把握概念和把握定义是一致的,而且概念读法和命题读法不存在根本对立。

其次，佩雷穆特的第二个理由也不成立。按照他的意思，知识把握"a 是 b"，而某个理性洞见只能把握概念"a"，另一个理性洞见把握概念"b"。这样，理性洞见好像是元素一样构成了知识，在这个意义上，理性洞见是知识的"开端"。但是，我认为更符合亚里士多德意思的是：在一个恰当的科学演绎中，直接命题 a 推出 b，b 推出 c，那么，c 和 b 都带有"logos"，关于它们的认识构成知识，而 a 不带有"logos"，关于 a 的认识是理性洞见，在这个意义上理性洞见是知识的开端。

理性洞见和非证明性知识应该是一致的。亚里士多德在尚未正式引入理性洞见这个表示非证明性认识方式的名称之前，暂且勉强使用广义的"知识"来兼指证明性的和非证明性的认识，而当他恢复"知识"的严格、狭义用法时，他就不再容许用"知识"来称呼那种不可证明的认识，而是为后者提供了"知识之开端"这个称呼，并且后来把它等同于理性洞见。

总之，每一门科学知识或证明性知识的初始原理在严格意义上指的都是我们对于特定研究辖域内的诸本质的定义，把握普遍概念与把握初始原理不是两件截然不同的事。亚里士多德在关于初始原理的获取过程的说明中致力于阐明普遍概念的形成过程，这不能被视为某种离题，因为从感知进展到理性洞见的过程就是我们把握证明之初始前提的全部过程，这就是"归纳"。无论在归纳过程之中还是在此之后，都不存在从理性洞见到另一种所谓"与之有别的"非证明性知识的过渡阶段。

《尼各马可伦理学》第六卷关于《后分析篇》的意思有一个回顾。关于科学知识，亚里士多德提出了三点。第一，科学知识（episteme）的对象是必然的和普遍的事物。"科学知识是关于普遍的、必然的事物的判断。""科学知识的对象是必然的，也是恒常的，因为绝对必然的东西都是恒常的东西，而恒常的东西是不生也不灭的。"第二，科学知识是可传授和可学习的，而传授和学习离不开归纳和演绎。第三，科学知识内在包含逻各斯（logos），它是我们灵魂中理智性的部分所具有的一种证明性的品质，是通过证明而被我们获得的。关于理性洞见，也有三点。第一，理性洞见是关于初始原理的；第二，理性洞见可以充当科学知识的开端；第三，理性洞见不带有逻各斯。这里的"不带有逻各斯"，常常被理解为不带有语言表达，也就是非命题性的。这种理解在我看来是不对的，因为这里所谓"逻各斯"不是单纯在语言或者句子的意义上说的，而是指逻辑论证或证明。

我认为，理性洞见不是非命题性的认知方式，不是神秘的领会，也不是像佩雷穆特所说的，仅仅是关于概念的"接触"。亚里士多德明确表示理性洞见是灵魂通过肯定和否定把握真的一种品质，是一种断真的方式。这种"断真"不是泛泛而言的，而是专门针对本质。它当然是直接的，但是这种直接性不能够理解为跟普通的经验知识毫无关系的一种所谓理性直观，这种直接性只是说它不需要证明。这种直接性只是就演绎而言的，对亚里士多德意义上的归纳来说，理性洞见不是直接的，它是最后达到的，是在感知和经验的基础上逐步达到的。

我比较倾向于从经验主义的视野来看待亚里士多德对认知过程的描述。当一个人最终把握初始原理从而获得理性洞见这种品质时，他不仅领会到它们的真，而且能够把它们定位在一门系统性科学知识的奠基性位置上，从而为演绎证明提供基本前提。在这个意义上，理性洞见作为科学知识的开端始终是与特定门类的科学知识嵌合在一起的，而且这种嵌合不会发生在单个的命题性认识之间，而是发生在一个系统的知识门类之中，比如说几何学、天文学、医学等。我们在某个系统的知识领域里把有些东西视为初始原理或者公理，关于这些公理的认识是理性洞见，其他的东西从这些公理推导出来，我们对推导出来的东西拥有科学知识。无论科学知识还是理性洞见，都是关于特定领域拥有完满认识的专家才具有的认知品质，而非专家最多停留在经验或意见的层次上。理性洞见并不是作为某种先天的、不可错的直观能力为始终有缺陷的归纳性信念提供证成或确保其为真，毋宁说，归纳自身就能够将感知和经验中的真上升为理性洞见所把握的真。尽管，在演绎中，理性洞见把握的初始前提之真是结论之真的证成根据，但是，在归纳中，理性洞见所把握的真反倒最终建立在某种意义上"不可错"的感知的基础之上。

陶林：文杰做了亚里士多德《后分析篇》中的知识论问题的报告，下边请德超就文杰的报告做评议。

评论人：苏德超

我大致总结了一下，文杰在这篇文章里想处理的问题大概是这样的。亚里士多德《后分析篇》的知识问题想处理的是，我们用今天的话说,证明性的知识肯定是知识,这也是最可靠的。证明性的知识肯定有前提,前提从哪里来?要么前提依然是从这个证明里来,要么就是从证明之外的东西来。从证明里面来就来自演绎,从证明之外来的话就是非演绎,我们一般说是归纳。根据文杰转述亚里士多德,他觉得,最终证明性知识的前提应该来自归纳,不能再来自演绎。不然的话,要么就会导致无穷后退。演绎之后还有演绎,这个知识就没完没了。我们的生命有限,但是演绎的过程是无限无穷的。把有限的生命投入无穷的演绎中去。要么就会陷入循环。这个循环导致我们谁也得不到支持。但是循环是不是一定不能得到支持,这个就有疑问了。对于知识的整体理解来说,也许最后我们所有的知识都是循环的,因为我们人本身就是有限的,在我们有限的时间里,不得不依赖循环。好循环和坏循环的差别仅仅在于,一个好的循环,它的循环足够大。坏循环就是,P就是P。这对于逻辑学就是个公理,但是日常生活我们这样说话,肯定大家都会不服,因为它循环得太快了。

接下来文杰处理了两个问题,第一个是文杰所理解的亚里士多德讲的归纳的过程,我们通过归纳怎么就得到了那种非证明性的知识,得到了一些初始的原理。归纳的过程是什么样的,这是非常有趣的,这是一个重要的方面。另外一个重要的方面就是归纳的结果,我们的归纳结果到底是那些初始的命题,还是一些比初始命题更为基本的初始的概念?研究亚里士多德的学者在这里是存在争议的。文杰把这种争议梳理出来了,然后他觉得其实这点争议应该是可以统一的。他觉得,我们通过归纳过程得到的应该既有初始命题,也有初始概念,这是文杰的一个贡献。我接下来在讲我的理解和体会之前,有一个问题不太理解,文杰讲"认知品质"的时候,我怀疑是我没听清楚,还是文杰的口误,好像有歧义。当文杰讲"认知品质"的时候,大多数、大部分一直在讲认知的这种能力。另外,有时候文杰讲的"认知品质"是运用这种能力得到了一个结果,比如文杰说,科学知识在这里变成一种"认知品质",我就不知道是这两种都有,还是说到底是哪种才拥有?

詹文杰:这里有两个层次。亚里士多德说我们有某种潜能,这种潜能有第一层次的实现,这第一层次的实现在这里就叫作"品质";不过品质是第二层次的能力。亚里士多德这里讲理性洞见和知识,是能力或潜能的第一层次的实现,也是第二层次的能力。

苏德超：那么下面我要谈谈我理解的重点。我们知识的典范肯定都是真理性的知识,那是最可靠的,是必然的,而且不得不如此的,这样最好。但是典范之外还有一个典范的基础,它们都是来自那些初始的命题,可是初始的命题怎么来？文杰说来自亚里士多德所讲的归纳,但是亚里士多德的归纳又是怎么回事,他说其实归纳应该起源于我们的感知。感知是所有动物与生俱来的某种辨别能力。文杰说,他希望从经验主义的角度去解释亚里士多德,但是我听完,我觉得解释的结果是,他把亚里士多德理解成了近代意义上的理性主义者,因为它还是有些与生俱来的能力,如果有这种辨别能力的话,心灵已经不是一块白板。已经有东西在里面了,比如文杰所讲的那些例子,比如说感知。

他首先讲感知,然后从感知到记忆。这让我们联想到休谟,从印象然后到观念。从感知到记忆,在记忆中可能慢慢地就出现了差异,在差异化的过程中,在多中慢慢地同一性就体现出来了,可能就有逻各斯,这是文杰的第一种变化。文杰的第二种变化就是从感知到记忆,记忆到经验,通过"一"与多,在多中慢慢地浮现出"一"。大致类似于现象学中的自由变换法,不断地变化,这当中有一个不变的东西,这在现象学还原里面,是一种主动的变化。在亚里士多德看来,这可能是被动的。我第一次看见一个人,形成一个感知。他在我大脑中给我盖了个章,然后看见另外一个人又盖了个章,看见第三个人再盖个章,这些章与章之间肯定是不同的,那些不同的部分我都没记住,记住的是相同的部分。不同的东西里面有相同的东西,通过多次印象加强,就变成类似于近代所讲的"观念","一"就慢慢逐渐出来了,这是我通过近代哲学的理解,或者是通过现象学的自由变换法,其实也相当于我们今天分析哲学讲做思想实验的时候,那种变量控制,控制一个变量不变,其他东西任意变,最后不变的东西大概就变成了一个"一"。然后通过这个东西把多中之"一"浮现出来了,这个时候就变成一个理性的洞见。而这个洞见,按照文杰的理解,它可能既是概念性的,同时也应该是命题性的。经过20世纪语言哲学的熏陶,那肯定是这样的,意义最小的单位肯定是个句子,我们也认同这种说法。亚里士多德把这个叫作归纳,如果我们把亚里士多德完全理解成一个自然主义者,我就没意见了,反正就已经发生了，也不需要我们去理解它。但是我想假设亚里士多德不是一个自然主义者，不是说外部刺激我，只有一种共同的印象留下来了，所以我就把它记住了，然后它就变成概念，然后概念跟概念之间就形成了一些复合命题，而且这个完全是外部世界给我的，当然我有这个能力，但是我这个能力其实是被动的接受能力。我们假设不从自然角度去理解，我们要从中间归纳的角度去理解的话，这里就有一个问题——归纳的方向。任何一个经验主义者都面临这个挑战，当我看见一个人的时候，我凭什么要把它往人的方向归纳，我可以往东西的方向归纳，我还可以不归纳。因为当我看见一个人，比如说刘漫坐在我对面，我要把刘漫从背景中区分出来，这是相当困难的事情。我头脑中如果没有一些在先的模式，我是不能把她识别出来的。今天计算机的那种人脸识别，它能够做人脸识别，是因为程序里面已经有人脸了，它需要做的只是个匹配。如果在我们大脑里面，在感知之前，没有任何在先的模式，我们没办法做归纳。要说做归纳的话，比如罗素也经常举这个例子，对数学来说，真正困难的不是今天的数学家的成就，而是最初那些成就，我们的祖先，从他把1、2、3、4、5、6、7认出来了，一个手指叫"一"，五个手指在一起还叫"一"，它就是一个拳头；我们大家在一起叫一个集体，整个世界也叫"一"。这些分散不同的东西，我们凭什么把它们往"一"上面归纳，我觉得这是一个相当困难的问题。所以我是相信柏拉图的，可能我们必须先有一些在先的理念，这些理念就好像莱布尼茨讲的那样，通过经验的打磨，它慢慢地就会浮现出来。但是如果没有这些理念，你再怎么打磨我们的大脑，里面也没有知识。

詹文杰：按照德超的意思，首先，无穷后退肯定是不好的，但是对于循环来说，如果这个循环足够大，好像就不成问题了，也就是我们可以否定基础主义，并且接受一种好的融贯论。这个观点我个人并不太排斥，但是亚里士多德显然是排斥这个观点的。我现在主要是把亚里士多德的想法说出来。我同意基础主义还是融贯论呢，这点我并没有在这里做我的论断。我可能觉得哪怕是融贯论，它可能还是要有一个突破口，不能是一个密闭的环，如果它是个密闭的环，我自己凭直觉来讲，还是会觉得存在问题。突破口对于亚里士多德来说就是最初的感知能力，他设立最初的感知能力，其实是要突破这样一个圆圈。我们的认识是有开端的。这个开端当然不是一开始就是一个理性洞见。我们需要从感知过渡到理性洞见，然后再进入证明的链条，或者你说的循环。但是证明的初始原理不能够是在圆圈里面来找，而是必须诉诸更基础的认知能力、认知方式。这样就有了一个基础，不然的话，在亚里士多德看来知识是没有基础的。

  品质是作为认知能力还是认知结果，我刚才已经稍微说了一下。还有一点，你认为如果设定感知本身已经是有辨别能力的，似乎会导向理性主义的模式，而不是洛克那样的纯粹的经验论。对于这点，我觉得亚里士多德哲学本来就容许有两种解读的可能性，这就是为什么有那么多人把亚里士多德朝休谟和洛克的经验论方向去解释，而另一些人会认为亚里士多德实际上是一个唯理论者，而不是一个经验论者。亚里士多德的"nous"也容许有多种解释的可能性。如果把"nous"解读为一种理智直观的能力，那么就会走向理性论的解释，但是如果按我刚才的解释思路，它不是一个理智直观的能力，而是来自前面的感知、经验等整个的上升的过程，来自归纳。德超说，如果设定感知一开始就有分辨能力，就会接近于理性主义。我不太能理解为什么会这样，因为感知的发生意味着从无到有，即关于某个对象的感知是从无到有的。这就不像柏拉图说的那样，我们本来就有一个理念的仓库，所有理念本来就存储在我们的心灵或者灵魂里面。当然，如果心灵没有在先的一些理念或者模式，我们的经验性认识是如何发生的，回答这点是有困难的，我个人在这个地方也比较犹豫。如果按照亚里士多德本人的意思来说，他的哲学也许不是那么极端的经验论，你不能把它当成休谟主义的那种经验论。如果他的哲学是极端的经验论，那么他的理性洞见就完全可以还原为最基本的感知，跟感知是没有任何断层的。但是更多的人会认为"nous"有一个跳跃。从感知出发，上升到"nous"，中间有一个跳跃。归纳似乎常常是不完全的，你凭什么最后可以得到一个普遍的必然的洞见？归纳似乎只能让我们无穷地接近普遍，而很难让我们最终做出普遍判断。亚里士多德设定有这么一种"nous"，实际上他就不是一个彻底的经验论者。亚里士多德哲学可能有理性论这样一个维度，尤其是在《论灵魂》里面他说有某种主动的"nous"，它是可以跟身体脱离的，当然也就是可以不依赖我们的感知的。当然，关于主动"nous"到底是属人的还是属神的，学者也有很大的争论。如果人的努斯是分有了神的努斯，那么它可能有某种直接把握概念的能力，这就可能导向先验论的解读。如果人的努斯实际上跟神的努斯是完全不一样的，人只能够从感知出发，而不能够脱离我们的经验，那么就会是另外一种解读。关于亚里士多德的解释在学者之间争议非常大。我现在倾向于经验论的读法，但是不排除有另外一种解读的可能性。不管怎样，亚里士多德在这里是反对柏拉图的，他对柏拉图的回忆说是不满的，而且正是由于对回忆说的不满，他才提出了这样一个从感知出发逐步形成普遍概念的观点，而不是设定普遍概念本来就存在于我们的心中。

江怡：我们无论用经验论还是唯理论来刻画亚里士多德哲学的特征，这个都是有问题的。而我们之所以接受把它作为经验论，主要是来自刚才你说的他对于柏拉图的反对，所以我们认为这理所当然是一个经验问题。因为毕竟是早期的，而且他的思想虽然在对前人工作总结的基础上形成了，但毕竟他的思想还处于一个初期阶段，在整个西方的概念框架里面，他们对于直观的把握，对于这个概念的把握，包括你刚才说的，它都有一个初级的、最初的一个发展，定义本身就是一个命题进步。随着后来的发展，我们站在今天的角度回看，所以我们总会找出很多问题，并且给出不同的解决。对这些解读之间的冲突和矛盾跟亚里士多德本身的理论，我个人觉得很大程度上没有关联。更多的关联是这些解释者本身与亚里士多德的理解方式是关联的。

陈嘉明：第一，亚里士多德讲感知是所有动物都与生俱来的这样一种辨识能力，而且讲感知是感知普遍的；如果我们感觉到普遍者的话，意味着能够接受一个概念；如果动物也都有这种能力，意味着动物也有概念能力，这能不能说得通？这是一个问题。第二，既然感知是感知到一个普遍者，又说归纳的过程最终也是要得到一个普遍的东西，这也有问题，因为既然我们已经感受到普遍者，为什么还需要归纳？这是第二个问题。第三，我们通过感知得到普遍者，又通过归纳得到一个直接命题，假如是这样的话，为什么还需要理性洞见？理性洞见不也是要把握一个初始的东西吗？这里头是不是有一些矛盾的地方？

詹文杰：实际上，刚才我没有说得太清楚。亚里士多德在文本里明确说感知是感知到个别项（《后分析篇》100a17）。尽管被我们感知到的是个别项，但是亚里士多德又说，感知是关于普遍者的——问题就在于怎么理解这"关于"。如果我们只能从感知出发，并且感知只能针对个别项，那么，我们怎么可能从个别项过渡到普遍者呢？从把握个别到把握普遍的跳跃是怎么做到的呢？亚里士多德可能是意识到这个困难，所以他才做了补充：尽管我们感知到的是个别，但是感知又可以"关乎"普遍。意思是说，感知从一开始就把个别项当成普遍者的个别实例，如，我们看见某个人张三，并不仅仅看见一系列的颜色和形状之类，我们同时是将这些视觉对象视为一个人。亚里士多德这里谈论的感知已经不是对于某个颜色、某个声音之类的所谓"直接的"（kath'hauta）感知对象的感知，也就是第一层次的感知，而是第二层次的感知，也就是他所说的对"间接的"或"偶合的"（kata sumbebēkos）感知对象的感知（参考《论灵魂》418a）。个别的人就是"间接的"感知对象的典型例子，例如，张三、李四。亚里士多德认为我们可以感知到某个人（作为个别项），比如张三，并且我们还能够将其当作人来感知。这就是为什么他说感知是关于普遍者的。当然，我们真正理解人这个概念是后来的事情，是需要通过归纳过程最终达到关于概念的理性洞见。

王路：举个例子，"卡利亚斯是人"。我们感受到卡利亚斯，我说的是人，这人就是不变的。亚里士多德的话没有问题，讲得非常清楚。人是普遍的。亚里士多德说感知是跟个别相关的，因为是和个体相关的。看亚里士多德，你不要光看这一段话，看亚里士多德的时候，不光看他的一句话，要看他的论证。亚里士多德在不论证的时候，常常是因为他认为这是自明的，是常识，根本不用再多说。这是亚里士多德的一种非常典型的论述风格。

理解亚里士多德这段话，首先要明白一点，这时候亚里士多德已经把三段论做出来了，而且这是逻辑的、是演绎的，也没问题。因此在这种情况下，他说了这个证明是知识，证明是清楚的，证明得到的知识是清楚的。那么现在这里边不清楚的是什么东西，不清楚的是前提，为什么？因为证明开始讲要从真的、直接的和初始的东西来出发，这才叫证明，这叫"demonstration"，其他东西叫辩证法。那么这个真前提是什么？这真前提是如何获得的？他这是在说这个真前提获得的方式，有的是用这个证明获得的，也就是通过演绎获得的，有的是通过经验获得的，有的是通过归纳获得的。

演绎证明以前早就提到过。比如亚里士多德在《形而上学》里明确说过，矛盾律是我们一切证明的出发点。刚才文杰谈得非常好，他说为什么要谈定义？因为亚里士多德三段论是证明，其中最重要的是中项。他说中项是本质、是原因，本质是原因。之所以我们能说"S是P"这个结论，是因为我们在获得它的过程中有两个前提，构成两个前提的联系是中项，比如"M是P"和"S是M"。所以中项是本质，中项是原因，这是亚里士多德三段论中非常重要的东西，这里面既借助了对一个命题的真的解释，又借助了对三段论本身的认识。亚里士多德在《后分析篇》里讲的许多东西都是与它们相关的，是非常清楚的。我认为，不要纠缠于亚里士多德说的某一个词。亚里士多德太聪明了，他有些话随便说完了，他就不说了。他不说的往往是他认为是自明的。但是他认为重要的地方，他会给你反复去论证，翻过来倒过去地说。

所以亚里士多德论证的地方是非常清楚的。这里面，我认为刚才文杰抓住了几个对的地方，比如前提是真的、初始的、直接的。还有本质，作为原因的那个本质。另外还有定义，因为定义是我们获得普遍认识的一种方法，还有一个就是在证明的过程当中的前提。亚里士多德当然知道逻辑证明是可以有假前提的，假前提得到假结论，这也是符合逻辑的。所以要确定前提的真，要讨论前提的真，因为只有从真的前提得到真的结论，这样的逻辑演绎才是有用的，对我们的知识才是有用的。

哲学论说

哲学之变

[荷兰] 马丁·斯托克霍夫　钟远征 译

摘　要：本文认为，哲学或可受益于回归其片段式的根基，即回归日常个人问题，这种回归同样需要一种"片段式"的方法，即对观视方式的发现和设计。通过探究维特根斯坦关于面相的观点与这种转变的潜在相关性，此论点得以达成。

关键词：哲学的目的　哲学方法　面相观视　维特根斯坦

作者简介：马丁·斯托克霍夫（Martin Stokhof），阿姆斯特丹大学逻辑、语言与计算学院、清华大学哲学系教授。

译者简介：钟远征，郑州大学哲学学院外国哲学研究所讲师，复旦大学哲学博士，主要研究方向为分析哲学、科学哲学以及后期维特根斯坦研究。

一　哲学之当下

诚然，哲学是光彩熠熠的，有不同的传统、不同的问题、不同的方法，以及与此相关的对哲学之所然、能然或应然的不同观点。但并不是说，这种多样性总是不言自明的，学术机构、期刊、会议，往往只代表这一广大范围的一部分。从全球的角度来看，哲学远非一个同质的领域。

话虽如此，但宽泛而观，西方传统中的当下哲学学术却是非常专精于概念分析的。在分析哲学中，概念一直是哲学家日用不离的，尤其最近，纯粹的概念分析被扩展到了所谓"概念工程"。无独有偶，时下的大陆学派也愈加强调概念问题，其与分析哲学的差异主要就表现在核心概念的认定上。① 正是分析传统中概念哲学的主导地位形成了下文的背景。②

概念分析的核心地位的确立，是一个漫长过程的结果，在此过程中，哲学与自然科学和社会科学的斗争最为关键。随着自然世界、社会生活和人类文化愈加得到科学方法的佑护，哲学还有什么作为的余地呢？

哲学主要通过专门领域的开拓和与之相称的方法的界定应对这一事关存亡的挑战。科学关乎经验现象，而无论其本质如何，哲学则处理概念。科学使用定量方法寻求律则一般的普遍性，哲学则应用概念分析以寻求明晰性和诸种关联。

这种分工，往往伴随着一种关于概念分析和实证研究如何相关的特定观点。最具雄心的立场将前者置于显著的地位：哲学家为实证科学家准备了地基。其中一位代表是彼得·哈克（Peter M. S. Hacker），他指出：

> 所以，哲学对神经科学所能作的贡献是概念上的澄清。哲学可以指出，意义的界限何时被僭越了。它可以清楚地表明，影响了神经科学家研究的概念框架何时被扭曲或歪曲了。由此，它可以澄清，知觉关涉于看或拥有种种图像，抑或知觉是大脑所形成的假设这一观念有何谬误。……它可以解释，为什么心理图像不是虚幻的图片，不能在心理空间中旋转，诸如此类问题。哲学分析的概念澄清对神经科学的成就而言是不可或缺的，而远非与其目标不相关联。③

---

① 感谢 Tamara Dobler 分享她对概念工程的观点，同样感谢 Deva Waal 分享她对日常生活重要性的看法。和往常一样，我要感谢 Michiel van Lambalgen 就这些相关主题所进行的多次对话。当然，这并不是说他们中的任何一个都同意此文中的任何一个观点。福柯的"考古学"和经典现象学的没落，可作为一个主要的案例。

② 因此，下文中的"哲学"（或多或少）指的是"当下的分析哲学"，出于易读性的考虑，我们将避免将此限制明确化。

③ 在哈克 [Peter M. S. Hacker, "The conceptual framework for the investigation of emotions", *International Review of Psychiatry*, 16（3），2004，pp. 199 – 208]，以及哈克和迈克尔·班内特合著的书（Max Bennett and Peter M. S. Hacker, *Philosophical Foundations of Neuroscience*, Oxford: Blackwell, 2003）中，也表达了类似的情绪。哈克是一个奇（转下页注）

· 70 ·

通常，概念分析的背景是基于这样一种假设，即一个合切的概念系统对应于事物实际之所是。可以说，哲学和科学所面对的基本挑战，就是找到"在其接合点雕琢自然"的概念，即找到与构成现实的自然类型相对应的概念。这是一个备受质疑的假设，对关乎超越纯物理领域的概念来说尤其如此。当社会和文化元素促成我们对概念的塑造时，是否确实存在这样所谓"自然接合点"（事物实际所是的方式），根本就不是自明的。然而，部分哲学以及大部分科学，都基于自然主义假设而进行研究。此假设认为，终究而论，所有现象都具有客观的性质，这种性质指导了我们研究和解释它们所必需的方式。①

由此引出的一个问题涉及哲学家的专长。但请注意，对科学所使用的概念进行反思和分析，也是科学家工作的重要组成部分——至少对他们中有理论倾向的人而言。有鉴于此，人们或许会问，哲学家需要具备何种具体的专业知识才能有所承担？提这个问题，并不是要否认适当的分工可能对双方都有利，但这后一立场却不是一种富于原则的回答。认为概念分析是哲学与科学的区别，有没有什么根据呢？

哲学中的相关进展所采取的最新形式，是转向所谓"概念工程"的②，支持者们不再满足于对概念的分析，无论它是作为一种自主的哲

（接上页注③）怪的例子：他一方面坚持哲学相对于科学有其作用，另一方面却也认定哲学是关乎理解的：参见，例如（Peter M. S. Hacker, "Wittgenstein and the autonomy of humanistic understanding", in Allen, R. & Turvey, M., eds., Wittgenstein, *Theory and the Arts*, Rotledge, London, 2001）。这两者如何能够调和？似乎只能是由哲学产生的理解与科学所提供的知识有着本质上的联系。在哈克看来，这是好似正在发挥作用的科学主义的隐含形式。但是，为什么科学不能自主地生发与哲学所追求的理解真正不一致的知识呢？冲突是有可能的，事实上也存在这样的冲突：科学告诉我们关于世界和我们自身的事项，但它们根本不符合人类的自我理解，这是我们需要学会与之共处的一个事实。在某些（虽然不是全部）情况下，这个过程可能涉及改变我们对自身的理解，以使其符合科学所教授的内容。但是，就像科学是一个动态的过程一样，"平衡"科学和自我理解的问题也是如此。没有绝对正确的方法，也不存在稳定的设置。

① 更多探讨以及关于语言学自然主义观念的应用，参见 Martin Stokhof and Michiel van Lambalgen, "What cost naturalism?" in Kata Balogh and Wiebke Petersen, eds., *Bridging Formal and Conceptual Semantics*, Selected papers of bridge - 14, University of Düsseldorf Press, 2016。

② 人们想知道，这个术语在多大程度上反映了一种潜在的科学态度，而理论和应用科学在其中可被作为榜样。

学努力,还是被认作像哈克那样的"第一哲学"。他们声称,哲学承担设计新概念任务的时代到来了。

> 概念工程师的目标是改进或取代,而不是分析;是创造,而非发现。概念分析家对我们所确实拥有的概念很感兴趣,概念工程师感兴趣的却是我们应当拥有的概念。
> 他们的课题是规定性的,而不是描述性的。①

一个有趣的问题出现了:何以决定什么是好的、新的概念呢?从定义上看,这些概念将与我们所拥有的概念不同,但有何动机采纳它们呢?有一种答案或多或少地与概念分析相一致,只要我们在使用新概念的理论中寻求决定其描述和解释的充分性的决定因素。但我们仍可能追问,为什么被如此构思的概念工程将会是哲学的专属领域?当然,我们熟悉科学所引致的概念变化,后者颠覆了我们关于空间、时间、生命及其起源、主体和自由意志等的日常概念。问题是,当涉及发展如此这般合切的新概念时,哲学家可能对专业知识有何具体主张。人们在受到实证发现的影响时,尤其会觉得科学家所处的位置更为有利。

然而,增加描述和解释的充分性,或不是设计新概念的唯一理由,后者也可能是出于政治和道德上的原因。综观政治思想和道德观点的历史发展,我们必定注意到,它们中的一些已经伴随着概念上的变化:合法性、自由、道德身份、责任等。随着时间的推移,这些概念已然改变,而且至少在某些情况下,变成了更好的概念。因此,概念工程也可被视为一种旨在带来必要改变的积极举措。这里出现的问题类似于前文中的问题:在规范的意义上,哲学家在设计比我们现有的概念更好的概念时,有着怎样具体的专业知识?就此而言,哲学家显然不只想区别于科学家,而是要有别于几乎所有人……

最后,无论是经验的还是规范的,都存在方案上的问题:在何种关乎语义及其与概念的关系的假设下,"开具"新概念才是有意义的?要使之成为一个可行动作,需要满足什么要求?这些都是棘手的问题,因

---

① Jennifer Nado, "Conceptual engineering, truth, and efficacy", *Synthese*, 196, 2019, pp. 1 – 21.

为在很大程度上,可能的答案取决于人们如何处理语义和语用学中的复杂问题,而此处并不是进入讨论的地方。①

本文将探索一个不同的视角,一种更温和的概念,即哲学对我们的智识以及道德生活的贡献。以维特根斯坦(Ludwig Wittgenstein)关于面相观视和面相变化②的评论作为切入点,我试图论证,其中所涉及的现象组构,描述了一个哲学可以有其用武之地的领域。

二 维特根斯坦,面相,方法

评论家花了一些时间才认识到,面相观视对于维特根斯坦的整体哲学观点颇具重要性。对于面相观视的评论③,乍一看可能只是关于视知觉的一个特殊特征的。事实上,维特根斯坦用作插图的那种视觉"谜题"本身虽可能引人兴味,但除了对视觉图像的分析之外并不是特别重要。因此,许多关于《哲学研究》(Philosophical Investigations)的标准评论并没有那么关注这些段落,更不用说将它们视为主题了。然而,许多作者已经将维特根斯坦关于面相观视和面相变化的评论,与他对哲学之本性及其方法的观点联系了起来。

一个较早的例子是黛布拉·艾顿(Debra Aidun)。艾顿认为,面相的变化和维特根斯坦的哲学之间存在着关联,尽管这关联多数是隐而不

---

① 新近的探讨,参见 Herman Cappelen, Fixing Language, An Essay on Conceptual Engineering, Oxford: Oxford University Press, 2018(特别是第五部分);对这些问题的深入讨论,以及维特根斯坦的多元替代方案,参见杜布勒(Dobler)对概念工程中的标准方法的一些基本假设所进行的批判性分析(Tamara Dobler, Pluralist conceptual engineering, ILLC, University of Amsterdam, 2021)。

② 面相观视(aspect seeing)和面相变化(aspect change)。将本文语境下的"aspect"译为"面相",是参照国内学界的主流译法(如韩林合先生的译法)。翻译的基本依据也在于:维特根斯坦本人是以格式塔心理学的著名图像(兔鸭头图)引出其对面相知觉问题的探讨的。具体参见《哲学研究》第二部分第124节。——译者注

③ 出自曾经是"哲学研究的第二部分",但现在被相当正确地称为"心理学哲学:一个片段", Ludwig Wittgenstein, Philosophical Investigations-Philosophy of Psychology: A Fragment, translated by G. E. M. Anscombe, P. M. S. Hacker and J. Schulte, revised fourth edition by P. M. S. Hacker and J. Schulte, Wiley Blackwell, 2009, xi.(因原作者在引用维特根斯坦《哲学研究》时只标注章节,且囿于其所采用的《哲学研究》的版本问题,译文凡涉及《哲学研究》的引用也只在正文中标注章节。下同。——译者注)

显的。她说,"没有明确的文本证据表明,维特根斯坦认为哲学类似于面相观视"。但她指出,在《哲学研究》第 129 节"哲学研究方法"的部分中有一段话,"其中,他说到那些在哲学上令人困惑的事情的特征,这当然让人想起第二部分介绍面相观视的那个段落"①。艾顿所提及的段落内容如下:

> 那些对我们来说最为重要的事物的方面,因为其简单性和熟悉度,倒是隐而不见的。(人们无法注意到什么——因为它总是出现在他们的眼前)他研究的真正基础根本不会给谁留下什么印象。除非这一事实曾经击中了他。——而这意味着:我们不会为一度所见到的最显著和最强大的东西所震撼。(《哲学研究》第 129 节)

艾顿说,维特根斯坦描述面相观视的方式,"与这个描述格外地一致"。她指出,一般说来,当维特根斯坦讨论哲学的目的和方法时,会经常用到"视觉意象":他谈到"看""清晰",并敦促我们:"不要思考,但要看!"(《哲学研究》第 66 节)。虽然后一种观点在维特根斯坦并非典型,因为看和知/真之间的关系似乎是大多数印欧语系语言的现代词汇的建构。但说来确实是,维特根斯坦自己所描述的哲学关切,和面相观视有着不只表面上的相似,尤其是在面相闪现和面相变化上,另一种对我们隐藏不见的视角的突然实现,以及由此可能产生的自由的效果。

斯蒂芬·马尔霍尔(Stefan Mulhall)较早以论著的方式涉及了维特根斯坦后期哲学中的面相观视问题。他的著作详细分析了维特根斯坦关于面相、面相闪现和面相变化、面相盲视,以及关于次级意义和意义体验的方面。著作还探讨了以上方面与维特根斯坦关于心理概念、内在和美学观点之间的联系——也有方法论性质的联系,但是间接的。马尔霍尔主要利用他对维特根斯坦对面相观视评论的注释,来阐述维特根斯坦的整体哲学观点,他认为后者:

---

① Debra Aidun, "Wittgenstein, philosophical method and aspect-seeing", *Philosophical Investigations*, 5, 1982, pp. 106 – 115.

表明了维特根斯坦对面相知觉的研究，不仅仅是为了阐明一种奇怪的视觉体验：在现实中，它强调了与世间事物相联系的人的行为的属人特质，正是后者将人的实践活动与自动机区别开来。①

他依凭这个结论来追踪维特根斯坦与其他哲学观点——特别是海德格尔和戴维森的观点——的相似之处。因此，与其他作者不同，马尔霍尔并不主张维特根斯坦关于面相观视的观点和其对哲学方法论本身的观念之间存在很强的关联，而是认为前者指示了一个宽泛的哲学前景，是一个维特根斯坦与其他人所共有的立场。②

朱迪丝·热诺瓦（Judith Genova）的著作，在维特根斯坦探讨哲学目的的语境下，更普遍地将面相观视看作"我们观视方式的变化"。由此，面相观视和面相变化的方法论地位变得更加突出。热诺瓦强调，这种方法论的地位并不以规划和捍卫哲学论题为目的。在她看来，维特根斯坦的评论证明了"观视方式的相对论"③。在对面相观视评论的详细考察中，加布里埃尔·希尔特曼（Gabrielle Hiltmann）构造了一个在面相观视和方法论之间更为密切的关联。④ 这种关联也是在这个主题上最具影响力的作品——戈登·贝克（Gordon P. Baker）的《维特根斯坦的方法》"被忽视的面相"一卷——的中心主题。⑤ 在此卷所收集的贝克于身后所发表的论文中，他在讨论维特根斯坦对哲学的本质、目的和方法的观点时，提到了面相观视和面相变化。通常情况下，这些关联仍隐晦或只被横向引用，但在此也得到了明确的考察。例如，在"语法的面

---

① Stephen Mulhall, *On Being in the World*, *Wittgenstein and Heidegger on Seeing Aspects*, London: Routledge, 1990, p. 4.

② 在这个方向上的其他工作，可参见 Jaakko Hintikka and Merril Hintikka, "Ludwig looks at the Necker cube: The problem of 'seeing as' as a clue to Wittgenstein's philosophy", *Acta Philosophica Fennica*, 38, 1985, 以及 Paul Johnston, *Wittgenstein: Rethinking the Inner*, London: Routledge, 1993。对马尔霍尔和约翰斯顿的详细批判性分析，参见 Avner Baz, "What's the point of seeing aspects?", *Philosophical Investigations*, 23 (2), 2000。

③ Judith Genova, *Wittgenstein*, *A Way of Seeing*, London: Routledge, 1995, p. 19.

④ 参见 Gabrielle Hiltmann, *Aspekte Sehen*, *Bemerkungen zum methodischen Vorgehen in Wittgensteins Spätwerk*, Würzburg: Königshausen und Neumann, 1998。

⑤ 参见 Gordon P. Baker, *Wittgenstein's Method*, *Neglected Aspects*, edited by Katherine Morris, Oxford: Blackwell, 2004。

相和面相的语法"一章中,贝克探讨了维特根斯坦关于面相观视、语法、"概念"(观视现象的方式)以及关于方法论的评论之间的关系。贝克起草了一份介乎面相和概念之间的"类比和反类比"的清单,并将它们联系于维特根斯坦哲学方法论中明晰陈述的观念所起到的核心作用:"哲学问题可被追溯至偏见,这些问题是通过提出其他看待事物的方式来解决的。"①

这种对维特根斯坦关于面相观视的观点如何被解释的描画②,显然是非常简短和不完整的,但却从更局部到更有方法论意义的层面显示了多种路径。在本文的背景下,方法论的分析尤其相关,但这些分析同样也是异质性的。菲尔·哈钦森和鲁伯特·里德(Hutchinson & Read,2008年)在他们所称的"阐明性"和"治疗性"的面相观视之间做出了有益的区分。前者将面相观视和由之而来的种种概念(如明晰呈现)作为一种可以用于更广泛的概念分析语境下的技术。后者则更为激进:面相观视直接被关联于维特根斯坦所认为的哲学最重要的(即使不是唯一的)功能,即消除哲学根基处的诸多误解。

显然,像哈克这样的作者所辩护的概念分析,体现了阐明性的观点。澄清概念结构,以之为适当的科学研究准备基础,被认为是哲学分析的一个积极的和实质性的功能。对此,哈钦森和里德反驳道:

> 这种对事物之为何的分析、绘制或科学观视,是科学的理想,

---

① Gordon P. Baker, *Wittgenstein's Method*, *Neglected Aspects*, edited by Katherine Morris, Oxford: Blackwell, 2004, p.291.

② 也有作者研究了维特根斯坦的面相观视与其他主题的相关性。宗教信仰主题有 John Churchill, "Rat and Mole's epiphany of Pan: Wittgenstein on seeing aspects and religious belief", *Philosophical Investigations*, 21 (2), 1998; N. K. Verbin, "Religious beliefs and aspect seeing", *Religious Studies*, 36 (1), 2000; J. Kellenberger, "Seeing-as in religion: Discovery and community", *Religious Studies*, 38 (1), 2002。教育主题有 Stefan Ramaekers and Paul Smeyers, "Child rearing: Passivity and being able to go on: Wittgenstein on shared practices and seeing aspects", *Educational Philosophy and Theory*, 40 (5), 2008。艺术和美学主题有 L. B. Cebik, "Seeing aspects and art: Tilghman and Wittgenstein", *Southern Journal of Philosophy*, 30 (4), 1992; Michel Ter Hark, "Experience of meaning, secondary use and aesthetics", *Philosophical Investigations*, 33 (2), 2010。面相观视在实际艺术实践中的应用,参见 Tine Wilde, "Remodel [1] ing Reality", *An Installation Package*, Amsterdam: Wilde Oceans Publications, 2008。

却恰恰不是维特根斯坦式的哲学家所追求的。令人惊讶的是，哈克等人没有看到这一点，这属实是不幸和具足讽刺意味的；他们的明晰呈现使哲学成了（近乎）科学。①

他们认为，治疗性的观点才是正确的，并且将贝克的工作当作关键例证。如果根据维特根斯坦的观点，面相观视是哲学的治疗功能中的一个重要工具，这当然是正确的。任何人的哲学观念中，都有或至少应该有这样的余地：有很多误解需要被澄清。面相观视，特别是被动的面相变化，可以说是实现这一目的的合理工具。然而，仅把面相观视的应用限制于这种特定的方法论层面，同样有其局限性，而且在元层面的思考也过多了。以这种方式构建的作为治疗的哲学是一种二阶活动：它是我们为了摆脱一阶哲学所做的（或应该做的）——通过揭露它是基于误解而达成。我们应当注意到，维特根斯坦本人是反对这种对治疗哲学的错误建构的：

> 人们或许认为：如果哲学谈论"哲学"一词的使用，那么必定就有一种二阶哲学。但事情并不是这样的；毋宁说，它更像是处理"正字法"这个词的正字法，而这时它并非就是这样一种二阶正字法。（《哲学研究》第121节）

我们不应声称有从优越的元哲学位置观察和判断基础智力活动的能力，而应当意识到，我们所有的思维都是相互关联的：我们所思为何，我们如何思考，以及为什么思考，是密不可分的。

所以，在何为面相观视与它如何运作之间，似乎存在着某种中间的立场。在接下来的内容中，我们想通过关注两种好似在起作用的力量，来表明这种立场可能是什么样子：自由和限制，其一与治疗有关，其二与概念分析有关。正是两者之间的相互作用，定义了第三种视角。

---

① Phil Hutchinson and Rupert Read, "Towards a perspicuous presentation of 'Perspicuous Presentation'", *Philosophical Investigations*, 31（2），2008，p. 157. 这似乎是一个正确的观察结果，但可以论证，治疗的路径实际上也存在同样的潜在错误，即用可说的去辨别有意义的。参见斯托克霍夫对此的论证：Martin Stokhof, "The quest for purity. Another look at the 'New Wittgenstein'", *Croatian Journal of Philosophy*, XI（33），2011。

三　面相与自由

让我们从自由说起，以不同的视角观视可以有治疗的效果，因为它表明被我们当作显而易见的方法、唯一的方法，其实却不然。这有一种解放的效果，因为它通过表明一种特定观点不是看待事物实际所是的正确方式，而只是一种视角，即看待事物的一种可能的方式，从而松绑了此观点对我们的严格把控。

重要的是，不要将随后的变化视为放弃了最初的特定观点，认为它被新的观点取代了。如此一来就将假设，毕竟有看待事物的正确方式这一事实。当然了，这是科学所处的风险，也发生于我们日常与世界的大部分接触之中，但对哲学而言却不是如此——至少不是维特根斯坦的说法。"替代"的观点专注于哲学概念的对与错，是一种符合传统哲学做法的观念，这也确定地表明它不是维特根斯坦所追求的。

还需注意，将哲学观点视为错误或不正确的观念，也让我们得以了解激进的治疗观点。因为它好似认为，这般的哲学是基于对事物之所是的谬见。凡此种种必须被这样理解：哲学具有误导性，因为它对事物之所是提出了错误的看法。但是，如果哲学并不提供替代的选择——正如激进的治疗派坚持哲学之所不能，激进治疗带来的解放实际上就把我们送入了科学的怀抱。在此意义上，这个观点与它所反对的传统概念分析一样是科学的。①

但我们声称，正如下文所要阐明的那样，这并不是维特根斯坦所坚持的。在阐述一个关于学习阅读的冗长例子中，维特根斯坦说明了他遵循规则的考量的核心要素。他注意到，学生的学习能力可能会在某个时候中断，接着后退一步去反思这一观察的状况为何。

当我说"在此学生的学习能力可能中断"时，我有何意指呢？我是根据自身的经验来传达这一点的吗？当然不是。（即使我曾经有过这样的经验）那我该怎么说那句话呢？毕竟，我想让你说：

---

① 更详细的论证，参见 Martin Stokhof, "The quest for purity, Another look at the 'New Wittgenstein'", *Croatian Journal of Philosophy*, XI (33), 2011。

哲学之变 ◎

"是的，这是真的，人们也可以这么设想，这也可能会发生！"但我是想让人注意到他能够想象这一点这个事实吗？——我想把这幅图像摆在他的面前，并且他对这幅图像的接受在于现在倾向于以不同的方式看待一个给定的情形；也就是说，把它与这一图像序列进行比较。我已经改变了他看待事物的方式。（印度数学家："看看这个！"）（《哲学研究》第 144 节）

让我们来做一些评论。维特根斯坦强调，这样的哲学观察不是经验的：虽然它所观察的可能是经验的事实，但它的目的却不同。他还指出，这不关乎我们想象不同事物的能力，那是论证工作的必要条件，但却不是此中之意。那么此中之意为何？问题的关键似乎包含在这个表达中："他对这幅图像的接受在于现在倾向于以不同的方式看待一个给定的情形。""以不同的方式看待"，是什么意思呢？这是关于"不是这样而是那样"的问题吗？还是"不仅是这样，而且是那样"？激进的治疗派支持前者，维特根斯坦在此所说的似乎支持后者。当一个人教一个学生时，他确实可能遇到这两种情况。学生的学习能力中断了。但也有一种情况，学生学到了我们能教他们的一切，然后继续学到比我们所知道的更多的东西，比我们做得更好。哲学观点的关键，在于让我们记住这**两种**可能性。

自这种观点看来，面相观视是富有成效的：它创建了我们同样可以使用的替代方案。当然，它仍然是可能有治疗效果的。看到一个给定现象的另一个面相，消除了一种误解，即我们最初的观视方式是唯一可能的。这种对必要性的假设（通常是采取一种本质主义的元观点的结果）被认为一种误解。但我们没有必要放弃最初的方式，不将其作为一种看待事物的**可能**方式。换句话说，有所变化的并不是我们的观视方式，而是我们朝向事物的态度。或者换一种表达，这种变化是一个认识论层面的变化，也就是说，它与我们如何看待事物有关；它不是本体论层面的变化，也就是说，它在某种程度上并非基于事物之所是。

就此概念而言，面相观视的能力反映了我们对自身与世界之勾连的内在多元性的认识，而面相变化是对由多元主义带来的内在自由的施行。事物可以不同的方式被看待，而且我们能够利用这一点，改变种种面相，让他人从不同的角度去看待事物，我们也可以被他人说服去这样做。

这是我们在广泛的实践中所应用的一种能力，所以不应错误地认为它是专业哲学性的。我们在日常生活、文学、视觉艺术甚至科学中使用它（正如理论物理中思想实验的作用所见证的）。自然，它所采取的形式因我们所关切的内容而有所不同。但在一般层面上，目的却非常一致：让我们以不同的方式看待事物，敦促我们权衡除了我们认为理所当然的其他可能性，将我们从"片面饮食"的案例的后果中解放出来（《哲学研究》第593节）。但话虽如此，它却是一种在哲学领域中特别富有成效的工具，其自身是通过寻求超越经验领域的必要的、普遍的真而形成的。正是哲学所追求的普遍性和必要性，与现实的多元性和偶然性是如此不一致。

因此，对于希求承认多元性和偶然性的哲学来说，面相观视和面相变化是一种杰出的工具：它将我们从观到必然的主导方式中解放出来，并提供了一系列作为解毒剂的可能的替代方案。它之所以能达成解放，是利用了我们的创造力，以及我们在观视上的自由。

四　限制与意义

然而，以不同的方式去观视和思考的自由，并非不受限制。我们的想象力虽可以产生繁复多样的画面和视角，却并不是无限制的。无限的想象不会产生意义，意义之所以存在，是因为它涉及在某些方面具有可比性的不同的情状：为了获致意义，我们既需要变化，也需要稳定性。

在《哲学研究》的多处章段中，维特根斯坦承认了限制的存在。在《论确定性》[①]一书中，他更是普遍而明确地承认了这一点。在那些文本中，维特根斯坦观察到，"世界图像"（他如此称谓作为我们语言游戏之基础建构的确定性的框架）的多元性是确实的（《论确定性》第93、95节）。自这些框架所经历的历史变化，可以明见多元性的现实。

---

① Ludwig Wittgenstein, *Über Gewißheit*, *On Certainty*, Oxford: Blackwell, 1969.（因原作者在引用维特根斯坦《论确定性》时只标注章节，且囿于其所采用的版本问题，译文凡涉及《论确定性》的引用也只在正文中标注章节。下同。——译者注）

但也有同一时期的多种世界图像，它们被那些不同的共同体及其子群体采纳。特别对于后者，由面相变化而生发的自由是很重要的。通常情况下，世界图像的多元性导致了所谓"深刻的分歧"，显然不可克服的差异似乎违逆了相互间的理解；意义似乎未能弥合如此深刻的分歧。① 然而，我们可以自由地观视、想象不同的事物、辨别新面相的多样性是受限的。这些限制因素有两方面：自然的限制和社会文化的限制。

自然的限制来自世界本然所是的方式，其中包括我们人类所是的方式，亦即我们的生理和基本的心理构成。当然，我们确实可以想象，物理现实方面的性质是不同的。不仅科幻文学表明了这一点，理论物理学也忙于想象物理现实之可能的不同方式并研究其种种结果。然而，对于我们的日常实践来说，世界之实然在很多情况下是一个决定性因素。在《哲学研究》第142节中，维特根斯坦做出了如下考察：

> 只有在正常情况下，语词的用法才被事先清楚地规定了；我们知道，毫无疑问，在这种或那种情况下我们应该说什么。情况越不正常，我们要说的话就越值得怀疑。如果事情与其实际的情形有很大不同……那么我们正常的语言游戏也将因此丧失其意义。如果经常发生一块奶酪出于不明的原因突然长大或缩小，那么用天平来确定其价格的程序就会失去其意义。

对奶酪块所讲的东西也适合于人类，由于在我们如何与包括我们自己和他人在内的世界的互动中有着绝对的稳定性，我们才得以拥有实际所有的种种实践。

但也有一些限制并非普遍存在，即那些定义了不同的共同体或者处于不同时间点的同一共同体的特征的种种框架。在《论确定性》中，维特根斯坦给出了各式各样的例子：从相信地球是平的到用火刑进行审判的实践。但凡这些确定性在一个共同体中根深蒂固，那么对另一种选择

---

① 这个词可以追溯到福格林：Robert J. Fogelin, "The logic of deep disagreements", *Informal Logic*, 7, 1985. 详见拉纳利的概述：Christopher Ranalli, "What is deep disagreement?", *Topoi: An International Review of Philosophy*, 2018, 以及普里查德的论述与维特根斯坦式的确定性的关联：Duncan Pritchard, "Wittgensteinian hinge epistemology and deep disagreement", *Topoi: An International Review of Philosophy*, 2018。

的想象就成了问题。在共同体中，关于另一种观视事物方式的问题，往往根本不会发生。在与一个确实持有另一种观点的共同体的对抗中，严重分歧的危险尤为彰显。

所以，使这两者满意的确定性和约束性就有两个方面。一方面，在共同体内，这两个方面在广义上是意义之所构成。在这种约束条件下，共同体采用了描述语言和非语言实践的框架，这些框架定义了做什么有意义，以及如何谈论这一点。但如果跨越了共同体，构成性的权力就可能会丧失，并可能因此产生误解。[1]

自然约束，即共有的约束，或许会减轻这些影响，而前提是它们被承认其是所是。但事实并非总是如此，所以随后它们就只有部分的效用了，它们使我们看到我们所共有的是什么，但这本身并不能让我们明见在何处存在分歧以及为什么存在分歧。这里，以不同的方式看待和思考的能力是至关重要的，也是哲学作为批判性的反思的用武之地。哲学可使我们追踪（自然的以及特定共同体的）世界图像的构成要素，通过反思自身的实践，看到构成这些实践的一些要素的面相性质，观视和研究新的面相，从而创建初步的替代方案。

正如维特根斯坦在怀疑方面所强调的那样[2]，并不是所有的东西都能同时被囊括其中：我们永远无法完全走出自身的世界图像并且仍然能够做到观视：毕竟，我们所见为何、意义为何，仅仅是因为我们之所观是由这样一幅世界图景构成的。但我们可以通过追踪某些要素如何运作、如何连接，以及通过想象其他方式来加以研究。

这就类似于概念分析吗？是的，也不尽然。面相观视和面相变化在关联于事物的实际属性时，是具有客观性的。举一个简单的例子：无论我们有多努力，鸭—兔头的图像都不能被看作鸭—狮头图像。但这涉及

---

[1] 著名的木材货商的例子（参见 Ludwig Wittgenstein, *Wittgenstein's Lectures on the Foundations of Mathematics, Cambridge 1939*, edited by Cora Diamond, Chicago and London：The University of Chicago Press，以及 Ludwig Wittgenstein, *Remarks on the Foundation of Mathematics*, 3rd edn, Blackwell, Oxford, 1978, I）他们依照一堆木材的表面面积而非其体积去卖木柴，这说明了在现实设定的限制范围内是有自由的余地的。与我们不同的做法或让我们感到困惑，但这并不意味着它们完全是不可能的。正如维特根斯坦所言："那么这里有什么问题呢？"我们或许会说，"他们就是这样做的"。

[2] 如果你试图怀疑一切，你就不会怀疑任何事情。怀疑自身的游戏是以确定性为前提的。（《论必然性》第115节）

主体间性，而不一定涉及本体论的客观性。正如我们已经注意到，世界的生活方式虽确实限制了我们所能看到的东西并进而限制我们做出迥异的思考，但它确实为各种不同的观视方式留出了空间。这意味着，在很多情况下，面相观视和面相变化的影响，其重要性（或由之而来的缺陷）更多的是社会文化和历史意义层面上的，而非关乎客观真理。

那么，如此将把与科学家有联系的哲学家置于何种地位呢？对世界图像的考察确实是对真实的、经验的东西的追问。这意味着，就其对象而言，哲学家的思考与人类学家、社会学家或心理学家的工作是重叠的。然而，他们各自活动的目标却迥然不同。有别于实证科学家，哲学家并不是在发现一般的类似于律则的联系或者潜在的过程，他的工作也并非解释。哲学家所参与的工作，最终是规范性的。它不仅是为了可能性去开启可能性，而且是出于实践的目的。其中的指导思想是，为了达成实际的或可能的意义，必须有一个实践层面的立场。关键在于：最终，哲学是一种观视和行动，是反思和实践的参与。而对后者的坚持，引入了一种道德的视角。

五 "贫困的哲学"①

由此题目显现出怎样的哲学观点呢？我们如何行动在本质上关乎对我们而言重要的事项，在此意义上，也牵涉对实践层面的关切。我们所能够设想的实践是一方面，但能够设想的**实际**作为完全就另当别论了。因此，改变观视方式的能力所能提供的自由，在另一方面是受到限制的。它不仅受制于我们想象力的所能和无能，而且更严格地说，也受制于我们在实践上的所能和无能。实践是由我们所关切的、对我们而言重要的事项决定的。面相变化所允诺的自由，因其与构成实践差异的事项相关联，才变得有意义。而实践的差异又与我们对日常生活的关切紧密相连。这就是哲学从面相变化转向实践变化的地方，也是从日常抽离之物向片段之物的变化。

我们好似正在走向所谓"贫困的哲学"。对概念分析的沉迷，似乎

---

① "Philosophie pauvre"，此章题目被加了引号，恰与蒲鲁东（Pierre-Joseph Proudhon）的著作《贫困的哲学》同名。——译者注。

是科学主义的替代方案。这种分析要么是准科学,出现于诸如当代分析哲学的语境中,要么是后现代哲学(特别是被用于其他人文学科)。但科学主义有乏真诚,标识了思想的狭隘,这些替代方案恰恰证明了一种无能和不情愿——无能和不情愿地意识到。一方面,确实有很多科学所不能为也不愿为的;另一方面,只有抱持谦逊以及对人类理性之限度的充分认识,才能进入那些科学所余留下的未知的领域。

哲学要在此领域中有一席之地,就需是一种"贫困的哲学":一种谦逊、不决、批判性的自我反思的哲学,一种提议、提问、观察的哲学;而不是一种主张、捍卫论题、投射愿景的哲学。我们与其开拓一个高度专门化、专有的哲学领域,不如把哲学看作一种处理片段和日常事项的方式,这似乎更加温和,更富有成效。①

科学主义是乐观主义的外推,是乐观主义与好奇心的结合。这两者都没有错,只要人们承认存在着并非它们自身的诸种边界。"超越边界"是科学领域内可以发生也应该发生的事情,但它并不适用于科学的局限性。这也是科学主义的失防之处,它没能辨别边界和限度,没能辨别我们目前所知和所理解的种种边界与理解本身的种种局限。

当我们考量人类生活在地球之外的可能扩展时,就面临一个变得非常明晰的领域。对这种可能性的思考(更不用说它的实际实现了)所产生的兴奋,深深根植于这种乐观主义之中,根植于对控制的渴望和对我们获得控制的能力的信心。"决定自己的命运","做自己命运的主人",此种理想既适用于人类物种,也适用于人类个体。

"贫困的哲学"反对这一论调。它反驳对于未来的乐观预测,并代之以对现实的简明体察:人类的状况,人类在实现其理想、克服其弱点上的不断失败,在理解自身生活方面的无能,以及他们从未失落,仍努力的渴望。

"贫困的哲学"的观念是否必然意味着学术哲学的撤离呢?不一定。虽然这确实符合前者的主要原则,即脱离那塑造了作为学术学科的哲学

---

① 这种"日常哲学"的观念可以在许多作者身上找到,例如,德瓦·瓦尔(Deva Waal)新近对胡塞尔和维特根斯坦的研究(Deva Waal, *Everyday Philosophy*: *Husserlian Doxa, Wittgensteinian Certainty And A Shared Turn Towards The Everyday*, Ph. D. thesis, KU Leuven, Humanities and Social Sciences Group, Institute of Philosophy, Leuven, 2021),就表明了这一点。

核心的种种论辩。人们也可能会说，要使其具有超越其自身的现实意义，"贫困的哲学"就需要保持在线。但显然，它不能作为这些对话的另一个参与者，因为它的目标和方法根本不同。然而，有意义的地方在于，它应对了那些学术哲学也致力于解决的问题：或许只是措辞不同，但确实是以不同方式的进路，这意味它的现实意义（如果有的话）也必须以不同的方式产生。这种现实意义不包括提供替代的答案或者不同的论点。毋宁说，它提供了另一种视角以拓宽人们的视野。

对于大多数接受过分析哲学学术训练的人和那些以通过其特有的方法追求其特有问题为业的人来说，"贫困的哲学"可能没有太大的价值。对于构成当下哲学的其他主要的进路而言，或许也是这般情形。然而，活跃在这些传统中的人确实有理由去反思他们所从事的研究范式的本质，并探索一种不同的方式来看待自己的作为。当然，在初期阶段，当人们被引至传统的方式和手段时，去理解那些被追问的问题、得到辩护和挑战的答案以及所使用的论证类型时，在人们所受训练的形成阶段，可能会觉得需要退后一步，并改变研究的视角。

"贫困的哲学"是看待事物的一种不同的方式：并不是通过以其一己之力挑战主流范式，而是通过提供另一种视角，通过空间的创造以及对于局限性的觉知。

亚里士多德的范畴理论与形而上学

王 路

摘 要：亚里士多德有两个范畴理论，区别在于其第一个范畴不同：一个是"是什么"，一个是"实体"。这两个范畴理论构成了亚里士多德形而上学讨论的基础，它们以关于实体的讨论统一起来，形成两个著名的理论，一个是属加种差的说明，一个是形式加质料的说明。这两个说明是不同的，其区别实质在于，前者是关于类的说明，后者是关于个体的说明。由此也就表明，亚里士多德的范畴理论是关于谓述的理论，它的讨论方式开启了关于认识的研究，对形而上学的研究产生了重要而深远的影响。

关键词：是什么 实体 种 属 形式 质料

作者简介：王路，郑州大学哲学学院特聘首席教授，清华大学人文学院哲学系教授，博士生导师。主要研究领域包括逻辑学、分析哲学、形而上学。享受国务院政府特殊津贴。出版学术著作多部。

亚里士多德是形而上学的奠基人，对形而上学的研究和发展作出了重要贡献。范畴理论是他的著名理论之一，在哲学史上影响极大，一直是人们研究的重点。在我看来，范畴理论是亚里士多德早期形成的理论，但是在形而上学研究中起着重要作用，因此是与认识本身研究相关的重要理论。研究亚里士多德的形而上学，一定要研究他的范畴理论。只有对他的范畴理论有充分的认识，才能更好地理解和认识他的形而上学。

范畴一词的希腊文是"kategoria"，有谓词、谓述、断定、指控等含义。该词在苏格拉底和柏拉图时期就被应用，在亚里士多德这里成为专门用语。在亚里士多德研究中，人们对这个词的探讨很多，看法也不一致，翻译也不相同。这些情况如今已是哲学史研究的常识，至少在亚里士多德研究中已是基本共识，因而不必多说①。我们直接进入理论探讨。

一 两个范畴理论

亚里士多德的范畴理论非常出名，主要来自他的《范畴篇》。随着研究的深入，人们发现，他在《论辩篇》中还有一个范畴理论，有人甚至认为，后者才是他真正的范畴理论。这两个范畴理论都完整地给出十种范畴，而且基本一样，区别仅仅在于其第一个范畴不同：《范畴篇》中是"实体"（ousia），《论辩篇》中是"是什么"（ti esti）。研究这两个范畴理论哪一个在先，哪一个更重要，属于哲学史研究的范围，不是我们这里要考虑的内容。我们把这两个理论都看作亚里士多德的范畴理论，我们要考虑的是，关于它们，亚里士多德有些什么样的论述，这些论述与他的形而上学有什么关系，对他的形而上学有什么样的影响。由此我们进一步思考，他的范畴理论是一个什么样的理论，由此出发，他的形而上学具有什么样的性质和特征。

《范畴篇》的范畴理论出名，除了来自其书名外，还来自其中对第一实体的论述：

【引文1】实体，在其最严格、第一层和最根本的意义上说，乃是这样的：它既不谓述一个主体，也不出现在一个主体之中，比如这个个体的人或马。但是在第二层意义上，所谓实体是这样的：它们作为种，其中包含着第一实体，就像属也包含种一样，比如这个个体的人包含在"人"这个种中，而这个种又包含在"动物"

---

① 这方面的研究成果很多，例如参见 Ackrill, J. L., *Categories and De Interpretione*, Oxford: Oxford University Press, 1963; Ebert, T., "Gattungen der Praedikate und Gattungen des Seienden bei Aristoteles" *Archiv fuer Geschichte der Philosophie*, No. 2, 1985; Frede, M., "Categories in Aristotle", *Studies in Aristotle*, ed. By Dominic J. O'Meara, Washington, D. C., The Catholic University of America Press 1981; Oehler, K., *Aristoteles, Kategorien*, Darmstadt, 1984; Aristotle, *The Works of Aristotle*, Vol. I, ed. by Ross, W. D., Oxford: Oxford University Press, 1971; Aristotle: *The Organon* (I), William Heinemann LTD, Harvard University Press, 1934; Aristoteles, *Kategorien/Lehre vom Satz*, Hamburg: Felix Meiner Verlag, 1974.

这个属中。所以,这些,即"人"和"马"或种和属,被称为第二实体。(2a10-20)①

这段论述非常出名,来自《范畴篇》第五章第一段。这一章随后的论述很多,都是围绕这一段的。这一段区别出第一实体和第二实体,区别出个体和类,在类中又区别出种和属,并且明确地称个体事物为第一实体,称类事物,比如种和属为第二实体。应该说,这些论述非常清楚,没有什么歧义。由于后来在形而上学中亚里士多德再次谈到实体,因此这里的论述也成为讨论形而上学的依据。

既然是对实体做出区别,区别的依据就引人注意。这里提到两条原则(假如可以称之为原则的话),一是谓述主体,二是出现在主体之中。它们是在第二章给出的。亚里士多德对谓述主体没有解释,对"出现在主体之中"的解释是不能离开所说的主体而存在的,意思是依附于主体。但是对这两条原则,亚里士多德给出举例说明,比如"人"谓述这个个体的人,"动物"谓述"人",所以这个个体的人是人,也是动物。"白的"出现在一个物体中,所以它也可以谓述一个个体的东西,比如说它是白的。在亚里士多德看来,有了这样的区别,就可以获得一些清楚的认识,比如"颜色"可以谓述"白的",但是不能谓述白的东西,即可以说这东西是白的,可以说白的是颜色,但是不能说这白的东西是颜色。这样他区分出十种范畴,并对它们做出说明。

在亚里士多德关于范畴的说明中,关于实体的说明最多,也最充分,被认为是最重要的。而在关于实体的说明中,最重要的首先有两点:一是如引文对第一实体和第二实体做出区别,比如他说第一实体是构成所有事物的基础的东西,其他所有东西则要么谓述要么出现在第一实体之中;二是对第二实体做出更多的说明。比如他说种和属都是实体,但是它们与个体的东西不同,因而形成第一实体与第二实体的区别。此外,它们都与个体相关,但是,它们与第一实体的关系是谓述关

---

① Aristotle, *The Works of Aristotle*, Vol. I, ed. by Ross, W. D., Oxford: Oxford University Press, 1971; Aristotle, *The Organon* (I), William Heinemann LTD, Harvard University Press, 1934; Aristoteles, *Kategorien/Lehre vom Satz*, Hamburg: Felix Meiner Verlag, 1974。以下引文只注标准页码。

系，而不是"出现"的关系。同样与第一实体相关，关系却不相同：种与第一实体的关系比属与第一实体的关系更近。比如"人"比"动物"离这个个体的人更近，"树"比"植物"离这棵个体的树更近。

我认为，把握亚里士多德关于实体的论述，认识他所依据的两条原则十分重要。他将谓述主体作为自明的原则陈述，似乎是认为"谓述"和"主体"这两个词的意思是自明的，因此我们要在自明的意思上来理解。"谓述"指语言表达方式，并且指一种主谓结构中谓语表达方式。它所针对的是主语，因此这里所说的"主体"应该是主语或者可以是主语。考虑到古希腊人不太区别语言和语言所表达的东西，他们认为语言是用来表达事物的，因此这里的"主体"指主词所表达的东西。所以，谓述主体（词）实际上是从语言角度出发的，依据的是句法方面的考虑。由此可见，不管"出现在主体之中"这一原则是不是清楚，无论亚里士多德的解释是不是清楚，至少依据谓述主体（词）这一原则可以看出，这里的区别是可以从主谓形式上去考虑的。比如个体的东西不能谓述类的东西，因此只能被谓述（作主词），类的东西可以谓述类的东西，也可以谓述个体的东西，因此既可以被谓述（作主词），也可以做谓述（作谓词）。

认识到这一点，也就可以看出，亚里士多德所说的实体，不仅包含个体，也包含种和属，即类。所以，他说的范畴并不是关于谓词的说明，而是关于一般语词的说明，用他自己的话说，是关于"非符合表达式"（1b25）的说明。所谓非复合表达式指的不是像"人跑"这样的句子，而是像"人""牛""跑""获胜"这样的词（1b15）。所以，实体这一范畴首先在关于一般词的说明中划分出来的，是关于一般语词的说明，适用于一般语言情况，但是由于它的意思有些多样，因此需要做专门的说明。

以上认识是必要的。此外还应该看到，亚里士多德关于实体的论述并不仅仅是关于语言方面的说明。特别是，他区别第一实体和第二实体，最主要的还是关于认识方面的考虑。比如他强调第一实体和其他所有事物的区别，这样就把个体的东西与类的东西区别开来，也与其他东西，比如质、量、关系等区别开来，而他强调只有种和属是第二实体，这样就把实体与非实体，比如质、量、关系等区别开来：

【引文2】因此,除了第一实体,其他事物中只还有种和属可以配称为第二实体,这是因为,在所有谓词中只有这些才传达关于第一实体的认识。我们正是通过陈述种或属来恰当地定义任何个体的人;通过陈述种,我们就比陈述属而使我们的定义更精确。我们陈述的所有其他东西,比如他是白的,他跑等等,都与定义无关。(2b30)

这里显然是在强调第二实体的重要性。但是在我看来,更重要的是这里对这一强调的解释:只有第二实体"才传达关于第一实体的认识"。这就说明,第二实体是与认识相关的。所以,表面上看,亚里士多德关于范畴的论述,关于实体的论述是与语言相关的,但是实际上却是与认识相关的。即便他关于认识的直接论述并不是很多,但是这段话无疑显示出关于认识的考虑。人们可以认为,正因为第二实体有这样的认识作用,他才刻意区别出第二实体并予以强调;也可以认为,他是通过区别第一实体和第二实体,才获得这样的认识的。无论如何,他的相关区别和论述是与认识相关的,在我看来,这才是至关重要的。此外,这与后面关于形而上学的讨论相关,因此对它的理解和认识就非常重要。

值得注意的是这里还谈到定义,谈到定义中种和属的作用,这就说明,种和属是在定义中出现的。定义与说明相关,无疑也是与认识相关的。这里还给出"他是白的"这样的例子,以此说明陈述方式。定义也是陈述方式,这就说明,种和属都是以类似的方式表述的,比如"他是人""他是动物"。

第一实体构成所有东西的基础,只有第二实体才传达关于第一实体的认识。这样,亚里士多德关于实体的论述不仅与认识相关,而且与认识的表达方式相关。亚里士多德认为:

【引文3】所有实体似乎都意味着这东西。在第一实体这里无疑是真的:它表示这东西。在第二实体的情况,比如当我们说"人"或"动物"的时候,我们的语言形式使人觉得我们这里也在指是个体的这东西,但这严格说不是真的。因为第二实体不是一个个体,而是一个具有某种性质的类;因为它不是像第一实体所是的

那样单个的东西;"人""动物"这些词可以谓述多于一个主体。(3b10-15)

这段话依然是在区别第一实体和第二实体,也没有更多新的东西。值得注意的是这里提到的"这东西"(tode ti)。很明显,"这东西"指个体事物。实体(ousia)与这东西相关,因为有第一实体,而第一实体是个体的东西。但是还有第二实体,而第二实体不是个体的东西,而是类,因此在与这东西相关的意义上就会出现问题。这里的问题与语言形式相关:第二实体的表达方式会使人觉得指个体的东西,比如"人"也可以指个体的人。在亚里士多德看来,严格地说,这是有问题的。因为没有区别个体的东西和类的东西。换句话说,一定要区别第一实体和第二实体。

亚里士多德关于实体还有许多论述,以上论述足以说明,通俗地说,在语言表达上,第一实体只能作主词,不能作谓词;第二实体既可以作主词,也可以作谓词。在认识上,第一实体是其他所有事物的基础,只有第二实体才表达出关于前者的认识。

以上是亚里士多德在《范畴篇》中关于实体的论述,下面我们看《论辩篇》中关于范畴的论述:

【引文4】我们必须区别发现了上述四种形式的谓词的类。这些类是十种:是什么、量、质、关系、地点、时间、位置、状态、活动、遭受。任何事物的偶性、属、固有属性和定义都应在这些范畴之中,因为任何通过这些谓词所形成的命题都表达事物的本质,或者事物的质或量,或者其他一种范畴。(103b-25)[1]

这段论述非常清楚,谈到十种范畴,第一个范畴是"是什么"(ti esti),除此之外,其他范畴与《范畴篇》的相同。因此就有一个问题:同样谈论范畴,同样是十个,其他九个都一样,为什么第一个会不同呢?

---

[1] Aristotle, *The Works of Aristotle*, Vol. I, ed. by Ross, W. D., Oxford University Press, 1971; Aristotle, *The Organon* (II), William Heinemann LTD, Harvard University Press, 1960.

◎ 哲学中国．第一辑

在我看来，这主要是和亚里士多德论述的问题不同有关。在《范畴篇》中，所谓范畴是关于一般语词的分类说明，而这里则是关于谓词的分类说明。这从第一句话可以看得非常清楚：先是考虑了关于谓词的分类，而关于范畴的说明则是对谓词分类的进一步说明。关于一般语词的说明当然不能限于谓词，还要涵盖主词，因此要考虑个体词，即表达个体的用语。但是在专门考虑谓词时却可以不考虑主词，因而基于谓词分类的说明就可以不考虑主词，而只考虑谓词。这样也就说明，"是什么"是谓词表达的东西。

为了更好地说明这个问题，可以借鉴一下亚里士多德关于四种谓词的分类原则：一是看谓词与主词是否可以互换，二是看谓词是否表达"是什么"。二者相加就有四种情况：其一，可互换且表达是什么，这样就是定义，比如"人是两足直立行走的动物"；其二，可互换但不表达是什么，这样就是固有属性，比如"人是会语法的动物"；其三，不可互换但表达是什么，这样就是属，比如"人是动物"；其四，不可互换且不表达是什么，这样就是偶性，比如"人是白的"。这样就得到四种谓词，即关于谓词的分类和说明。

可以看出，第一条原则是语言层面的，是关于句法方面的考虑。谓词是对主词的表述，位置是明确的、固定的，因此换位只有两种情况。所以这条原则是明确的。在亚里士多德看来，表达个体的词只能作主词，不能作谓词，因此从分类原则看，他的相关考虑基本上是关于类的考虑。应该看到的是，亚里士多德认为属说明种，凡是种所适合的东西，属也适合。因此在他看来，尽管他的四谓词理论是关于类的说明，但是也适用于个体。

比较《范畴篇》和《论辩篇》中关于第一范畴的区别，我们可以看出，亚里士多德的范畴理论既有关于一般语词的考虑，也有关于谓词的考虑，因此他的论述是与语言的表达情况相关的。《论辩篇》中的考虑是非常明确地与谓词相关的，因而是与句子相关的。《范畴篇》的考虑也有非常明确的与谓词相关的考虑，比如第一条原则谓述主体（词），还有举的那些例子。所以，范畴理论是与谓词的表述相关的，是与句子相关的。句子是表达认识的，而实体和是什么，在语言形式上是谓述主体的，实际上则是关于事物的表述，因而是与认识相关的。所以范畴理论是与认识相关的,或者归根结底是与认识相关或可以与认识相关的。《论辩篇》的论述可以看作明确关于逻辑的考虑,形成的四谓词理论也可以看作第一个逻辑理论,因而关于范畴的相关论述可以看作受其逻辑的考虑和理论的影响。《范畴篇》的论述可以看作关于一般语词的考虑,形成的范畴理论可以看作与逻辑无关。因此,两著关于第一个范畴的区别可以看作涉及逻辑的认识而产生的结果。首先,依据逻辑的考虑,第一个范畴涉及个体和类以及它们之间的区别和关系。亚里士多德明确了"是什么"是关于类的考虑,因而排除了关于个体的考虑。不依据逻辑的考虑,第一个范畴涉及语言的使用以及在不同使用时的不同含义。亚里士多德指出了"实体"一词的多种含义:既包含着关于个体的考虑,也包含着关于类的考虑。其次,在建立逻辑理论因而排除关于个体考虑的时候,亚里士多德依然认为他是关于谓词的论述,比如关于属和种的论述也适用于关于个体的论述。也就是说,他的逻辑理论排除关于个体的考虑,却可以适用于个体。而在一般性讨论因而包含了关于个体考虑的时候,亚里士多德却认真区别第一实体和第二实体,即强调个体和类有根本性的区别。最后,在形而上学讨论中,亚里士多德将两个范畴理论融为一体,不做区别。但是,他知道第一范畴的区别及其认识,因而知道个体与类是有根本性区别的,不仅如此,他还认识到,个体在认识的过程中具有重要作用,类也具有重要作用。但是在关于认识的说明中,类具有更为重要的作用。所以,一定要认真区别个体与类,一定要基于这一区别来建立起关于认识的理论,该理论不仅要包括关于类的说明,而且要包括关于个体的说明。在这一点上,他的范畴理论是一致的。换句话说,他在两处对范畴的论述是有区别的,但是他的基本思想是一致的。

二 "是什么"与其他范畴

《形而上学》第四卷提出要研究"是本身",并且指出,一门科学研究"是"的一部分,而哲学研究"是本身",亚里士多德称这种哲学为第一哲学,这就是后人所说的形而上学。所谓关于是的一部分的研究,亚里士多德是通过举例说明的,比如数学研究什么是偶数,什么是

◎ 哲学中国 . 第一辑

奇数，医学研究什么是健康，什么是疗效，等等。但是关于是本身的研究，则需要专门的说明。《形而上学》的核心卷是第七卷。该卷共十四章。第一章具有导论意义，揭示了形而上学研究的对象和性质，也勾勒了进一步研究的途径。该章有三节，第一节开始部分如下：

> 【引文5】正如我们在本书前面论述词的各种意义时指出的那样，人们可以在好几种意义上说一事物是；因为在一种意义上，"是"表示的是一事物是什么或这个，而在另一种意义上，它意谓质，或量或者其他一种像它们一样谓述的东西。由于"是"有所有这些含义，显然所是者最主要地乃是是什么，这表示事物的实体。因为当我们谈到一事物是什么质的时候，我们说它是好的或坏的，而不说它是三肘长或它是一个人；但是当我们说它是什么的时候，我们不说它是白的、热的或三肘长，而说它是一个人或一个神。所有其他东西被说是，乃是因为它们有些是这种第一意义上是者的量，有些是它的质，还有一些是它的属性，还有一些是它的其他属性。① （1028a10 – 20）

这段话主要有两个意思，一是说明"是"一词是多义的，二是说明它有些什么含义。前一个意思与第四卷提出的"是本身"相对应，后一个意思乃表明这一研究的初始陈述。这些意思是比较明确的，不必多说什么。我们要考虑的是与范畴相关的论述。

在关于是的多种含义的说明中，亚里士多德谈到是什么、质、量等东西。这恰恰是引文4所给出的前三个范畴，"或者其他……"这一表达式显然是省略式的：省略的则是其他范畴。由此可见，在关于是的多义性的说明中，亚里士多德借助了范畴理论。或者，借助亚里士多德的

---

① Aristotle, *The Works of Aristotle*, Vol. 8, ed. By Ross, W. D., Oxford University Press, 1971; *Aristotle' Metaphysics*, translated with notes by Kirwen, Ch., Oxford University Press, 1971; *Aristoteles' Metaphysik*, Buecher VII – XIV; griech.-dt., in d. uebers. von Bonitz, H.; Neu bearb., mit Einl. u. Kommentar hrsg. von Seidl, H., Felix Meiner Verlag, 1982; Frede, M./Patzig, G., C. H., *Aristoteles' Metaphysik Z'*, Text, Uebers. u. Kommentar, Muenchen: Beck'sche Verlagsbuchhandlung, 1988, Band I; *Aristotle's Metaphysics*, Books Z and H, translated and with a commentary by Bostock, D. . 以下译文只注标准页码。

范畴理论则可以看出,这里关于谓述的说明是清楚的,是容易理解的。

最容易理解的是这里出现的举例说明:比如借助"是人""是神"来说明是什么,借助"是三肘长"来说明量等。直观上可以看出,"人"和"神"是类概念,因而这里是借助类概念来说明是什么这一范畴,这与范畴理论的论述是一致的。

这里对范畴做了一个分类:即是什么与其他范畴的分类,这也是比较容易理解的。"是什么"是《论辩篇》中的第一个范畴,与其他范畴有根本性的区别,这与范畴理论的论述也是一致的。

值得注意的是说明中还提到"实体",并强调,一事物的"是什么"表示的是"实体",因此二者似乎是等价的。"实体"是《范畴篇》中的第一个范畴,与其他范畴有根本性区别。这就表明,"实体"与"是什么"同属十个范畴之首,虽与其他范畴相区别,但也有相似之处。如前所述,由于有第一实体和第二实体的区别,因此在第二实体的意义上,实体与"是什么"就是等价的。

应该说,以上与范畴相关的论述都是比较清楚的,引文5的相关意思大体上也比较容易理解。但是其中提到的"这东西"可能会产生问题。"这东西"指个体的东西,因此它与"是什么"并列在一起就显得有些怪。"是什么"显然不是指个体的东西,因此一个指个体的东西的表达式与一个指类的表达式并列在一起,该如何理解?"是什么"是一个范畴类,"这东西"显然不是这样的东西,因此将一个指范畴的东西与一个与范畴没有关系的东西并列在一起,该如何理解?范畴是对谓词或谓述方式的划分和说明,"这东西"显然不属于谓词或谓述方式,因此对它们的并列该如何理解?

我认为,仅仅从语言形式上看,以上问题确实难以理解。从这段话的整体看,亚里士多德说的是谓述方式,依据的是范畴理论,因此"是什么"和"这东西"应该在而且只能在谓述形式和范畴理论的意义上来理解。在范畴理论的意义上,"是什么"这一表述没有问题,而"这东西"明显有问题,因为它不属于范畴,与范畴理论没有关系,因而不能依据范畴理论来理解。从谓述方式看,"是什么"也没有问题,而"这东西"似乎有问题,因为它不是谓词,不是谓述方式,因而不能在谓述的意义上来理解。因此,质疑亚里士多德把这样两个完全不同的东西放在一起，似乎就是有道理的。但是在我看来，如果可以区别语言、语言所表达的东西和语义，这个问题就可以获得一种合理的理解。

"是什么"说的是范畴，似乎是语言层面的东西，比如谓述方式，实际上却不是语言层面的东西。它也不是语言所表达的东西，而是关于语言所表达的东西的说明。因此应该是语义层面的东西。对照质、量等，结合举例，可以看得更加清楚。比如"他是人"是一个句子，这是语言层面的，它的含义是它所表达的东西，比如两足的、直立行走的等。而"是什么"则是关于这样表达的东西的说明。认识到这一点也就可以看出，"这东西"与"是什么"并列，也可以是关于一个谓述表达式所表达的东西的说明。这里的区别仅仅在于，"是什么"既可以是关于个体的表达的说明，也可以是关于类的表达的说明，而"这东西"只能是关于个体的表达的说明。二者并列的方式表明，这里有提示的意思，或有强调的意思。

"是什么"这一范畴与引文4中相同，那里明确是关于谓词的类的说明，因此与谓词和谓述方式相关，这里的意思也应该是一样的。最保守地说，这里的论述难免会与那里的意思联系起来，因而谓述的意思非常明显。如前所述，引文4中所说的范畴与四谓词理论相关，而四谓词理论的分类原则表明，定义等谓词是关于类的说明，即其主词都是类表达，排除了个体词。这里在谈论是本身，考虑的无疑是"S是P"这种方式，因此主要考虑和说明显然是谓述方式。"是什么"是典型的谓述方式。但是，"是什么"不仅适用于关于类的表达，而且也适用于关于个体的表达。所以，这里的"这东西"就是一种补充说明，即关于个体的东西的表达的说明。

联系引文中所说的"实体"也可以看出，这里所说的"是什么"相当于实体，二者是等价的。在第二实体的意义上理解，这当然没有问题。但是这里没有对主词的表达做出区别，换句话说，若主词所表达的也是第二实体，则"是什么"没有任何问题，比如"人是动物"。若主词所表达的是第一实体，比如"这个人是人"，其实也没有问题。尽管"这个人"表示个体的东西，但是这里主要强调的"是人"依然是"是什么"。现在可以看出，"是动物"所表达的不是这东西，即不是个体的东西，而"是人"所表达的是"这东西"，即个体的东西。二者是有区别的，因此这里强调"这东西"的意义显示出来了。也就是说，同样的"是什么"，同样是关于主语的表达，实际上却是有区别的。更明确地说，这就是个体和类的区别，关于个体的说明和关于类的说明的区别。

联系引文3也可以看出，实体会与"这东西"相关，但是会有第一实体和第二实体的区别，因为第一实体才是个体的东西。值得注意的是亚里士多德明确提到"语言形式"，这说明他是有关于语言方面的考虑的。他明确地说，"人"和"动物"可以谓述多个主体。从第二实体的意义上说，它们是类，从谓述方式看，它们可以是关于类的表达，也可以是关于个体的表达。关于个体的表达，无论方式如何，比如以是什么的方式，或以质或量的方式，所表达的依然还是个体的东西，还是关于个体的东西的表达。所以"是什么"所表达的东西终究还是会涉及个体的东西，因而是"这东西"。

所以，"这东西"不是关于谓述方式的说明，而是关于谓述方式所表达的东西的说明，而且是在"是什么"的基础上的一种补充说明。

在进一步的论述中①，亚里士多德提到"是"与是"者"，谈到对"是"的规定性，并由此谈到实体是第一性的东西，然后展开对第一性的论述：

> 【引文7】现在，"第一性"是在许多意义上使用的。然而，在各种意义上，实体都是第一性的，无论是根据定义，还是根据认识和时间。因为没有东西能够与其他种类的规定性分离；只有实体可以做到这一点。因此实体根据定义也是第一性的。因为在定义中必须包含着实体的定义。而且我们认为，当我们知道一事物是什么，

---

① 【引文6】因此人们可能确实会对"行走""是健康的""坐"这样的词产生疑问：它们是不是涉及是者，对其他类似的情况也是如此。因为它们各自是不能自身存在或与是其所是分离的，相反，在一般情况下，坐的东西、行走的东西和健康的东西属于是者。因为这些东西似乎更是是者，这是因为有一些确切的规定性构成它们的基础，而这种规定性是实体和个体的东西，它以这样一种表达方式表现出来。因为，没有这种规定性，是善的东西，坐的东西是不能被称谓的。因此可以看出，只有通过本质，有上述规定的东西才是。由此可以得出，那种是第一性的——不仅是特定意义上的，而且是绝对的——东西就是实体。(1028a20–30)

比如人是什么，火是什么，而不是仅仅知道它的质，它的量，或它的地点的时候，我们才最完全地知道它。因为我们只有知道量或质是什么，才能知道这些性质。（1028a30 - 1028b5）

这段话谈论实体的第一性，而在论述中谈到定义，这就说明定义与实体相关。前面说过，定义是四谓词中的第一类，即与主词可换位，又表达主体的本质，因此在谓词中占据重要位置。

需要思考的是，这里谈论第一性，却没有提到"这东西"。这里明确说到"定义中必须包含着实体的定义"，也没有谈及"这东西"。而在具体说明中所举的例子，比如"人是什么"即意味着"人是动物"，因而与前面的论述相同。这就说明，在亚里士多德的论述中，实体是第一位的，而这里说的实体主要是谓述意义上的东西，因而是"是什么"意义上的。这样也就说明，前面提到的"这东西"是一种补充说明。

特别需要注意的是，这里不仅说明定义与实体的关系，而且说明定义和实体与认识的关系：只有知道一事物是什么，才最完全地知道它，即充分认识它。由此不仅说明实体与其他范畴在认识中是有区别的，更重要的是说明，关于实体的考虑，关于与实体相关问题的考虑，乃是与认识相关的。

经过以上讨论，亚里士多德明确了实体的重要性，因此将关于是本身的考虑的问题转为关于实体的考虑的问题①，并由此转入关于实体的讨论。

三　讨论实体的方式

从提出研究是本身，到分析"是"的多义性，进而依据范畴理论做出两个分类：一方面是实体，另一方面是质、量、关系等其他范畴。这样就把实体凸显出来，因而可以展开对实体的研究和论述。非常明显的

---

① 【引文8】"这个早就提出并且仍在提出而且总是要提出的问题，这个总是充满疑问的问题，即'是乃是什么？'，恰恰是这样一个问题：实体是什么？因为恰恰是这个问题，有人说是一，又有人说是多，有人说是有限的，有人说是无限的。因此我们必须主要地、首要地，而且几乎专门地考虑：一种东西，它是这种意义上的是者，这种东西究竟是什么？"（1028b5 - 10）

是，实体与是相关，因而有望通过关于实体的论述而达到关于是本身的说明。同样明显的是，"是"是系词，是联系主谓的用语，分析"是"的多义性首先涉及的是谓述方式，因而要从"是什么"出发。这就说明，亚里士多德关于是本身的研究，关于是的多义性的研究，是从范畴理论出发的，是与范畴理论密切联系在一起的。不太明显的是，"是什么"和"实体"都是范畴，都属于范畴理论，所以亚里士多德可以根据需要任意使用这两个表达式。它们有很大的相似性，因此亚里士多德的使用方式没有问题，但是它们毕竟还是有区别的，所以亚里士多德在"是什么"后面补充了"这东西"。他的本意是想指出"是什么"在实体意义上的区别，但是由于没有区别语言、语言所表达的东西和语义，因此他的说明并不是特别清楚，给人们的理解带来一些问题。当然，对于亚里士多德本人来说，也许这些不算什么问题，他认为他的相关认识是清楚的，而且他会以为，他的表述也是清楚的。

明确了实体作为研究的对象，就进入了关于实体的研究。实体这个词明显是有歧义的，比如亚里士多德自己就区别过第一实体和第二实体。所以，亚里士多德在展开讨论之前，对"实体"一词的含义做出说明：

【引文9】实体一词即使没有更多的涵义，至少也要有四种主要用法；因为本质和普遍的东西和属被看作是各事物的实体，第四还有基质。（1028b35）

实体的四种用法说明它有四种含义，即本质、普遍的东西、属和基质。指出这四种用法，随后也就可以分别依据它们展开关于实体的讨论。"本质"[①]放在第一位，显得很重要。"基质"[②]与其他三种用法形成区别，独具特色。它们与定义相关，与认识及其表达相关，因此至关重要。我们下面不考虑其他用法，重点讨论这两种用法。

---

① "To ti en einai"一词通常被译为"本质"（essence，Wesen），后者也成为哲学史上一个反复使用和讨论的用语。近年来国内也有人译为"是其所是"，我觉得也很有道理，它凸显了希腊文字上面的"是"。这里我们从众使用"本质"一词。

② "Hupokeimenon"一词的意思是构成基础的东西（substrutam、Zugrundeliegende），这里从众采用"基质"这一译语。

"本质"这一概念是与范畴理论密切相关的。从四谓词理论的角度看范畴,其中一种谓词是定义,这也是最重要的谓词。因而可以从定义的角度来看本质。具体而言,定义是关于一种谓述方式的称谓,定义的方式是属加种差,定义所表达的就是本质。由此可以看出,一个对定义及其相关问题的认识,即便不展开论述,字面上就已经至少包含、涉及引文9提到的一、三两种用法。所以,形而上学关于实体的讨论与定义的联系是非常密切的。

若是展开一些,则可以看到四谓词理论中一些关于定义的具体论述,包括关于定义的说明,比如"定义是表达事物本质的词组"(102a),关于定义方式的说明,比如"定义的要素一个是属,另一个是种差,并且只有属和种差在本质范畴中起谓述作用"(154a25),以及关于正确的和错误的定义方法的说明等。在这些讨论中,最重要的就是种和属的关系:种是下位概念,属是上位概念,种被属说明,属是说明种的。有了这些讨论,形而上学中关于本质的讨论就不是凭空产生的,也不是没有来源和基础的:四谓词理论中所有相关讨论,因而关于"是什么"这种范畴的认识,都成为形而上学中关于实体讨论的基础,其中用到的概念,比如定义、本质、属、种、种差等,都可以被看作自明的。也就是说,这些概念在《论辩篇》中是需要讨论和说明的,而在《形而上学》中不必再做任何说明,直接拿来使用就可以。实际上也是如此,比如下面的论述:"只有那些其表述是定义的东西才有本质"(1030a5);"除了首先命名的属和种差,定义中没有别的东西"(1037b30);"凡不是一个属的种的东西就不会有本质,只有种才会有本质"(1030a10)。

这些论述说明,定义所表达的是本质,定义是关于种的,定义的对象是种,只有种才有定义,定义依靠属加种差。所以,离了属不能定义,只有属也不能定义。所以亚里士多德认为,本质才是实体,属不是实体,普遍的东西不是实体。这就说明,与实体最直接相关的是属和种,但是定义才是实体。

从《范畴篇》中的范畴理论看,属和种都属于第二实体,与第一实体形成区别。这样,不考虑关于个体的论述,不考虑关于本质的论述,至少关于种和属的论述都是与本质相关的,因此在《范畴篇》中所有关于种和属的论述都会成为形而上学中关于实体的论述,特别是关于本质的论述的基础,不仅如此,字面上它们就是一致的,即都是关于实体的论述。

"基质"这一概念与"本质"不同,从引文表述方式看,它们属于两类不同概念。不仅如此,关于本质没有进一步的说明,但是关于基质,紧接引文9就有一段说明:"基质是这样一种东西,其他所有东西都谓述它,而它本身不谓述其他任何东西。"(1028b36)这似乎表明,"本质"概念不需要解释,而"基质"概念是需要说明一下的,换句话说,"本质"概念是自明的,而"基质"概念不是自明的。从前面的讨论可以看出,我们可以认为本质概念是自明的,因为在《论辩篇》中已经有了许多关于它的讨论,但是关于基质,相关讨论却不是那样多。

具体而言,这里关于基质的说明与引文1中关于第一实体的说明很相似,那里说,第一实体不谓述主体,也不出现在主体之中。因而似乎可以认为,这里关于基质的论述是在第一实体意义上说的,因而基质就相当于第一实体。在这种意义上我们可以认为,亚里士多德关于基质的论述同样依据了他的范畴理论。值得注意的是,与那里的论述不同,这里只说到谓述,因而只是在谓述的意义上说的,这样,即便这里所说的基质是第一实体,我们也要在谓述的意义上来理解,或者联系谓述的方式来理解,这样我们就要考虑,它被其他东西谓述。这样,亚里士多德关于范畴的论述再次呈现出来。

首先,所谓可以被谓述,即可以在语言层面考虑,可以从语言表达方式来考虑。所谓可以被谓述和不能谓述他物,意味着只能作主语出现,而不能作谓词出现,这说明,这样的东西是个体事物,而不是类,这样的表达是个体词,而不是表达类的词。其次,既然可以被说明,那么前面提到的各种范畴,即"是什么"、质、量、关系等,也适用于它,可以是对它的说明。再次,亚里士多德明确说,只有认识一事物是什么,才最充分地认识该事物,因而在这些说明中,最重要的还是"是什么"。换句话说,在关于个体的说明中,最重要的依然是"是什么"。后者是实体,第一实体也是实体,因而当然是相关的。因而与"是什么"相关的东西,比如种和属,也可以是与基质相关的,即与个体相关,因而可以适用于对基质的说明。最后,关于个体事物的考虑是有道理的,它不仅与实体相关,而且与引文5中所说的"这东西"也联系起来。《形而上学》所考虑的范围与《论辩篇》所考虑的范围不同:除了在关于"是什么"这一点上相同以外,还要考虑个体和与个体相关的情况,即考虑对个体的谓述情况。而这些考虑,在"这东西"和基质这里就体现出来。不仅如此,它们都是与实体相关的。这也说明,认为形而上学是关于实体的认识,或者,将关于是本身的考虑转为关于实体的考虑,是有道理的,也是自然的,顺理成章的。

但是在这里,一个问题出现了。范畴理论确实提供了关于实体的考虑:一个只与类概念相关,排除了关于个体事物的考虑,另一个有关于表达个体事物的词的考虑,却只是一般性的关于语词的考虑,只是在考虑中借助了谓述方式做说明。这样,依据范畴理论,虽然获得了关于实体的一些说明和认识,但是关于个体事物的说明充其量只是停留在语言表达形式上,即它的表达只能作主词,不能作谓词,而关于它是什么,并没有给出说明,因而还没有获得说明它的方式,从而也就没有获得关于个体事物的认识。引文9直接将基质提出,并且将它作为实体的一种用法,这样就需要对它做出说明:它与个体事物相关,但是它与个体事物是什么却不相关。不仅如此,与是什么相关的范畴理论和说明似乎不再适用,比如属加种差,因为这只适合于说明种,不适合于说明个体,这样就还必须提供新的说明方式,形成新的理论说明。亚里士多德给出的答案是:形式和质料。

形式和质料是亚里士多德并列提出的一对概念,以此来说明基质,后来一直被哲学家采用,对事物做出说明。对照关于本质的讨论(比如第七卷第4—6章),关于基质的讨论(比如第七卷第7—9章)要复杂得多,它涉及事物的生成和生成方式,比如自然生成和制造产生,难以理解的地方也多,后来人们在解释亚里士多德的相关思想时争论的问题也多。简单举例说,眼前有一个圆形的东西,我们说,这是一个铜球。因此也可以称眼前这个东西为这个铜球。这个铜球由两部分组成,一部分是形式,即被称为球的那种形状,另一部分是质料,即构成这种形状的铜料。它是被制作出来的。制作者需要有两种东西,一种是制作使用的材料,即一块铜料,另一种是关于被称为球的那种形状的东西的认识。他依据这种认识将这块铜料最终制成了这个铜球。直观上,这个例子是容易理解的,但是实际上,亚里士多德围绕这个例子有许多说明,结果带来许多问题。比如他说，制作一个这东西就是从最完整意义的基质来制作一个这东西；这个铜球不是基质，这个铜球的制成是偶然的，因为也可能制成其他形式；我们从这个是铜的东西制作了这另一个是一个球的东西。又比如他说，形式不是产生出来的，而是制造出来的，如果形式是可以制造的，那么在制造形式的时候就会有另一个依据的形式，这样就会产生无穷倒退，等等。（参见1033a25－1033b20）这些论述无不涉及形式和质料的关系。直观上可以看出，关于质料的说明是清楚的，问题主要出在关于形式的论述方面。即便认为关于形式的说明是清楚的，依然可以看出，说明主要在形式方面，这至少说明，关于形式的说明是重要的。这里我们不是要考虑亚里士多德关于形式和质料的论述，因此不必在二者的关系问题上展开论述。我们要考虑的是与范畴理论相关的问题。由于形式这一概念与范畴理论相关，因此我们只考虑它。

首先，我想指出的是，"形式"这个词的希腊文是"eidos"，与前面所说的"种"（eidos）是同一个词。就是说，"eidos"这个词大致有两种用法，一种是与"属"（genos）这个词对照使用，另一种是与"质料"这个词对照使用。当然也可以说，人们对这个词是这样理解的。正因为这样理解，在前一种用法，"eidos"被翻译为"种"（species），表示下位概念，而"属"表示上位概念。而在后一种用法，即与质料对照使用中，"eidos"被翻译为"形式"（form），表示与质料完全不同的东西或方面。这样的理解和翻译不仅被人们接受，而且已经成为传统。这方面的研究和讨论很多，我们不必多说，但是有一点需要说明，这就是，无论是在种的意义上还是在形式的意义上，人们都认为"eidos"一词是与"是什么"的表述相关的。[①]

其次，亚里士多德说的"eidos"在翻译著作中成为两个词："种"

---

① 比如波斯托克论述亚里士多德关于形式和质料的区分时说："人们应该注意这里有两点离开了逻辑著作的标准术语。其一，'eidos'这个词（我总是把它翻译为'形式'）在逻辑著作中与'属'相对照，被标准地译为'种'。不仅如此，给出一事物的'eidos'，就是给出'它是什么？'这个问题的最可能的回答，而且很有可能，如果面对一个雕像，那么对'它是什么？'这个问题的最好回答将是'它是一个雕像'；这将不是对它的形状的一种描述。" Bostock, D., *Aristotle's Metaphysics*, Books Z and H, translated and with a commentary, Oxford: Oxford University Press, 1994, p. 72.

和"形式",似乎也已经约定俗成。因此,我们可以从众接受这两种不同的译法,也接受通常的观点:逻辑中的考虑与形而上学的考虑是有区别的。但是在我看来,这里需要考虑的是,即便如此,"形式"和"种"这两个概念,或者说"eidos"一词的这两种用法,有没有相似之处?如果有,那么就可以认为,它们的含义是一样的,或者至少有相通的意思。这样一来,"形式"这一概念就与范畴理论发生联系,因而也可以认为,范畴理论对形而上学中关于形式和质料的论述是有影响的。

前面关于实体的引文虽然不多,但是足以表明:其一,亚里士多德区别第一实体和第二实体,称个体的东西为第一实体,称种和属是第二实体;其二,亚里士多德关于种和属的论述还与定义相关,与认识相关;其三,种和属与谓述相关,是关于个体事物的说明;其四,对定义而言,种的说明比属的说明更明确。从这些说明可以看出,种是对个体事物的说明,是具有类的性质的说明,这大概是其最典型的特征。而这种特征与形式的特征是相似的。形式也是关于个体事物的说明,比如在亚里士多德关于这是一个铜球的说明中,与"球"相关的东西被称为形式,人们称相关的认识为关于形式的认识,人们通过制作使这种形式在眼前这块铜料中体现出来,人们说眼前这个东西是一个铜球。所以,在这个例子中,质料"铜"的说明是清楚的,借助与它的区分和对应,形式"球"的说明大体上也是清楚的。由此也就说明,种与形式的意思差不多,或者可以说,它们的意思是相通的。

为了更好地说明这一点,我们再多看一段亚里士多德在《范畴篇》中关于种和属的论述:

【引文10】在第二实体中,种比属更合适称为实体:它离第一实体更近,而属离第一实体更远。因为如果人们对第一实体问"这是什么?",那么说出种比说出属会更有启发性,且会更适合于该实体。(2b5-10)

这里明确谈到"是什么"(ti esti),谈到第一实体,因而显然这是关于个体的询问,所以这里所谈的种和属都是关于个体事物的说明。这里还谈到"说出",显然是指关于是什么的说明,这样,关于种和属的比较,尽管是比喻性的，但是依然可以明显说明，种是直接与个体事物相关的，而属不是，它可以与个体事物相关，但只是间接的，因为它是与种直接相关的。亚里士多德的相关和相似论述很多，比如"所有谓词中只有这些（种和属）传达关于第一实体的知识"（2b30）。这就说明，种是起谓述作用的，是对个体事物的表述，是关于个体事物的类的说明，是与个体事物直接相关的，因而是对个体事物的最直接的说明。

认识到这一点也就可以看出，亚里士多德关于种的论述与关于形式的论述是相似的，而且是相通的，区别仅仅在于没有关于质料的说明。严格地说，在我们的引文中没有关于质料的说明。其实可以看到，在同样的论述中，亚里士多德关于属的论述只是与种相区别的，也没有关于种差的论述。但是，这并不妨碍他在关于定义的论述中谈论种差，并提出属加种差的定义，从而形成关于种的说明。以此类推，他在关于个体事物的说明中，当然也可以提出种加个体差，从而形成关于个体事物的说明。至于叫什么，大概是次要的，比如叫形式和质料，一如关于个体事物的称谓可以叫第一实体，也可以叫这东西。

还是以铜球为例。人们对眼前的这个东西说，这是一个铜球。因而有了如上那些说明。如果愿意，比如人们也可以对它说，这是一个金属质圆形的东西。人们固然可以说，铜球是金属质圆形的东西，因而以上那些说法是不错的。但是比较一下"铜球"和"金属质圆形的东西"这两个表达，很明显前一个对眼前这个东西的说明更清楚。比如我们可以说"铜球是金属质圆形的东西"，却不能换位表述。借助亚里士多德的表达方式，"球"显然是对眼前这个东西的更直接的说明，而说"圆形的东西"虽然不错，却不是那样直接。以种和属而论，二者都可以说明个体，但种是比属更好的说明。而若是以定义即关于事物的说明和认识而论，则形式和质料显然是更好的，或者用亚里士多德的话说，更有启发性，即更有助于对眼前事物的说明。

四　形而上学的性质和特征

亚里士多德的形而上学是关于认识的学说。他提出要研究是本身，即研究认识本身。他在研究中集中考虑是，认为"是"一词有多种含义，因而进行区别，然后将研究确定在"是什么"上，并由此不仅提出实体问题，而且将关于是的考虑转换为关于实体的考虑，从而进入关于实体的研究。他在研究实体的过程中区别了实体的几种主要用法，从而集中研究其中的两种用法：本质和基质。假如可以勾画出他的研究思路，我认为是这样的：

是本身—是—是什么—实体—本质和基质。

亚里士多德的研究涉及的内容很多，前面的研究并没有涉及所有这些内容，仅以范畴理论为例进行了说明，而且我们只做了大体上的描述，并没有展开细节的论述。我们的目的是揭示范畴理论在亚里士多德形而上学中的作用。现在我们要做的则是借助范畴理论的使用和作用来认识亚里士多德形而上学。确切地说，我们要说明的是，范畴理论所显示的他的形而上学的主要性质和特征是什么。

假如不区别亚里士多德的两个范畴理论，而是把它们看作一体，则可以认为，所谓范畴理论讨论了十种范畴。它们分为两类，一类是"是什么"和实体，另一类则是质、量、关系等其他九种范畴。而前一类是最主要的，是讨论并形成理论的重点。第一类范畴涉及个体的东西、类的东西，后者又分为种和属。它们之间的关系如下。

在语言方面，种谓述个体，属谓述种。比如"苏格拉底是人""人是动物"。个体只能被谓述，不能谓述其他东西。种既可以谓述个体，也可以被属谓述。属既可以谓述种，也可以谓述个体，比如"苏格拉底是动物"。

在认识方面，个体的东西是基础性的，不仅对种和属而言是基础性的，对于其他所有范畴来说也是基础性的，因为个体的东西是有质、量等性质的，比如苏格拉底是白的。种是对个体的说明，属是种的说明。尽管属也可以谓述个体，但是在关于个体的说明中，种的说明比属的说明更加适合。所谓更加适合指的是：说明一事物，即说明它是什么。说明具有启示作用，帮助人们认识所说明的东西。在这种情况下，作为分类，种是个体最临近的，而属离个体较远。所以种可以起到更好的说明作用。说明是如此，认识也是这样。

在逻辑方面,种与属的关系是类与类的关系,个体与种的关系是个体与类的关系,二者具有根本性的区别。四谓词理论是逻辑理论,排除了关于个体词的考虑,因而阐述的是类理论。从这种理论出发,关于范畴的考虑集中在谓词上,因而集中在"是什么"上,从而形成定义理论,明确了属加种差的定义方法。依据定义理论来考虑认识,则可以看出,这是关于种的说明,也是认识种的方式:首先对种进行分类和归类,找到它的属,然后在其属中寻找它与其他并列的种的差异,即种差,由此建立关于种的说明。四谓词理论排除了个体词,是关于类的理论,但是并不排除它们也适用于个体词,一如亚里士多德说,凡是种所适合的,属也适合。这样,从四谓词出发关于是什么的考虑,可以看作关于第二实体的考虑,但是实际上依然是与第一实体相联系的。通过分析可以看出,这里有一个区别,即理论的建立和理论的应用,二者是不同的。

形而上学是关于认识本身的研究,而就认识而言,最重要的显然是"是什么",一如亚里士多德所说,我们只有知道一事物是什么,才会最充分地认识一事物。对事物进行分类和归类,无疑有助于关于事物的认识,但是这和充分认识一事物还是有距离的,因此需要更进一步的工作。

语言是表达认识的,是日常使用的,是经验的,可以为思考提供帮助。"是什么"是一种基本的表达方式,既是询问的方式,也是陈述的方式。因此可以将思考集中在它上面。"是什么"既可以是关于个体的表达,比如"苏格拉底是人",也可以是关于类的表达,比如"人是动物",还可以是关于其他范畴的表达,比如"红的"是一种性质,人们依然可以问,"红的是什么?"并且说:"红的是一种颜色。"这里的"颜色"所说的依然是"是什么",而它所关于的却不是个体事物。亚里士多德时代对此没有区分,只是认为个体的东西是其他一切东西的基础,因而似乎可以看作关于基于个体事物的东西的说明。从现代的观点看,即便像"红的"这样的表达式,也可以看作专名,比如英文的"the red",或者看作类名,即"红的东西"。不过亚里士多德时代没有这样的考虑,我们暂且不必讨论。特别需要考虑的是种和属这样的所谓第二实体。在语言层面上,它们是有区别的,种既可以作主词,被属谓述，又可以作谓词，谓述个体。属既可以谓述种，也可以谓述个体。而这样的谓述方式都是关于"是什么"的说明。因此从语言方面说，不仅要考虑种和属，而且要考虑个体，特别是要考虑种和属对个体的说明。

逻辑是与认识相关的，逻辑理论是在研究中获得的理论成果，因此在关于认识本身的研究中使用逻辑的理论方法，有助于关于认识本身的认识和说明。四谓词理论是与范畴相关的，与"是什么"这种表达认识的方式相关，因而可以借用和依靠。四谓词理论提供了关于类的说明，提供了关于属加种差的定义的说明。由于定义是关于本质的说明，与是什么直接相关，因此这方面的理论可以直接用来说明本质，即说明"实体"一词四种用法中的第一种。但是四谓词理论排除了个体词，因而排除了关于个体的考虑，这样就不适合于用来说明基质，即不适合用来说明关于个体事物的考虑，因此还需要其他考虑方式。

在我看来，在关于基质的说明中，四谓词理论即使不能直接使用，借鉴总是可以的，比如考虑它的构成方式，考虑它阐述问题的方式。从亚里士多德关于基质的讨论看，他很可能借鉴了四谓词理论的考虑方式。特别是，他在形成四谓词理论的过程中也有关于个体的讨论，但是为了逻辑理论的可靠性，他排除了个体词。然而，他明确认为他的四谓词理论也适用于个体，因为凡种所适合的，属也适合。所谓定义，即属加种差，是关于种的说明。这样的说明方式，即定义或属，在亚里士多德看来是不适合于个体的，这是因为其间隔着一个种。既然四谓词理论适用于个体，那么为什么不可以借鉴属加种差这种谓述方式来获得关于个体的说明呢？属加种差有两步，一是分类和归类，二是寻找差异。而种关于个体的说明本身无疑含有分类和归类，这样需要的就是寻找差异。正是在这一点上，我们看到了"质料"的引入和运用。它对种做补充说明，一如种差对属做补充说明。所以种（形式）加质料是关于个体的说明。这样的说明不依赖逻辑理论，因为没有逻辑理论可以依赖，但是从它的表达方式看，它与属加种差非常相似，因此可以认为，它借鉴了四谓词理论关于定义的认识。特别是，所谓"形式"与"种"还是同一个词（eidos）。因此，在他人看来，形式和质料与属加种差是完全不同的，但是在我看来，它们是非常接近的。而且我认为，或者说我倾向于认为，它们在亚里士多德眼中是非常接近的：有了关于属加种差的论述，由此过渡到关于种加质料的论述，是自然的，也是顺理成章的。相同的方式在于它们都与谓述相关，都与范畴表述相关，区别仅仅在于，一个属于第二实体内的说明，即类的说明，另一个是在第二实体和第一实体之间的说明，即关于第一实体，关于个体的说明。类比的方法很容易，说明似乎也可以推进。但是，困难恰恰在这里出现了：关于个体的说明是不容易的。

在我看来，通过属加种差获得关于种的说明，从而获得关于定义的说明，这无疑是成功的。借鉴这种方法，通过形式和质料来获得关于个体事物的说明，这无疑是有益的。至于说这里遇到困难，以此并没有获得关于个体事物的类似于定义的说明，其实也没有什么关系。因为这至少获得了一种探讨和说明个体的方式。从亚里士多德的论述可以看出，他至少获得了一些明确的说明，比如，质料不是实体，普遍的东西不是实体，属不是实体，而且一些论述非常明确，比如，形式指各事物的本质及其第一实体（1032b），实体可以有质料，也可以没有质料，没有质料的实体是本质（1032b10 – 15）；一些结论也非常明确，比如，个体事物是不能被定义的（1039b25 – 30），理念也是不能被定义的（1040a5 – 10）。所以，借助形式和质料来说明个体事物，说明这东西，至少是一个可行的途径。因为在这一说明中，无论如何，至少获得关于形式（种）的说明：它与个体的东西不同，与质料不同，与属不同；它是实体，似乎它可以起到定义的作用，起到关于个体事物的说明作用。似乎它至少可以说明一个个体事物是什么。从亚里士多德的说明可以看到，个体事物的差异性太大，分类和归类大概比较容易，对质料的说明似乎也是清楚的，可以结合形式和质料来做出说明，但是无法获得定义式的说明。所以亚里士多德提出了形式和质料这两个概念，提出了关于个体事物的一种讨论方式，但是他并没有给人们满意的答案，人们后来对他的相关论述也一直争论不休。

我认为，亚里士多德关于实体的讨论有一个明显的特征：他的讨论与语言相关，与逻辑相关，借助了关于语言和逻辑的考虑，因而形成一些非常明确的认识，最主要的就是对"是什么"的认识和说明。但是在他的论述中，尚缺乏对于语言和语言所表达的东西的明确区分，因而在讨论中发生一些混淆。这样的问题在关于定义的讨论中，问题尚且不大，因为毕竟可以借助业已形成的逻辑理论，种和属的关系又只限于类与类之间，这样可以使讨论大体上围绕着主谓结构。但是涉及个体的时候就比较麻烦，因为没有成熟的逻辑理论可以依赖，个体与类的关系又非常复杂，这样就很容易超出逻辑和语言的范围。实际上，这也是亚里士多德的做法。比如探讨个体事物的生成方式，个体事物的生成和毁灭等。这些讨论无疑借助经验认识，与经验相关，因而与所谓关于第一原理和第一原则的讨论形成了距离。尽管亚里士多德在讨论中也试图形成关于第一原理的论述，但是关于经验事物的讨论，最终还是落在关于经验事物的认识上：也许可以得到关于"是什么"的一些说明，却无法形成具有普遍性的说明。

在我看来，尽管亚里士多德关于个体事物的论述存在一些问题，但是他的论述，特别是他论述问题的思路，对后人具有极大的启发性。简单地说，这就是基于"S是P"这种句式来进行思考。以此为基础，既可以问"是本身"，也可以考虑"是P"，而所有这些实质上是关于认识本身的思考。这样的思考基于关于语言表达的认识，这样就需要考虑"S是P"和"a是P"这样两种情况。它们的谓述方式一样，区别在于主语不同。这样的思考还基于逻辑的认识，这样有助于说明关于"S是P"的情况，但是缺乏关于"a是P"的说明，因为亚里士多德的逻辑是关于类的说明，而不是关于个体的说明。这样的思考还借鉴了范畴理论，该理论关于"S是P"的说明与逻辑理论是一致的，但是在关于"a是P"的说明提供了新的思路，这就是关于第一实体的考虑，而在关于后者的讨论中形成了关于形式（种）的认识，大致相当于关于"a是S"（个体是形式或种）的认识。所以，亚里士多德的形而上学中关于是本身的考虑，关于是什么的考虑，实际上是关于"a是S"和"S是P"的考虑。"a是S"是关于个体事物是什么的表述，"S是P"是关于类事物是什么的表述，因而亚里士多德的讨论涵盖了关于个体事物的认识和关于类事物的认识的认识。

今天我们知道，个体和类是两类最基本的事物，也是我们在认识事物过程中通常所认识的最基本的两类事物，是我们在表达认识的过程中通常所表达的最基本的两类事物。我们也有方法区别关于它们的认识，关于它们的表达方式的认识。亚里士多德虽然没有我们今天的理论和方法，但是他对个体和类的区别也有明确的认识，并且提出了区别它们的方式和理论。他的范畴理论及其在形而上学中的应用表明，他正是以属加种差与形式（种）和质料这样两种不同的方式，在实体的意义上对这两类事物及其认识进行了讨论，从而获得他关于认识本身的认识的说明。可以看出，亚里士多德所考虑的东西是与认识相关的，是认识的方式，是先验的，他努力获得关于这些认识方式的认识，并通过相关说明而阐明自己关于认识本身的认识。尽管他的论述不是完善的，存在这样那样的问题，但是他不仅指出了一种研究的方向，而且他以自己的著作展现了一种先验研究的方式，并以这种探讨方式形成了形而上学最初的理论，这样就开辟了一个崭新的研究领域，并为后人的研究奠定了基础。在康德、黑格尔、胡塞尔等人的研究中，或者说在以他们为代表的西方哲学研究中，都可以看到亚里士多德范畴理论的延续和使用。所以，亚里士多德对形而上学的研究的贡献是奠基性的，是巨大的。

反思、直觉与想象

——胡塞尔先验现象学方法三论

韩水法

摘 要：胡塞尔先验现象学探索具有高度的方法论自觉，理解其方法是探明其意识研究不同通道的前提和保证。胡塞尔先验现象学的探索同时又不断地变换视域和方法，两者的叠加不仅造成了视域和方法之间的复杂关联及其多样性，即在不同的视域下，同样的方法导致不同的作用，而采用不同方法，同样的视域也会揭示不同的意识关联。要准确和清楚地认识和理解胡塞尔现象学的意识活动及其结构，首先就需要准确和清楚地把握和领会其方法和视域。在胡塞尔先验现象学的各种方法里，反思、直觉和想象属于一般的而基础的方法，亦是在视域和方法的这种互为前提下把握和领会其他方法的条件。

关键词：先验现象学 意识结构 反思 直觉 想象 视域

作者简介：韩水法，北京大学外国哲学研究所教授，北京大学哲学系教授，长江学者，博士生导师。主要研究领域包括康德哲学暨德国哲学、政治哲学、韦伯理论、当代中国思想；最近从事汉语哲学和人工智能的哲学意义等前沿问题研究。主持教育部人文社会科学重点研究基地重大项目"汉语哲学"等。

　　与笛卡尔和康德一样，胡塞尔具有高度的方法论自觉。当人们难以清楚地追踪胡塞尔的思路、梳理现象学的原理并勾勒其理论框架时就会说，胡塞尔现象学是一项工作，是一种持续进行的探索，这固然不错，但是，人们还需要补充说，从总体上来看，胡塞尔通过变换不同的方法来从事同样的探索，因为方法的变换，其在现象学同一领域的探索也就成了不同的工作，换言之，意识活动的不同结构、层面和性质也就因此

反思、直觉与想象 ◎

被揭示了出来。在这个意义上,胡塞尔现象学同时也是一种哲学方法的探索。除了主要方法的变换,在具体行文中,胡塞尔也经常改变切入的角度和考察的维度,用他的术语来说,主体或意识变换视线,以揭示出意识活动的各个不同的环节、形态和层面。这种反思和考察的角度和层次的变换,也正是现象学所谓视域的实际意义,其要点是,视域是一个可变动的区域,而这承载了两个方面的意思。首先,在同一个眄域,主体直觉意识具有不同环节和层次,因此实际的意识行为都是复合的;其次,主体的视线会从一个眄域转移到另一个眄域,而这意谓着视域的变换和转移。意识行为的这种特征使得胡塞尔现象学要具有相应的考察方法。诚然,我们也可以从另一个方面来考虑,正是现象学这样的方法才能够揭示出意识行为的这样一些特征。

一般而言,方法和视角的多变正是胡塞尔现象学难以把握的一个重要原因,而这种困难由于胡塞尔效仿几何学的想象以构想意识结构和行为而变得尤其严重。但是,这同时提醒人们,理解和掌握胡塞尔现象学的方法是理解和把握胡塞尔现象学的必不可少的途径和手段。至少从《纯粹现象学和现象学哲学的观念》第一卷[1]来说,胡塞尔现象学是方法胜于理论的学说,因此,方法的考究是这里关于胡塞尔意识理论研究的中心。倘若我们要清楚地阐述胡塞尔现象学意识理论的核心和基本原理,那么在逻辑上就要首先清楚地揭示和阐释其方法。鉴于胡塞尔现象学方法的多样和维度的众多,在对胡塞尔现象学方法的研究中,我将集中地考察和阐述其中最主要的那些方法,即反思、直觉、想象、还原和悬置。由于后面两项在胡塞尔现象学中的重要性,单独列出,需予以专门的讨论,在本文中只考察反思、直觉和想象。事实上,意向性也具有方法的特征,因此,在把它作为胡塞尔意识理论的主要部分而考察时,我们亦将特别注重其方法的特征。综合则是更为复杂的理论因素,它既是意识理论的主要部分,亦是意识行为本身的方法,或准确地说,是胡塞尔现象学下的意识行为两种主要方法中的一种,但它同时也是考察意识行为的方法。这些部分都需要另文专门研究,但作为重要的背景和关

---

[1] 此著德文原名为 *Ideen Zu Eeiner Reinen Phänomenologie Und Phänomenologischen Philosophie, Erstes Buch*,李幼蒸汉译本译名为《纯粹现象学通论》(商务印书馆 1996 年版);下文按惯例一律称作《观念一》。引文标注汉译本页码和德文本页码。

联项，这里也有先做说明的必要。

一　反思

反思是胡塞尔现象学的一般方法，也是所有意识研究必定采用的方法。现代脑科学、类脑研究甚至心理学等可以用意识之外的物理等手段研究意识，然而，这些手段并不能够完全取代反思，相反，它们本身还需要经过反思才能产生意义。在不同的意识理论中，亦如在不同的科学中，反思的功能、作用和意义固然有其一般的意义，但同时又各具特色，而这些特色取决于那些理论的立场、原则等核心因素，或取决于科学的范式。

在胡塞尔看来，反思首先就是方法，也是方法论功能。"在纯粹体验领域的最普遍本质特性中，我们将首先研究反思。这样做是因为它普遍的方法论功能：现象学的方法完全在反思行为内起作用。"[1] 其实，胡塞尔所谓方法论功能的意思还是方法，在一个词语后增加一个意思相同或相近的词语组成复合词语，或者在它前面添加一个意思相同或相近的形容词，这是《观念一》常见的做法——当然，德国学者也擅长此道，徒增理解的困难——因为胡塞尔通常也不会解释方法与方法功能这两个词语之间的差别何在。不过，据此，人们可以理解，现象学描述和探索也就是反思活动，现象学方法都是并且只是在反思的范围内发挥作用，在这个意义上也可以说是反思的方法，现象学也就是反思的学说。然而，现象学之所以称为现象学而不是反思学，不仅因为反思是个一般的、日常的词语，而且胡塞尔的反思只有在他的现象学语境中才具有特定的含义，它要通过诸如直观、还原和悬置等这样一些具体的内容和作用的规定，才成为一种哲学的反思。在这个意义上，现象学反思也就只有通过这些特定的方法才能被全面地理解和把握。这里对反思的讨论只是考察这个活动和概念的一般意义。

从字面上来理解，反思就是对思想的再思想，对意识的再意识，因此，它看起来就具有了比一般意识更为包罗和普遍的意义，当然也就意

---

[1] ［德］胡塞尔：《纯粹现象学通论》，李幼蒸译，商务印书馆1996年版，第186页；参照 Husserl, *Ideen Zu Eeiner Reinen Phänomenologie Und Phänomenologischen Philosophie*, *Erstes Buch*, Text der 1.-3. Auflage, Den Haag: Martinus Nijhoff, 1976, s. 162, 译文有改动。

谓更为高阶的思想。反思同时展现了思想的一个特征，这就是自我关涉，而这种自反使得思想或意识无法成为一个完全客观的考察对象，因为进行考察的思想始终介入被考察的思想。如我们所见，在康德那里，思想和意识是有分别的，意识被限制在感性提供的经验质料的范围之内，始终是关于对象的意识，而从事反思的理性并不一定提供有效的经验知识，而仅仅从事理性的批判，因此在对认识的意识的考察中，反思的介入便受到了限制。但是，在先验现象学中，没有这样的界限和区分。所以，胡塞尔说，反思能够分析和把握"包括其各种各样的事件（体验因素、所意向物）的体验流"①。

除此之外，反思既指称一般意识认识的方法，其本身又是一种意识。依据胡塞尔所定的宗旨，现象学是一种彻底的理论——而斯皮尔伯格肯定胡塞尔具有彻底自律的精神——因此，所有的意识行为都处在它的分析和研究之下，反思也不例外，《观念一》就列有"关于体验反思的现象学研究"一节。胡塞尔说，"正是按此方法，它本身也成为可能研究的对象：反思也是本质地连接在一起的诸种体验的名称，因此是现象学主要一章的主题。区分不同的'反思'，并在系统的秩序中完全地分析它们，乃是它的任务"②。这样，反思就成了自身的对象，这种情况当然比反思介入其所反思的意识考察更为复杂和难以分辨。当然，我们也可以予以简单化的处理，那么，胡塞尔在这里所要强调的就是，反思不仅是二阶的，而且是多阶的。

胡塞尔说，"每一个自我都在体验着它的体验，并且在此体验内包含着许多实项的和意向的东西"③。而这种体验着其自身体验的自我是

---

① ［德］胡塞尔：《纯粹现象学通论》，李幼蒸译，商务印书馆1996年版，第189页；参照 Husserl, *Ideen Zu Eeiner Reinen Phänomenologie Und Phänomenologischen Philosophie*, *Erstes Buch*, Text der 1. – 3. Auflage, Den Haag: Martinus Nijhoff, 1976, s.165, 译文有改动。

② ［德］胡塞尔：《纯粹现象学通论》，李幼蒸译，商务印书馆1996年版，第189页；参照 Husserl, *Ideen Zu Eeiner Reinen Phänomenologie Und Phänomenologischen Philosophie*, *Erstes Buch*, Text der 1. – 3. Auflage, Den Haag: Martinus Nijhoff, 1976, s.165, 译文有改动。

③ ［德］胡塞尔：《纯粹现象学通论》，李幼蒸译，商务印书馆1996年版，第186页；参照 Husserl, *Ideen Zu Eeiner Reinen Phänomenologie Und Phänomenologischen Philosophie*, *Erstes Buch*, Text der 1. – 3. Auflage, Den Haag: Martinus Nijhoff, 1976, s.162, 译文有改动。

◎ 哲学中国. 第一辑

以反思的方式活动的,因此,反思就是再体验,或者再体验就是反思:"反思就是再一次体验,并且作为反思,它能够成为新反思的基底,并且如此以至于无穷,具有原则上的普遍性。"① 对意识以及对一切内心活动的反思,是人的理性的独特能力和特征,从理论上来说,反思的层级可以不断提高。在一些意识研究中,指出高阶反思的可能性,以及反思的升阶,均不可避免;但在实际上,高阶反思不仅没有必要,也会受到许多的限制,从而不复可能,而只属于一种抽象的可能性。其中的限制的原理一时并不清楚,尚需人们探讨。但在《观念一》中,胡塞尔在实际的分析和阐述中常常勉强升高反思的层级,导致现象学视域的错乱,即将不同的反思对象混淆在了一起,从而造成高度抽象、思辨和模糊的困扰。这里我们可以看这种高阶反思的一个具体例子。

> 存在着知觉之素朴的再现化,素朴的蜕化。但是,也存在着第二、第三以及从本质上来说任何层次的再现化。"在"记忆"中"之记忆可以为我们提供例子。生存于记忆之中,我们以再现化的模式"落实"体验关联。我们相信这一点是依据:我们"在"记忆中反思(其本身乃是一种原初的反思活动的再现化的蜕化),然后我们发现体验关联被特征化为在以记忆的方式"被体验"。在如此特征化的体验下,我们能反思或不反思它们,现在,甚至记忆能够出现,被特征化为"曾被体验的记忆",而且目光能够穿过它而被指向第二层次的被记忆项。在第二次蜕化的体验关联中记忆能再次出现,因此理想地说,能至于无限。②

在这个相当典型的高阶反思例子中,知觉、记忆和反思被串联起来,反

---

① [德]胡塞尔:《纯粹现象学通论》,李幼蒸译,商务印书馆1996年版,第186—187页;参照 Husserl, *Ideen Zu Eeiner Reinen Phänomenologie Und Phänomenologischen Philosophie, Erstes Buch*, Text der 1. -3. Auflage, Den Haag: Martinus Nijhoff, 1976, s. 162, 译文有改动。

② [德]胡塞尔:《纯粹现象学通论》,李幼蒸译,商务印书馆1996年版,第254页;参照 Husserl, *Ideen Zu Eeiner Reinen Phänomenologie Und Phänomenologischen Philosophie, Erstes Buch*, Text der 1. -3. Auflage, Den Haag: Martinus Nijhoff, 1976, s. 235, 译文有改动。

反思、直觉与想象 ◎

思要依赖记忆才能够实施，但是多阶的重复记忆实际上已经混同于反思，反思是一种主动的思维，没有反思的激发，多阶的记忆是不可能发生的。在理论上，这种对记忆的高阶记忆是可能的，就如高阶的反思一样，而在实际的意识活动中，阶次是受到限制的，几阶之后的记忆就直接回复所要记忆的原初的知觉上去，反思的情况也是一样。在后面的文字中，我们还会讨论到胡塞尔时而做出的这种高阶反思及其不当之处，而在目前的阐释中，我们主要考察作为方法的反思的一般的意义。

反思的阶次其实是受到意识的现实性的约束的，只是在排除这种约束时，无限制的高阶反思才能凌空而起。这类约束中最为根本的一条就是广义的实践，其实质就是与外在经验世界的直接关联，而胡塞尔现象学正好切断了这种关联。德布尔在分析胡塞尔相关思想时区分了作为物的存在与作为体验的存在，他认为，两者之间有根本性的区别。[①] 作为物的存在就是我这里所说的外在的经验世界，而作为体验的存在就是胡塞尔的纯粹现象。德布尔引证胡塞尔的话说，"物的世界只是一个假定的实在，反之，我本身却享有一个绝对的实在。'与关于"偶然"世界的断定相对立的是关于我的纯粹自我和自我的生命的断定，后者是"必然的"和无可怀疑的。任何亲身（leibhaft）所予的物都有可能是不存在的，而没有哪种亲身给予的体验是不存在的。这就是限定着这种必然性和那种偶然性的本质法则。'"[②] 不过，如果根据胡塞尔的彻底的精神，那么，外在的经验世界即便被说成偶然，也是不准确的，实际上，在纯粹现象的领域，外在的物既然是不必要的，那么，就连偶然的存在也不需要——这显然是胡塞尔陷入唯我论并反复探讨主体际问题的一个缘由。而就这里所阐释的题目而言，它也就是反思随意地和无限地升阶的主要原因。

在进行了上述考察和研究之后，我们再来看一段胡塞尔有关功能的论述。他说，"功能观点是现象学的中心观点，那些从其辐射出来的诸研究几乎包括整个现象学的范围，而且最终一切现象学分析都以某种方

---

① 参见［荷］德布尔《胡塞尔思想的发展》，李河译，生活·读书·新知三联书店1995年版。
② ［荷］德布尔：《胡塞尔思想的发展》，李河译，生活·读书·新知三联书店1995年版，第332页。

· 117 ·

式为它服务,作为其组成部分或基层结构。代替那专注于单一体验的分析和比较、描述和分类,是在它们的使'综合统一性'可能的功能这个'目的论'观点之下对单一性的考察"①。关于功能本身,我们后面还将讨论,这里所要提示的一点是,综合胡塞尔各种不同的表述,反思实际上就是关于考究和探索意识各种功能的一个总称,由于思维和意识的自反特性,它将自己亦置于这些研究的对象的项目之中了。在这样的理解之下,我们对胡塞尔现象学中的反思就可以具体化了。

利科对胡塞尔现象学工作的艰难性很有同情的理解,他说,"对客体进行反思并非易事:必须征服某种'现象学的素朴性',如在《形式的与先验的逻辑》中所说的那样,这种素朴性在于,根据意向性观念的名义提出与意识本身异质的、种种不同的(逻辑的、伦理的等)本体论。先验态度习惯于使意向性与构成,而不只是与先天性相联系"②。由此,利科自然明白反思的方法意义:它囊括了现象学的各种具体方法,不过,他上述这段话让我们领会到了如下一点,即对现象学各种方法的综观和思考,是反思的作用。或许正是在这个意义上,胡塞尔也就要强调反思的高阶性质,以突出反思是对各种具体方法之反思这一特点。

我们看到,诸如芬克这样的解释者,对胡塞尔现象学有一种神化的倾向,比如说,对先验自我的反思是第三自我,后者是进行反思的旁观者,它注视其他两个自我的活动而不介入,因此成为"先验的理论上的旁观者",把对世界的信念看作世界的创始者。这一方面固然是胡塞尔所谓多阶反思的应用,但另一方面,它也把我思提高到某种上帝的地位。我思在反思意识活动时,是不可避免地要介入其中的,而这正是意识研究的另一个困境。但这并不足以将它视为创造者,因为存在着其他的坚实的明证性。

---

① [德]胡塞尔:《纯粹现象学通论》,李幼蒸译,商务印书馆1996年版,第218页;参照 Husserl, *Ideen Zu Eeiner Reinen Phänomenologie Und Phänomenologischen Philosophie, Erstes Buch*, Text der 1. −3. Auflage, Den Haag: Martinus Nijhoff, 1976, s. 197。

② [法]利科:《法译本译者注释》,载[德]胡塞尔《纯粹现象学通论》,李幼蒸译,商务印书馆1996年版,第537页。

二 直觉

直觉是胡塞尔现象学的标志性概念,几乎相当于批判哲学之于康德。只要一说起本质直觉,人们就会想起他的现象学。理解直觉在胡塞尔现象学中的功能和作用是理解其现象学的宗旨和根本目的的关键,相对而言,反思这种方法对它来说太过于一般,只有很淡薄的现象学色彩,而直觉可以说是其独特的方法。在胡塞尔现象学里,本质、直觉和明证性可以说是三位一体的,它们分别代表它的目的、方法和性质。然而,随着胡塞尔现象学的演变,直觉的功能和作用也不得不相应地发生变化,直觉方法虽然一如既往地保持自己的特征,但它要与综合等方法结合在一起才能发挥作用,这就是在先验现象学中的情况。

众所周知,"直觉"(Anschauung)这个词几乎在所有的胡塞尔现象学汉译本中都译为"直观",理由当然也很充分,这个德语词语的第一义项就是看,且以某种方式看,含有专注的意思,所以《德汉辞典》的第一项汉语释义通常就列出注视。胡塞尔在描述意识行为时,使用了许多表示视觉活动的词语,如视线等。这样的理解和用法来自他对本质的理解,亦来自他对几何学想象方法的理解。从理论上来说,如果真理是如实体那样存在的,犹如太阳,比如柏拉图式的理念,那么,人们获取真理的最为中肯的合适手段就要算观看和注视了,或者说,它就是比较切近的和形象的指事了。从这些方面来考虑,那么,这个词语译为直观也是有一定道理的。然而,意识形式、结构和行为在胡塞尔现象学之中远非一望而知的,实际上就如后面的文字所表明的那样,而是极其思辨和抽象的,并且盘根错节,而这种重叠交错的盘根错节是无法直接地观看的,这样的特征则表明了直观这一译法的不合适。在先验现象学时期,胡塞尔又引进了综合的观念,因此就更加远离了直接的观看。尽管胡塞尔采用了与若干德语直观词源相同、意思相近而表示观看的词语,如"erschauen"等,但是,这也不过是勉力为之,除了其他原因之外,人类关于意识的了解和认识太少,用来指称其行为和结构的词语也就相应地缺乏,采用表示观看的词语一方面是不得已而为之的借用,而另一方面,比喻确实也是人类思想表达的重要手段。不过,汉语正好有"直觉"一词可以用来移译"Anschauung",它要比"直观"更为中肯。从其词义的渊源来说,觉也有看和观的义项,而很早就已经演变为内在的感受、领会和把握了。因此,它也就兼有观和领会的意思,而这更切合"Anschauung"这个词语在先验现象学语境中的实际意义。即便从修辞上来说,理智的直觉要比理智的直观更为合理,而直觉与明证或明证性也相当契合。

从方法的渊源而论,在胡塞尔现象学,直觉最早来自几何学公理,这一点我们后面会论及,而从最近的影响来看,它来自康德的概念。这个词语在康德那里译为"直观"当然是很确切的,因为它只限于空间和时间的感知。这两者之间也有密切的关联,因为康德将直观的认识的性质规定为数学。但是,除了几何学,数学的原理基本上是需要证明的,而不是自明的。胡塞尔认为,本质能够通过直觉被把握,正是在这个意义上,本质就是自明的,因此直接的观看就是一种明证性的把握。

直接感知本质,或如胡塞尔所说,直接观看本质,这就是直觉的第一个作用,也是最基本的作用。它既是一种方法,同时也属于认识的能力。在胡塞尔现象学中,对直觉来说,并没有感性和知性的界限的区别和限制,换言之,它的功能和作用就是把握一般的和普遍的原理,而这也就是范畴直觉的本义所在。

我们先看看胡塞尔关于本质直觉的一段相当清楚的表述。"这艾多斯,这纯粹本质,可以在经验给与性中,在知觉、记忆等的给与性中直观地例证自身,但它也可在纯想象的给与项中例证自身。因此为了亲身地并原初地把握一个本质,我们可从相应的经验着的直觉出发,但也可从非经验着的、非把握着此在的而'仅仅是想象着的'直觉出发。"[①]对本质的直觉,可以在意识的各种行为形态中实现,这里的关键是本质直接地、明证地在直觉中呈现自身,而这本质或艾多斯也是现成即是的东西。

"每一种原初给与的直觉都是认识的合法源泉,在直觉中原初地

---

① [德] 胡塞尔:《纯粹现象学通论》,李幼蒸译,商务印书馆1996年版,第53页;参照 Husserl, *Ideen Zu Eeiner Reinen Phänomenologie Und Phänomenologischen Philosophie*, *Erstes Buch*, Text der 1. – 3. Auflage, Den Haag: Martinus Nijhoff, 1976, s. 16, 译文有改动。

（可说是在其亲身的现实中）向我们呈现的东西，要简单地如其所显现的，并且也只是在它在此所显现的限度之内被接受。我们确实看到，每一种认识只能从原初给与性中获取它的真理。"① 胡塞尔说，这段话所表达的是一切原则的原则。现成的真理在直觉中的当下呈现就是胡塞尔现象学的原初目的。

那么什么是真理或本质呢？胡塞尔说，"最初，'本质'一词表示那在一个个体的自身的存在中作为它的'什么'（Was）而呈现的东西。然而任何这种'什么'都可'纳入观念'之中。经验的或个别的直觉可被转化为本质看（观念化作用）——这种可能性本身不应被理解作经验的，而应被理解作本质的。于是，这个被觉察的东西就是相应的纯粹本质或艾多斯，无论它是最高范畴，还是最高范畴的特殊化，直至完全的具体物"②。我们要注意在这段话中，胡塞尔将本质直觉、本质看（Wesenschauung）和观念化（Ideation）三个概念等同了起来，抹平了本质看、直觉和观念化之间的区别，一方面固然是将看和直觉提升为理性的活动，另一方面也旨在使观念化容易理解，而两者的旨意是一样的，即具有一般性和普遍性特征的真理和本质是直接、当下并且自明地被把握的。就此而论，在认识论上，真理和本质依赖本质直觉，亦即依赖方法。

直觉的第二个作用就作为意识构成活动中的一个环节，把握构成行为中可确切把握和感知的因素。胡塞尔在考究直觉的范畴行为亦即作为直觉的范畴行为时已经觉察到这样一种作用的迹象。胡塞尔分析到，每个直觉的范畴行为都有（1）它的性质，（2）它的（意向的）质料，即它的把握的意义，（3）它的被表象项。③ 胡塞尔的分析，不仅揭示了后

---

① [德] 胡塞尔：《纯粹现象学通论》，李幼蒸译，商务印书馆1996年版，第84页；参照 Husserl, *Ideen Zu Einer Reinen Phänomenologie Und Phänomenologischen Philosophie*, *Erstes Buch*, Text der 1. – 3. Auflage, Den Haag: Martinus Nijhoff, 1976, s. 51, 译文有改动。

② [德] 胡塞尔：《纯粹现象学通论》，李幼蒸译，商务印书馆1996年版，第51页；参照 Husserl, *Ideen Zu Einer Reinen Phänomenologie Und Phänomenologischen Philosophie*, *Erstes Buch*, Text der 1. – 3. Auflage, Den Haag: Martinus Nijhoff, 1976, s. 48, 译文有改动。

③ 参见 [德] 胡塞尔《逻辑研究》（第二卷第二部分），商务印书馆2015年版；Husserl, *Logische Untersuchungen*, *Zweiter Band*, Springer Science + Business Media, LLC 1984。

来被区分为心术和心容的因素,而且还面临这个被他视为奠基的行为,亦即最基础的认识行为还可以进一步区分的困境——这样一来,它就不再是奠基的,反而是被奠基的。于是,在这一节的末尾,胡塞尔惊叹,我们遇到了严重的困难。[①] 这是因为直觉呈现了某种构成的功能,而这样的性质可能是胡塞尔当下一时无法理解的,却又被他发现了。

在《观念一》里,直觉的第一作用依然为胡塞尔所保持着,同时,它也被阐释为意识构成行为中的一个环节和因素,而这在一定程度上解释了胡塞尔上述困境的原因,也可避免直觉本身面临的困难。在《观念一》最后一节,胡塞尔就意识构成提出了一个内容相当丰富的阐释,虽然主要在论述综合的作用,却同时也阐释了直觉在这个复合行为中的作为。"那客观化的或高或低层次的、部分直觉的、部分非直觉的而整体混杂的行为奠定了这些运作的基础。在晦暗性或混杂性的情况下,人们能够着力去阐明综合的'构造项',并通过'综合的直觉'提出构造项的可能性和它的落实的问题;或者通过明显的和原初给与的综合行为,或借助间接的'推论'或'证明'的方式,提出构造项的'实在性'和可兑现性的问题。"[②] 在这段对《观念一》具有总结意味的文字中,我们看到,直觉降低为构成行为的一个组成部分、一个因素,它甚至与综合结合在了一起。真理显然不再是单单通过直觉而获得,而是通过构成才能获得的。

不过,直觉在这个构成中发挥了不可或缺的重要作用,它依然是把握意识行为和被意识的内容即意识项之清晰性的手段。胡塞尔说,"一切'逻辑的'行为(意指的行为),只要它们仍然在含混的模式中被实施,都要转换为原初的、自发的实时的模式,因此,这就造就完全的逻辑的明晰性。但是,现在在基础的底层上也应产生类似的东西,一切不活跃项转成活跃项,一切含混性转成明晰性,而一切非直觉性也转成直觉性。我们先是要在底层中实施这项工作——只要在其中明显生成的不兼容性不使得后面的工作成为多余——那前面所述的方法才起作用;为

[①] 参见[德]胡塞尔《逻辑研究》(第二卷第二部分),商务印书馆2015年版。

[②] [德]胡塞尔:《纯粹现象学通论》,李幼蒸译,商务印书馆1996年版,第368页;参照 Husserl, *Ideen Zu Eeiner Reinen Phänomenologie Und Phänomenologischen Philosophie, Erstes Buch*, Text der 1. – 3. Auflage, Den Haag: Martinus Nijhoff, 1976, 第357—358 页,译文有改动。

此就要考虑,直觉的概念、清晰的意识概念从单一预设的行为转变为综合的行为"①。尽管这个构成的许多关系,尤其是清晰的、含混的与直觉的、逻辑的和综合的之间的交叉关系并不完全清楚,但直觉成为构成的一个环节并且是清晰的、当下的和确定的环节②,则是无疑的。此外,胡塞尔将直觉与综合结合在一起,或者在他的构想中,它们是一起发挥作用的,那么,胡塞尔是否已经领会到,意识其实不是以单域的而是以多域的方式从事认知的。

直觉的第三个作用和意义是从本质直觉衍生而来的,由于意识的综合活动在《观念一》中成了核心,因此对综合活动的考察也就成了现象学描述和探索的主要任务。利科在阐释胡塞尔《观念一》关于分析和综合的考究时指出,"正如康德学说一样,科学不是建立在纯粹逻辑之上的,而是建立于先天综合之上的;再者,先天综合不是本质直观的构造而是其对象"③。直觉对先天综合的把握和认识,使得它的作用和地位近似于反思,具有自我的某种综观的功能。

除了以上所述的直觉的三种基本作用和意义之外,胡塞尔还区分了个别直觉和本质直觉。他对个别直觉的描述和规定为理解本质直觉提供了对照。胡塞尔说,"本质(艾多斯)是一种新式的对象。正如个别的或经验到的直觉的给与项是一个个别的对象,本质直觉的给与项是一种纯粹本质"④。于是,直觉之所以有分别是因为对象的不同。利科从一个更高的视角来看待这两种直觉的差异:"我思既容许有一种本质直观(例如这意谓着,我思的本质包含着不可怀疑的内在的知觉),又容许有一种个别的直观(我思事实上,在此时此地,是不可怀疑的);本质直

---

① [德]胡塞尔:《纯粹现象学通论》,李幼蒸译,商务印书馆1996年版,第306页;参照 Husserl, *Ideen Zu Eeiner Reinen Phänomenologie Und Phänomenologischen Philosophie*, *Erstes Buch*, Text der 1. – 3. Auflage, Den Haag: Martinus Nijhoff, 1976, s. 290。

② 参见[德]胡塞尔《胡塞尔选集》,倪梁康选编,上海三联书店1997年版。

③ [荷]舒曼:《法译本译者注释》,载胡塞尔《纯粹现象学通论》,李幼蒸译,商务印书馆1996年版,第502页。

④ [德]胡塞尔:《纯粹现象学通论》,李幼蒸译,商务印书馆1996年版,第52页;参照 Husserl, *Ideen Zu Eeiner Reinen Phänomenologie Und Phänomenologischen Philosophie*, *Erstes Buch*, Text der 1. – 3. Auflage, Den Haag: Martinus Nijhoff, 1976, s. 14,译文有改动。

观对所有人都同等真实，存在性直观只对我才是真实的。"① 本质直觉对所有人都同样是真实的，这正是现象学的真理所要求的。

在《观念一》中，有关个别直觉的论述很少，大多是在论及本质直觉时作为对照提出来的。不过，这些论述依然表达了胡塞尔的重要观念，即个别直觉与本质直觉互为奥援。"确实，本质直觉的特性在于如下一点，个体直觉的主要片断，即个体的显现、可见，以其为根据，虽然这个个体肯定未被把捉，也丝毫未被设定为现实性。确实的一点是，因此，如果没有那转向'相应的'个体的目光，那例证的意识的塑造之自由的可能性，本质直觉是不可能的——正如反过来，如果没有那观念化的实现，并在其中那朝向在个别所见项中例示着的相应的本质目光之自由的可能性，个体直觉也是不可能的；但这并未改变如下一点：两种直觉是本质上不同的；而且正像我们刚说过的那样，它们之间的本质关系显示在命题之中。"② 从这段话中，我们看到胡塞尔似乎陷于词穷的状况，个体直觉与本质直觉之间的本质区别这种说法显然有其逻辑的瑕疵。无论如何，个体直觉是个体存在的显现或呈现，它表明，直觉能够自由地反观相应的个体，并构成关于一个事例的意识，同时本质直觉也能够自由地完成观念化，能够自由地直视相应的，在个体的可见性中展现的本质。简单地说，依照前面胡塞尔自己所举的例子，直觉既可以直视一般的本质，比如二，亦可以直觉一加一这样的个体。不过，这里的关键是：个体直觉依赖本质直觉。

本质直觉和个体直觉之间的关系蕴含了现象学的一个根本契机，如不领会这个契机，就难以领会胡塞尔现象学描述中的一些基本思辨套路。个体直觉和本质直觉是本质上不同的，但是却彼此支持，两者为对方提供支持的方面并不相同。"不论个体直觉是什么种类，不论它是中肯的还是不中肯的，它都能转化为本质直觉，而且后者无论在相应的方

---

① [法]利科：《法译本译者注释》，载[德]胡塞尔《纯粹现象学通论》，李幼蒸译，商务印书馆1996年版，第518页。
② [德]胡塞尔：《纯粹现象学通论》，李幼蒸译，商务印书馆1996年版，第53页；参照 Husserl, *Ideen Zu Einer Reinen Phänomenologie Und Phänomenologischen Philosophie, Erstes Buch*, Text der 1. – 3. Auflage, Den Haag: Martinus Nijhoff, 1976, ss. 15 – 16, 译文有改动。

反思、直觉与想象 ◎

式上是中肯的还是不中肯的,都具有一种给与的行为的特征。"① 个体直觉可以是不中肯的,也就是说,它可以并没有把握具体的全部甚至本质,但这并不妨碍它转化为本质直觉;相应地,本质直觉的给与性是为个体直觉奠基,但它无须对应于任何具体直觉。于是,我们看到,本质直觉并不依赖个体直觉,但个体直觉又必须是可能的,这正是先验现象学的重要原则和契机。它的奥妙之处在于,本质始终为经验的、个体的认识奠基,却无须依赖后者,但也无法就此对个别的经验的事实有所断定。它们的主体则是同一个,即意识的主体或我思。掌握了这个契机,我们就能够领会胡塞尔如下的论断。

"与此本质地关联的是如下之点:本质的设定和首先是对它的直觉的把捉,丝毫不包含对任何个别的事实存在的设定,纯粹本质并不包含丝毫事实的断定,因此,单单从纯粹本质真理连最微小的事实真理也不能推论出来。正如每一个事实思维和论断都需要经验为其基础(就这类思维的有效性本质必然要求它而言),关于纯粹本质的思想——未经混合的、未把事实和本质联结在一起的思想——也要求本质直觉作为其基础的支架。"② 胡塞尔以几何学为例来解释这样的关系。"在纯粹几何学中,按照规则我们并不判断直线、角、三角形、圆锥曲线等的艾多斯,而判断一般直线、一般角,或直线本身、角本身,或一般的特殊三角形、一般圆锥曲线。这种全称判断具有一般本质的特性,即'纯粹的',或也被称作'严格的'、绝对'无条件的'一般性。"③ 这样的判断就是本质直觉,而它具有给与性,所以胡塞尔说,"本质把握和本质直觉是

---

① [德] 胡塞尔:《纯粹现象学通论》,李幼蒸译,商务印书馆1996年版,第51页;参照 Husserl, *Ideen Zu Eeiner Reinen Phänomenologie Und Phänomenologischen Philosophie*, *Erstes Buch*, Text der 1.–3. Auflage, Den Haag: Martinus Nijhoff, 1976, s. 14, 译文有改动。

② [德] 胡塞尔:《纯粹现象学通论》,李幼蒸译,商务印书馆1996年版,第54页;参照 Husserl, *Ideen Zu Eeiner Reinen Phänomenologie Und Phänomenologischen Philosophie*, *Erstes Buch*, Text der 1.–3. Auflage, Den Haag: Martinus Nijhoff, 1976, s. 17, 译文有改动。

③ [德] 胡塞尔:《纯粹现象学通论》,李幼蒸译,商务印书馆1996年版,第54—55页;参照 Husserl, *Ideen Zu Eeiner Reinen Phänomenologie Und Phänomenologischen Philosophie*, *Erstes Buch*, Text der 1.–3. Auflage, Den Haag: Martinus Nijhoff, 1976, ss. 48–49, 译文有改动。

一种多构造的行为,尤其本质直觉是一种原初给与的行为,并且因此它是感性知觉的类似物而非想象物的类似项"①。

到此为止,本质直觉和个体直觉的关系可以简要总结如下。个体直觉之所以可能,均依赖本质直觉,而本质直觉不包含对事实的断定,并不依赖关于例证的或个例的意识,亦即对事实的认识,它自身就是自足和充分地可能的。它虽然以对象的样式被认识,但是,它丝毫不是关于对象的认识或直觉,因为它与经验的事实无关。

三 想象

胡塞尔为现象学在方法上进行了许多的探讨和尝试,他对意识活动的各种描述和探索,一方面固然体现了寻求真理的努力,而另一方面却也可以说是他创设和运用各种方法的实验。他所采用和尝试的方法各有不同的来源,有些渊源相对清楚,有些则较为模糊,其中有一种方法是最为清楚的,这就是想象。胡塞尔相当明确地说,这个方法来自几何学。

从胡塞尔现象学的多种多样的描述和阐释方式,人们可以领会,从不同维度着眼,胡塞尔对方法有不同的见解。一般而言,这些方法在现象学中是多维度的,亦即立体的,无法并列在一起分类,因此从常识的和平面的视角来看并不那么契合,有些甚至彼此相冲突。如果要大致合理和准确地排定它们的位置,那么只能置入三维结构。现在的问题是,想象应排在一个什么样的位置?这显然是一个困难的任务,如何能够清楚阐明它与其他方法的关系,那么就会很有利于理解胡塞尔现象学方法的性质。在这里,我们先来分析和研究这个方法的源头、作用和意义。

"如果原发性(Originarität)的优势在方法上是十分重要的,那么我们现在就要考虑:在何处、怎样、并且在什么范围,这些优势是可以在不同类型的体验中实现的;这类体验的哪些就此而论特别地接近这些颇

---

① [德]胡塞尔:《纯粹现象学通论》,李幼蒸译,商务印书馆1996年版,第84页;参照 Husserl, *Ideen Zu Einer Reinen Phänomenologie Und Phänomenologischen Philosophie*, *Erstes Buch*, Text der 1. – 3. Auflage, Den Haag: Martinus Nijhoff, 1976, s. 50, 译文有改动。

为优先的感性知觉的领域,以及更多类似的问题。然而,我们能够对所有这些问题视而不见。在现象学中,就如在一切其他本质科学中一样,有这样一个理由,依据这个理由,再现,或更准确地说,自由想象获得了相对于知觉的优先地位,并且甚至在知觉本身的现象学中亦如此,后者当然排除了感觉材料。"① 原发性属于胡塞尔现象学原理的基本性质,亦是胡塞尔的一贯主张,真理的如其所是原本就带着原发性,在认识论上,原发性使得它不依赖其他的条件;相反,其他的认识活动则要以其为条件和基础。这就是胡塞尔所谓优势的意思,但他在这里所要强调的不是这一点,而是原发性带来的方法上的优势,也就是原发性的方法优势,这就是说,作为方法的想象也可以从原发性中推论出来。不过,令人稍微诧异的是,胡塞尔这里的思路不是走这条简短的路线,而是从几何学那里寻找根据,这就是他所说的那个理由。

胡塞尔认为,"在其研究性的思考中,几何学家主要是在想象中而非在知觉中运用图形或模型;并且'纯粹'几何学家,亦即放弃了代数方法的几何学家,更是如此。当然在想象中,他必须力争清楚的直觉,而图稿或模型则取代了这种直觉。但在现实的绘图和建模时,他是受约束的,而在想象中,在对虚拟图形的现实改变中,在持续地变形的可能的构造的历程中,也在产生不计其数的新图像中,他有无可比拟的自由;这是一种自由,它首先以其对本质知识的无穷的视域为他打开进入本质可能性的广阔领域的通道"②。仔细考究起来,胡塞尔最后一句话是一个空洞的同义反复,所谓空洞,就是指本质的无穷的视域和广阔领域对现象学来说还是模糊一片,而所谓同义反复则指如下一点:本质知识的无穷的视域本身就可以是本质可能的广阔领域,打开通道乃多此一举。这虽然主要是修辞上的瑕疵,但这词穷的状况却也透露了胡塞尔在

---

① [德]胡塞尔:《纯粹现象学通论》,李幼蒸译,商务印书馆1996年版,第172—173页;参照 Husserl, *Ideen Zu Eeiner Reinen Phänomenologie Und Phänomenologischen Philosophie*, *Erstes Buch*, Text der 1. – 3. Auflage, Den Haag: Martinus Nijhoff, 1976, ss. 146 - 147, 译文有改动。

② [德]胡塞尔:《纯粹现象学通论》,李幼蒸译,商务印书馆1996年版,第173页;参照 Husserl, *Ideen Zu Eeiner Reinen Phänomenologie Und Phänomenologischen Philosophie*, *Erstes Buch*, Text der 1. – 3. Auflage, Den Haag: Martinus Nijhoff, 1976, s. 147, 译文有改动。

◎ 哲学中国．第一辑

真理和本质为何和何在这类问题上的困境。回到想象上面，经典的几何学最为直截了当地向人们表明，思想的亦即想象的而非经验的事实正是几何学公理的本源所在，它是普遍的和一般的。几何学公理的真理性质不依赖经验的图稿或模型，相反，后者的真依赖前者。

想象就这样作为方法被运用于意识研究，而几何学自由构想就被用到了意识领域。胡塞尔认为，"现象学家处理被还原的体验和本质上属其的相关项，就最普遍的情形而言，事情对现象学家来说并无不同。现象学的本质形成也是无穷多的。他也只能有限制地使用原初给与性的手段。虽然，在原发的给与性中，一切主要类型的知觉和再现，即作为对想象、记忆等的现象学的感知的例证化，皆供他自由支配。在原属性的领域内，就最普遍的东西而言，他同样支配关于判断、假想、情感、意愿等的例子。但是显然，对一切可能的特殊的形态而言，他并不能支配这些例子，正如几何学家不可能支配无限多的图形和模型一样。无论如何，在这里，本质研究的自由也必然要求在想象中的操作"①。

从表面上来看，胡塞尔将几何学方法，主要是想象的自由构想用于现象学是相当合适的，如果胡塞尔寻求的真理或本质与几何学公理具有同样的性质，那么本质的无限视域的乐观前景自然也是可期待的。但是，在胡塞尔看来，其现象学的真理不仅与几何学公理相同，而且也与柏拉图理念一样，是包罗万象的，那么，即便承认柏拉图式的立场，胡塞尔也面临一个严峻的现代问题：不同类型的知识具有不同性质，不同类型的知识的真假需要以不同的方式来证明。因此，胡塞尔在这里的一个混淆就是，他的先验现象学所要寻求的真理和本质包含了许多与几何学异质的方法，因此单单几何学的方法无法用来处理这些异于几何学知识的其他知识，更何况这些知识还占有大多数的比例。

但是，胡塞尔无视了这样的区别，自由构想在先验现象学中适用于所有类型的知识。"如果我们以自由的想象营造任何的空间构造、曲调、社会过程等，或者如果我们虚构经历、满意或不满意、意愿等行为，那

---

① ［德］胡塞尔：《纯粹现象学通论》，李幼蒸译，商务印书馆1996年版，第173页；参照 Husserl, *Ideen Zu Eeiner Reinen Phänomenologie Und Phänomenologischen Philosophie, Erstes Buch*, Text der 1. – 3. Auflage, Den Haag: Martinus Nijhoff, 1976, ss. 147 – 148, 译文有改动。

· 128 ·

么我们在此基础上通过'观念化'能原初地,并且或许甚至中肯地觑见多种多样的纯粹本质:它或是一般的空间构造、曲调、社会过程等的本质,或是相关的特殊类型的构造、曲调等的本质。在这里,这些事物是否在实际的经验中被给与,是无关紧要的。如果自由的虚构,通过无论何种心理上的奇迹,会导致某种根本上是全新的,譬如感性的材料的幻象,而这种材料在任何经验中都没有出现过,也不会出现,那么,这对相应的本质的原初给与性也不会改变什么:尽管所幻想的材料绝不是实际的材料。"① 从这段话中看出,胡塞尔借用想象这个方法,甚至简单到有点幼稚,因为经历、满意或不满意在他看来都可以借此构想出来。一方面,我们不得不承认,胡塞尔坚持了他的现象学方法的普遍性,一切知识对象都被包罗无遗。社会行为、人的心理行为的本质亦都可以同样地构想而成,于是,从经验事实角度来看,社会科学和人文学科都归属胡塞尔的科学范围之内,而从先验现象角度来说,社会行为和心理行为如同数学、自然科学一样,都具有原发于纯粹意识之中的一般本质,而后者也就可以通过想象的构想而获得。

胡塞尔的第二个困境就是混淆了前面分析过的现象学描述和探索中的两股流派。胡塞尔一直以真理和本质为现象学的根本任务,而在实际上,他的工作主要集中在——譬如以《逻辑研究》和《观念一》为例——意识形式、结构和活动上面,因此,几何学的方法从其本意上来说就完全用错了方向,因为它原本要处理不证自明的公理,而不是处理这些论证之后还难以自明的意识问题。简而言之,意识及其他的各个方面绝不是通过想象的构想就可以把握的。

这里需要提及的一点是,除了作为方法,在胡塞尔现象学中就如在一般意识研究中那样,想象还是意识的一项基本功能和行为。在这个意义上,想象不是原发的,而是再现的,譬如,胡塞尔指出,"物知觉是在与一切记忆、想象再现等关系中的原发的体验。因此它们是原发的,正如具体的体验可能是一般的原发的那样。因为在精确思考下,它们在

---

① [德]胡塞尔:《纯粹现象学通论》,李幼蒸译,商务印书馆1996年版,第53—54页;参照 Husserl, *Ideen Zu Eeiner Reinen Phänomenologie Und Phänomenologischen Philosophie*, *Erstes Buch*, Text der 1. – 3. Auflage, Den Haag: Martinus Nijhoff, 1976, s.16, 译文有改动。

它们的具体化中只有一个,却始终持续流动着的、绝对原发的阶段,这就是活生生的现在之契机"①。原发的知觉是物知觉,这一点我们在后面还要讨论。因此,按照胡塞尔的分类,作为方法的想象应与反思一样是最为一般的我思,而作为意识行为的想象则属于二阶的——当然这要把胡塞尔那种想象的想象之类的无意义重复排除在外。

---

① [德] 胡塞尔:《纯粹现象学通论》,李幼蒸译,商务印书馆 1996 年版,第 191 页;参照 Husserl, *Ideen Zu Eeiner Reinen Phänomenologie Und Phänomenologischen Philosophie*, *Erstes Buch*, Text der 1. – 3. Auflage, Den Haag: Martinus Nijhoff, 1976, s. 167, 译文有改动。

哲学的剧场化

——读德勒兹的《差异与重复》

尚 杰

摘 要：传统形而上学认为重复是建立在同一性基础上的，而差异最终要返回到对立面的统一。德勒兹则认为，这种传统意义上的重复观，在德国古典哲学那里达到顶峰，但这种思辨的辩证法严重忽视了重复的真相。事实上，重复的基础是差异，有差异的重复不再可能返回同一性，这是突破传统观念论的结果，它返回生活世界中具体的时间与空间，具有思想的情景或者场景，哲学是剧场化了的。本文概述了在重复与差异问题上，德勒兹所代表的后现代哲学与德国古典哲学所代表的传统形而上学的对立。

关键词：差异 重复 辩证法 形而上学 哲学剧场

作者简介：尚杰，哲学博士，博士生导师，郑州大学哲学学院特聘教授，中国社会科学院哲学研究所研究员。主要研究方向：现代欧洲大陆哲学、法国哲学、现象学、后现代思潮；近年关注时间哲学、图像哲学、哲学治疗等话题。曾经主持国家社会科学基金项目三项，包括国家社会科学基金重点项目"时间哲学研究"。

我们时代的哲学精神，是发现和发明差异，而不是守着同一，这也是19世纪中后期开启的新启蒙精神与传统启蒙的不同之处。20世纪欧洲大陆哲学的方向，正是思考差异，承袭尼采与柏格森，从海德格尔到结构主义，到解构。德勒兹的《差异与重复》一书，在以下方面接续了海德格尔对一与多关系的思考：差异为多，差异与差异直接衔接，而不需要以存在者身份出现的概念，作为思考的中介。

差异，是我们时代精神的学理追溯，是在语言学、心理学、艺术、文学作品乃至电影戏剧等不同学科领域中，创新的发起点：重复已经是差异。"所有这些迹象都反对普遍化的黑格尔主义，差异与重复的话题占据了同一与否定，或同一性与矛盾的位置，因为差异不包含否定，而只有当差异不间断地臣服于同一性的时候，差异才会被否定与矛盾所取代。"①

在传统形而上学的世界，同一性是以不同的方式被构想的，这些方式，都是作为"母体"的理念之再现，重复的原型源自同一。澄清重复的再现之不可能，思维与存在同一性之不可能，旧的世界观便瓦解了。取而代之的，是不再返回过去的、不再模仿的思想能量，它不再解释世界，而是去发明新世界。

传统社会生活已经预设了可辨认性，预设了我们知道，这体现在公开场合人们的言行举止之中，预设了动机、性格的不变性和超稳定性，经常以刻板的从前印象看待他人，程序上的老一套，这就是传统生活。当代生活的特点，不可辨认性增强，人们不知道会发生什么。破碎的信息源和网络时代的速度，使得思想的统一成为事实上的不可能，而真相成了后真相——使人眼花缭乱的幻想。后真相使我们无法形成通识的真相，已经碎片化了的真相是微观意义上的，它们之间只能拼接，拼接的痕迹是无法抹平的。

一

德勒兹在《差异与重复》序言中写道："本书的研究，来自两个方向。1. 涉及无否定的差异，因为差异从来不曾导致对立与矛盾，不服从同一性。2. 涉及重复，物理的、机械的、裸露的重复、相同重复的根据，却在于某种更深层的重复结构。这结构隐藏、扮演、占据了'差异'的位置。以上两个研究方向自发地连接起来，由于纯粹的差异和复杂的重复在所有情况下都是合并融合的，它们对应永远的差异，偏离中

---

① Gilles Deleuze, *Différence et repetition*, PUF, 1968, p. 1。本章中此书的中译，我同时参考了中译本［法］吉尔－德勒兹：《差异与重复》，安靖、张子岳译，华东师范大学出版社2019年版。

心，是重复过程中的置换与伪装。"①

从同一性中解放出来，这是不曾有过的精神冒险，因为这相当于说，从此思想不再用"是"与"不是"的思维结构，而同一性已经预设了这种结构。它同时也是西方语言的能指与所指结构。语言中的差异，已经预设了对立，就像一片树叶的两面。从同一性中解放出来，之所以是西方哲学史上不曾有过的冒险，是因为这相当于将思想从语言中，从"能指—所指"的结构中解放出来。德勒兹认为这种解放坠入了歌德的《威廉-迈斯特的学习时代》的第六部"一个优美的灵魂的自述"。所谓优美的灵魂，就是躲避对立面的斗争，肯定生命就是差异的游戏，个体之间是互补互助的关系，显然，这违背了黑格尔的思想。

优美灵魂不想实现对立面的统一，不想实现对称，不想为了目的不惜一切代价。优美灵魂享受不能回答的问题，不是想隐瞒答案，而是从一开始，就不可能有标准答案，就像优美灵魂自身就已经是个谜。

透过严格的学术术语，德勒兹把哲学书写成一部推理的哲学小说。思想情节是由概念组成的，概念有边界，情节有过渡。整部哲学小说也是哲学的世界地图。不同颜色的概念划定概念的边界。不同概念的精神性格与行为方式不同，彼此之间部分交叉且交错，绝不完全重合等同。就这样，德勒兹提出"哲学剧场"的概念："一本哲学书，一方面应该是独特的推理小说。另一方面，又不乏科幻成分。我们所谓推理小说，即为了解决当下的局势，要使概念介入进来，使之在场，有自己的活动范围，随着问题的变化而变化。概念有实施的势力范围，我们会看到它们，它们通过某种'残酷'的途径，与'戏剧'相关。概念之间的关系应该是紧凑的，但这样的睦邻关系并不来自它们自身，它们从他者那里获得了这样的协调一致。"② 作为科幻的哲学小说，不是纯粹的任意虚构。虚构要懂科学，不能违背思想的逻辑。在这样的前提下，可以有外星人的思想，它相当于人类思想中的他者。

让我们再次返回从同一性中解放出来，这是不曾有过的精神冒险，这次重复有别一种力量，它消解传统哲学概念的边界。例如，如何消解经验论与唯理论的界限呢？那就是当我们给"经验"一词以新的方向。

---

① Gilles Deleuze, *Différence et repetition*, PUF, 1968, p.2.
② Gilles Deleuze, *Différence et repetition*, PUF, 1968, p.3.

于是，经验不再是已有的印象，经验的意向是空的，它得去经历不曾经历的人和事情，并且为此创造一个或者一批新概念。这样的经验相当于制造了一次思想事件，它发生在此时此地（ici-maintenant）并且与彼时彼地建立起直接关联，越过了中介机构，这轻盈的思想舞蹈因出人意料而显得很有力量。

既是经验的又是概念的情形，也是上述"哲学剧场"的另一种说法。要以差异的方式分配不同的此时此地，它们一会就成为彼时彼地了。从此，线性的时间有了差异空间的不同厚度，彼与此的交换不再同一，不再对等。由于涉及纯粹他者，哲学不再是隐形的人类学，思想超越了人的界限。与他者的思想接触，好像是第六感官的接触，进入另一种时间与空间。于是，去思想，就是去思考陌生，这对应海德格尔所谓"思想还没有开始"。

把哲学思想与科幻、小说、戏剧联系起来，德勒兹是否在暗示我们，在他这本哲学书中，如何写的问题，本身就已经是思想，而不仅只是文体形式。其次，既然不再书写已经知道的东西，创新思想也是一种思想的"虚构—冒险"活动，书写某些读者甚至作者本人都还不知道的经验，书写从前不可能有的思想。"新的哲学时代来临了，就是说我们已经不可能再像从前那样写哲学书了。在抨击'老掉牙的那一套'时，尼采已经在开创和探索表达哲学的新途径。现如今，我们应该在与其他艺术形式（例如戏剧或电影）的变革的关联中，继续进行哲学探索。就此而言，我们现在就提问这样的问题：哲学史可以扮演某种思想图画的拼贴作用，哲学史就是哲学的再生产，从事哲学史评述相当于重现思想。这种复原包含了变形（在哲学层面上可以想象留着大胡子的黑格尔、剃掉了胡子的马克思，就像被填上了胡须的蒙娜丽莎）。"[1]

以上暗含多层意思。例如，不说概念在界定什么，而是在扮演什么。但与其说扮演什么，不如说在扮演谁（在本书中，德勒兹还谈到克尔凯郭尔与《圣经》故事中的亚伯拉罕的关系，尼采与查拉图斯特拉的关系）。既然在扮演，就得有亮相的场所。于是，思想就以如此这般或者那般的途径登场，可以用这样的思路，去读哲学史。哲学史就是不同

---

[1] Gilles Deleuze, *Différence et repetition*, PUF, 1968, p. 4.

哲学的剧场化 ◎

思想图像之间的拼接。拼接就像思想灵光一闪，从 a 联想到 x。x 是不确定的，我们还不知道却可以发明出来，"就像被填上了胡须的蒙娜丽莎"。所谓拼接，当然连接差异，而且是直接连接，不再借助概念作为中介，不再将概念套在经验杂多上面，摆脱康德主义。

于是，像德里达一样，德勒兹也试图消解哲学语言与文学艺术语言的界限、真理的语言与虚构的语言的界限。"我们应当将现在和以往的哲学书，当成想象和虚构的作品来评价。"① 但哲学家的虚构与艺术家不同，其中微妙的差异使这两种身份不能互换。康德的哲学书也在虚构，但他绝对成不了歌德，反之亦然。但在德勒兹这里，哲学与艺术不可互相置换，并不重要，重要的是指出哲学在何种意义上是虚构的，例如，虽然哲学离不开语言学，然而哲学问题又不可归结为语言学问题，因为如果这样的话，哲学就只有一个方向了，它是平面的、线性的。哲学不仅涉及语言与逻辑，还有心理层面的欲望和感受，离不开想象和梦境，涉及"好像"的话题，这同时也是戏剧、电影、小说的根本话题。哲学思想不得不拓宽自己的边界，超越语言和逻辑的界限，探讨"好像"和"隐喻"，这就是德勒兹所谓哲学书也在虚构——要从哲学之外的领域获得启发。蒙娜丽莎不再是蒙娜丽莎，她可以变性和变形。反之亦然，波德莱尔、阿波利奈尔、普鲁斯特、乔伊斯、博尔赫斯……诗人、小说家、画家、电影导演、科学家等，都启发了后现代哲学。哲学家从中所理解的，不是具体的专业技术，而是别的东西。

理解德勒兹的《差异与重复》，先要从对"重复"的批评入手，显露差异的绝对性，这是重点。正如德勒兹所说："重复不是指一般性（généralité），重复以很多方式与一般性区别开来……只有与不可置换的东西相联系时，重复才是必要的、有根基的。重复是这样的行为，它具有不可交换、不可代替的奇异性：倒影、回声、重影、心灵，它们都不可能是对称的或类似的……如果交换是一般性的标准，那么盗窃和馈赠就是重复的标志。"② 用马克思的政治经济学术语，不等价交换，制造了剩余价值。重复过程中不仅制造了剩余价值，而且含有剩余价值，这就是物质与精神生活中的真实。

---

① Gilles Deleuze, *Différence et repetition*, PUF, 1968, p. 4.
② Gilles Deleuze, *Différence et repetition*, PUF, 1968, p. 7.

这相当于德勒兹式的为形而上学重新奠基，他曾说过自己就是一个纯粹的形而上学家。当然，重新不是重复，"重复"一词掩盖了重新。康德在《纯粹理性批判》导言中也谈到给形而上学重新奠基，康德也没有重复形而上学。在"重新"问题上，德勒兹与康德的差异是透过表面上的相似得以体现的。德勒兹要连接不可置换的因素，以实现某种奇异性，而康德"先天综合判断"中的综合，也是连接两种具有不同性质的思维要素，但仅此而已，康德重点在于界定概念的边界，而德勒兹却将概念视为别的东西，概念有情境画面，由谁的实现行为组成，又拼贴到别的思想画面，如此等等。

对于尼采的"永恒轮回"，也就是对重复，既可以做传统的理解，也可以做德勒兹式的激进理解。传统理解将重复视为质量和数量上的一般性、等价交换、相互理解的可交流性和透明性。这种用等号表示的置换过程中，交换的双方既没有增加也没有损失什么，它相当于传统逻辑。但这种对等的一般性，只发生在理想状态，只要染上人世间的烟火气，它就会失效。这烟火气，德勒兹称之为行为，重复就是行为。"重复是这样的举止行为，它连接到唯一且独特的某件事物，它没有相似物或对等物。"[1] 一般性，相当于可说的语言、可交流、可理解性。而德勒兹这里说到的"独特"或"奇异"，就是维特根斯坦声称应该保持沉默的东西，但是现在，德勒兹的古怪就在于，他没有保持沉默，而且用一种新奇的哲学"语言"显露这些抗拒语言表达的内容，这种哲学思想的表达本身就已经处于悖谬之中。但这悖谬有人间烟火气，并不在天上。与其说是用悖谬的眼光看待生活，不如说生活本身就以悖谬的方式出场亮相，而一切苦恼或者想不通，都在于我们习惯于用某种计算性的等式对待悖谬出场的生活。通常人们只是单纯享受过节日的快乐，而后现代哲学家德勒兹却想到"节日"已经意味着重复，不重复就不是节日，但节日隐藏着深邃与奇异的东西，"节日显然是悖谬的，它重复'不能重演的事情'"[2]。那么，重复的内容就是差异。重复是作为不得不有的老旧形式，它已经无法约束旧形式中发生的新内容。极而广之，这就是语言表达与真实所感之间的距离。不要说什么我们只能用语言表

---

[1] Gilles Deleuze, *Différence et repetition*, PUF, 1968, p. 7.

[2] Gilles Deleuze, Différence et repetition, PUF, 1968, p. 8.

达，因为除了语言，还有唱歌跳舞等肢体语言，它们同样传达意义。换句话说，在语言沉默的地方，意义并没有随之沉默，它们借助其他媒介显露出来。重复不能重演的事情，借助了语言的他者、超越语言界限的物质元素。在语言范围内不可能的事情，在其他媒介中却是可能的，这就拓宽了思想和理解的可能性之边界。隐晦的表达是：实现不可能的可能性，而这样的表达是悖谬的，它对应德勒兹所谓"思想的 n 次幂"，它揭露出重复的真相。

比如，如此这般的思考，既深刻又有趣：攻占巴士底狱的行为预先庆祝了之后所有的法国国庆节，而莫奈画出的第一幅睡莲重复了后来所画的所有睡莲——这就将时间或因果的顺序消解了。后发生的历史事件在物理时间上先于先前发生的事件，这肯定说不通。但我们知道，历史事件绝非只发生一次，因为它真正地发生只在于我们又一次提到它和想到它，否则其意义将永远消失。我写道："去年元旦，我在沈阳"，但我是在今年元旦于北京写这句话的，这句话的意义是从现在开始的，过去模仿了现在，过去已经被我修改过了。

作为哲学家，德勒兹的古怪在于反抗思想只能用语言来实现的传统。不借助语言又得使用语言，这已经是悖谬，但就像"圆方"这种无指称却有意义的表达式一样，我们也能在直觉之中理解德勒兹的意愿，他似乎想让思想也成为艺术品，而艺术品让无概念的奇异性登场亮相，它不需要解释，而只是靠感官或感受的冲击力改变生活世界的形状。但是，就像古典哲学家早就警惕抒情艺术对于严肃的哲学真理的冲击，在理性与情绪之间，断然不可混淆，德勒兹肯定不会将形而上学混同于任性的情绪与情感，那么，他如何避免将哲学思想与抒情诗混为一谈呢？这个问题，只有读懂他的《差异与重复》之后，才可以回答。

发生在人身上的任何机械重复，都会使人产生本能的厌倦[1]，除非走神溜号，从重复中体验出差异，将重复看成与其自身有别的别的事情，但是，这种走岔路的思想发明，为古典哲学所不容，因为传统上的

---

[1] 德勒兹在这里引用了毕希纳的一段话，大意如下：烦死人了，总是晚上上床睡觉，早上爬起来洗漱。走路总是先迈出一只脚，再迈出另一只脚，永远如此。在我们之前，已经有无数的人这样做过。在我们之后，还有数不清的人还将继续这样做，这真的很令人绝望。参见 Gilles Deleuze, *Différence et repetition*, PUF, 1968。

重复，被看成一种美德，它在成为义务时，就变成了法律，而当人们相信它是值得做的，就会相信这枯燥的身心举止不再乏味，康德甚至将它当成一种终生都不得违背的美德，这种道德考验也体现在他每日按照固定的钟点和固定的线路散步。换句话说，原本枯燥重复的事情，做多了也会产生依赖感，也会上瘾。生命中的这种异化现象，就是说人们会爱上原本压迫自己的事情。而想要脱离已经成为习惯的道德的约束，获得思想的自由，却是极其困难的，因为这自由破坏了程序秩序，人们得自主选择，去创造某种自己还不知道后果的乐趣，并且得承担不确定的责任，这令人焦虑不安，故而人们宁可逃避这种困难的自由，而固守原有的习惯，即使自己知道这些习惯是枯燥乏味的，但只要想到其他人也是这样终其一生的，就会获得某种毫无道理的宽慰，这是人的自卑、懦弱、不自信的表现。

二

以上，当我们从重复过程中显露差异，差异不再可能返回刻板的重复，就使得对于差异的理解，变得难以理解了，因为一切传统意义上的理解，都要借助某个概念作为中介，但此情此景中概念无法进入差异，或者说差异不再是一个清晰透明的概念，就像以上我们看到自由或者自由选择是困难的，它使我们焦虑不安，或者说遵守道德会使我们爱上压迫自己的东西，这些复杂性也都是悖谬，它们的不透明性，是传统哲学概念难以理解的。

事实上，人们在生活中总是被具体情境打动，而忘记了机械重复活动本身，人们走路时总想着别的事情，而不会在每次走路时想到自己是先迈出一只脚，然后迈出另一只脚这码事。当然，人每次走路时所想的别的事都是不一样的，这种差异才是生活与生命的真相，这是事实上的不一样，而且我们还要具有自主地创造不一样的能力。

人们不幸，在于满足于一般性而忘记了自身的差异性，忘记自己的奇异性在于只像自己，而当人们活着是为了活出别人眼里的自己的时候，人们就只是活出了某种一般性，也就是模式，而模式是已有的，它没有任何新意。奥古斯丁曾经在《忏悔录》中，谈到他的"偷梨快

哲学的剧场化 ◎

乐"。这快乐是由于犯规而产生的,它相当于例外或者意外,就像他自己所忏悔的:快乐是由于偷的行为本身带来的,而并不在于果真吃到了偷来的梨子。在这种快乐之中,具有某种莫名的原始冲动,其中的"道德"恰恰在于它违反了道德。

重复中的差异、生活中的意外,还表现在看似不相似的思想其实相似,例如尼采与克尔凯郭尔的贡献,都与关于重复的话题有关:他俩都认为重复不是一般性,而是奇特性,就像在现代哲学史上两人的思想奇特相遇,例如两人有相似的写作风格。德勒兹从四个方面阐述克尔凯郭尔与尼采的相遇。(1) 重复的只是形式,内容总是新的,人生活在危险中,除了来自外部或他人与自己关系中的危险,主要的危险在于向自己挑战,活着就得去做选择,选择考验你的自由意志之质量,解脱心灵的束缚之能力,这不仅仅停留在冥想,更是行为的智慧与勇气。重复既是痛苦,又是幸福。重复是痛苦,因为重复是一种束缚;重复是幸福,因为它又给了你一次机会,它具有不同于痛苦的可能性。既不是悲剧与不是喜剧,而宁可说人生如戏。与其说这个"戏"是戏剧,不如说是一场正剧。正剧只上演生活中的事实,而不去做非此即彼的道德判断。(2) 重复不是指自然规律,不是四季轮回,也不是人世间的各种交换或相等。谈论重复,会使人误解,因为其实谈的是差异。但差异的意思,远非字面上这么波澜不惊,因为包括对自然规律和社会秩序的"抗拒"。这抗拒有点像蚂蚁想撼动大树,或者有如帕斯卡尔说的宇宙中一棵脆弱的苇草,虽然一阵大风就能被吹倒,但是大风过后还挺胸昂头,这种不服的精神,就是个人的尊严,但不是人类的尊严。不要以人类的全体说话——在这一点上,克尔凯郭尔与尼采达成一致。规律和秩序是一台机器,但人不是机器,在这种态度下,人这棵脆弱的小草就比整个宇宙更有力量,这力量恰恰由于它是多余的、无用的、不自量力的,这正是被尼采称为"强力意志"的力量,它是众人中一个例外的人、一个有差异的人。当你自主意识到自己的差异并且坚持不看任何人的脸色行事的时候,你是一个有力量的人,因为你的举止言行都不受一般性的约束。活出一般性的人,是一个可怜人,你不可怜。(3) 他俩的所谓"重复",都批判传统的道德法则。传统的善与恶的概念,不能约束克尔凯郭尔的悖谬与尼采的"善与恶的彼岸"。这就使得重复具有了某种奇遇性。用

· 139 ·

我的话说，就是亲自性，某种不可置换的私密的自由。他俩都倒向某种悖谬的思想、无以言表的神秘性。但这神秘不是寂静的，而是喧嚣的。作为哲学家，他俩处于边缘，就像两人都注意不起眼的、边边角角的思想，就像萤火虫一样孤寂地发光。他俩批评德国古典哲学，说到底，是批评一般性，并且在批评过程中凸显差异性。克尔凯郭尔借助《圣经》中亚伯拉罕把儿子献祭给上帝的故事，表达这样的悖谬思想。用德勒兹的话说：亚伯拉罕以幽默的方式服从上帝的旨意，却在这种服从中发现了自己的独生子的奇异性。就是说，命运出现了转机。这等于宣告无所谓天上事先写好了的命运或者必然性，由于上帝临时改变了主意，这说明上帝很有人情味并且因此而距离我们很近。我们都活在某种形式或者程序之中，但形式从来都是从内部被颠覆、被突破的，以至于形式本身什么都不是，但我们需要这什么都不是的形式，为的是贴在它上面做自己想做的事情——这又是悖谬，它的复杂性在于人生不得已有两副面孔，在无望的挣扎中享有自身的奇特性。（4）反抗记忆中的某种强迫症，它反复到来，毫无新意，这时需要一个不一样的"我"去创造以往记忆中不曾有过的经历，打破以往的处事习惯，"我"除了不是一般性，可以是任意差异。以往不是现在的精神负担，只有当下——这又是悖谬的。我是说，"当下在重复"的现象本身，就已经是悖谬。所谓悖谬，就是原本属于不同层次的意识元素混杂在一起，由于没有得到澄清而导致的不理解现象。例如，意识的真相，就是无意识，人没有意识到自己在想心事的时候，其实正在想心事，而意识到自己在想心事的时候，人已经不想心事了，人在想"自己正在想心事"。也就是说，意识是其自身所不是的东西。这是意识的分层，但是，不可以将这些分层固化为某种结构，因为思想总在不同意识层次上蹿下跳。我们永远都猜不透一个面对面的好友此刻究竟在想什么，而我们也猜不到自己下面会想到什么，这种情形不但不会使我们沮丧，反而令我们兴趣盎然：我们不要知道，我们独享自己创造出来的知道。意识的分层，就是德勒兹提到的"思想的n次幂"，当分属不同层次的思想元素以跳跃的方式衔接起来，我们会联想到尼采的强力意志。

德勒兹认为，克尔凯郭尔最重要的著作是《重复》，至于尼采，则是《查拉图斯特拉如是说》。尼采的酒神不同于克尔凯郭尔的上帝，但这没有关系。不管他俩怎么想，我们从酒神中联想到上帝，这是他俩给予我们的启发：想超越别人的人，自己也行将被超越。当我们不再使用范畴作为中介，当不可逾越的差异被直接连接起来的时候，就诞生了新的可能性——从此以后，思想要回归我们的神经系统，尽可能不用概念阐述，而要说恐惧与战栗、绝望与厌倦、孤独与平庸、魔鬼与超人，要不怎么说是小说笔法呢？但这不是真正的小说，而只是给予哲学某种新的表达方式。这些神经系统的运动才是真正的运动，就像我自己的时间才是唯一真实的时间，因为它就是我的亲自性、亲自出场的时间。而逻辑的运动，既然只停留在一般性，就是虚假的运动。"人们愿意讨论他俩的主题，即超越哲学。他俩全部著作的疑难，就是运动。他俩责备黑格尔停滞于虚假的运动、抽象的逻辑运动。也就是说，运动要借助中介。他俩要使形而上学处于一种积极的运动之中，使运动变成直接的行为。"① 当然，不仅克尔凯郭尔与尼采，费尔巴哈、马克思、柏格森都批评逻辑的运动是不真实的，德勒兹继承了这种求真精神，他想走得更远。

运动不是表象、不是再现、不需要通过概念的中介，而要直接的、现实的运动。但如果这不是指无产阶级的社会实践，而是在文字作品中呈现出来，它须是一种崭新的文体，其中概念不是解释的工具，而融化为某种情境，要直接撞击心灵，因此要描写恐惧与战栗、绝望与厌倦、孤独与平庸——但这不是小说，而是重复与差异的情景化。亮相的不是思维，而是魂灵。按照德勒兹的理解，从此哲学家不仅可以代替小说家，还可以充当思想戏剧的导演同时又是出场的演员，因为是自己在亲自写、亲自想。如果文字不充当给事物命名的符号，文字就相当于物。文字撞击到内心深处，就具有物的力量、吸引力，那使我们上瘾的精神麻醉品，此刻思想状态与艺术状态混杂起来，它渴望噪声和手舞足蹈。这思想与艺术的先锋完全是大城市的产物，与海德格尔的乡间木屋截然不同。思想发出噪声的时刻，智力的因素退居二线，它们是克尔凯郭尔和尼采开启的全新的思想，我们今天称它为后现代哲学。

传统哲学中的智力因素，在后现代哲学中丧失了统治力。现在需要

---

① Gilles Deleuze, *Différence et repetition*, PUF, 1968, p.16.

这样一种新智力：它不来自学习或者知识，以往的习惯记忆力不再起作用，因为现在需要的，是这样的发明能力，它以自由联想的方式，建立起新型因果关联。例如，德勒兹认为克尔凯郭尔的笔法，不仅会使人联想起创作电影剧本的方法，而且还有节奏与旋律，会联想到莫扎特的音乐，再联想到字句之间的跳跃相当于文字在舞蹈，从而作为作品的文章变得有厚度了，使读者怦然心动的不仅是字句的意思，还有语音、长短句、语气的轻与重、意象的突兀与消失，直觉、听觉、视觉甚至触觉相互唤醒，恍然具有立体感，文字不再仅仅是一个信息载体，文字成为能动的物，它刺激我们的内外感官。

在尼采那里，更是如此："《查拉图斯特拉如是说》只能在哲学中获得理解，但又完全是在剧场化的哲学中。在此书中，满是声音、目光、行进中的舞蹈、运动。"① 正是如此，尼采在书中以舞台笔法描写一个杂技演员走钢丝，要大呼小叫、要冒险。虽然都是人脸，但只有人类才能分辨出成千上万张脸庞的细微差异，各个不同。戏剧不要扮演、不要面具、不要中介、不要逻辑的虚假运动。戏剧要真实的运动，这使我们想到20世纪的先锋戏剧、阿尔托的残酷戏剧和贝克特的《等待戈多》：寂静无声、台词少、喋喋不休地说废话，这三种情形，在现实生活中都是真实的。现在需要先于语言的"原始语言"，一般性的语言已经难以传达哲学的意义。现在需要戏剧，而真实的生活是最好的戏剧——人生如戏——几乎原封不动地把现实生活中使人难以忍受的重复搬上舞台，就会具有奇异效果，这被称为"荒诞"场面的吸引力，竟然在于它上演重复本身，似乎什么新鲜事都不曾发生，而现在这"什么都不曾发生"本身却成了一件新鲜事，为了肯定这种心灵的震撼，诺贝尔评委决定授予它文学奖。为什么呢？因为在这"什么都不曾发生"中所显露的，是人生的真实活动，而不是黑格尔那种抽象概念的运动。

抽象概念的运动，着眼于一般性。德勒兹指出，概念的内涵已经被设定为"实无限"，这是一种数学的理解，把无限的整体本身（这相当于"一"）作为一个现成的单位，它是一个已经构造完成的东西。一切规定根本上都是概念规定，都是概念内涵的一部分。根据莱布尼茨的充

---

① Gilles Deleuze, *Différence et repetition*, PUF, 1968, p. 18.

哲学的剧场化 ◎

足理由律，每个特殊之物都有一个概念作为根据。概念是在判断中得以表达的，它的公式是"主词＋谓词＋宾词"。现在我们看以下的例子：人是理性的动物——动物变成了不同的人，人变成了不同的彼埃尔和保罗，概念的所指对象是实无限，其理解是一个已经被完成的理解。这样的理解，保持在抽象的一般性理解，它潜在地适用一切特殊对象。于是，使用概念，就是在使用实无限。但是，这种情形只是理论上的，因为一切日常语言交流行为的潜在含义，都不会死板地局限于实无限中已经被完成了的理解，这超越一的多，是由于上下文或者说话环境中，具有多于智力的情绪与情感的因素，这些因素阻断了概念含义的透明实现，这些阻断制造出差异的效果。

如果概念是抽象的普遍性，那么阻断就是在概念被使用过程中的真实细节，它推迟了概念含义的实现。概念总假定了自身附属某个判断，判断的核心是定义，"定义＝种＋属差"，已经按照逻辑分类原则划分完毕——但所有这些，都只限于纯粹理论状态，没有人在实际说话和写作过程中，死板地遵守这样的理论模式，因为语言不是静态陈述，语言是一种心理欲望的外射行为。这些行为发生在此时此刻，在文本中就是上下文语境，它们产生语言表达过程中奇异的离散，产生一词多义、隐喻、言不尽意现象。它们使得原本试图意谓同一的方向，在效果上却是分岔的。一旦这些思想之箭射出，就不可能收回。

于是我们说，概念逻辑的运动不真实，重复过程中的差异，才真实。概念只是看到不同对象的相同，而没有顾及不同对象的差异——这种简单粗暴的一刀切现象，也曾是近代思想启蒙的原则：人生而平等，天赋人权——这固然是对的，但它的正确，只是在逻辑上。它在实际生活中，不可能落实。传统启蒙的问题，就出在它奠基于某种理论或者概念状态，而具体的个人之间，有着概念无法接近的差异。旧式启蒙抹平了人事实上的差异，使差异听命于一，被包含于统一或同一。旧式启蒙只看到自己愿意看到的东西，而忽略了它所不愿意看到的东西。启蒙的初衷是好的，可一旦实行起来，就不是那么一回事了。它实现为初衷的岔路，这种偏离初衷的现象，使思想狭隘的人感到痛苦，而这些痛苦者不晓得事情的结果必然如此，理想状态不可能实现。真实的情况在于：同一是重复，重复是差异。我们生活在差异之中，明白了这个道理，具

· 143 ·

有心理愈合作用。差异就是希望，人活在细节之中，从而不再痛苦。

人痛苦的来源，在于用概念给自己所遭遇的人和事情定性，使对象成为抽象概念的例子。现在我们舍弃概念理解的方式，用亲身感受体验异己的他者的感受，感情位于智力因素之前，唤醒和激发智力，这才是人类应该有的样子，它也返回哲学的本意：智慧是爱出来的。

现在有三种状态。（1）自然状态本来的样子，它和人没什么关系。自然是自然，人是人。自然并不理睬人，但人得与自然相处。在这种相处过程中，人把大自然改造为人为的世界。尽管如此，也不要忘记，人类永远都甭想彻底征服和拥有自然宇宙，它不可能成为人为的世界，我们和自然界之间，永远是一种陌生的关系。（2）知识状态，即科学、哲学、艺术等。（3）心灵状态。我宁可将心灵称为"感性的思想"，而没有所谓心灵实体。超感性的东西在感性之中显露，这就是感性的思想。感性的思想既改变自然状态，也改变知识状态，它是人亲临现场的证明，人给自然和知识变形——因为人活在"瞬间的心灵"之中，拥有比现场的东西更多的东西，这既是潜能又是现实，它的时间箭头是朝向未来的，朝向一切不是现成已经有的东西。在这个意义上，它是乐观的。

知识状态是心灵状态创造的，被心灵抛出去的知识具有客观独立性吗？不能，因为再一次理解和陈述，都是发生在心灵中的行为。心灵不是实体，也不是概念，而是现象学意谓的"意向性"，它是现象学最根本的方法，它搁置观察事物时，传统的理论态度，比如问某事物（对象）究竟是什么？心灵是什么？这是一个陷阱，你得用判断句回答它，这是一种深度思维模式。对于心灵，胡塞尔采取描述的方法，他的根据就在于意识的根本特征，就在于意向性，即关涉四面八方的方向性。只要你醒着（甚至在睡眠中），你的心思就是七上八下的、胡思乱想的不同方向。于是我们说：一首忧郁的歌、一本很享受的书、一次兜风、一抹余晖、一种焦虑、一个无聊的时刻。它们是体验、想象、推测，它们都是心灵的现象或者作用。你的体验或者情绪一会儿在这里，一会儿又在那里，彼此没有共同之处，又都是你。你是破碎的，你抓不住你到底在哪儿，因此不存在你本身。换句话说，不存在心灵本身，没有必要在心灵现象背后再预设一个心灵实体的存在。这是一种崭新的哲学，哲学从天上回落人世间，它催生了萨特的存在主义哲学。

哲学的剧场化

以上，意向性也与记忆有关，方向性阻断了任何单一方向的记忆贯彻到底的可能性。记忆总被其他方向的自由想象打断。如果人的一个天性，在于总是喜欢看自己愿意看到的，或者相信自己愿意相信的，那么就对其他的意愿与相信，形成阻断和压制。这是一种在不知不觉之中发生的习惯性强迫，而人自身并没有觉察到，它表现为某种不由自主的心理联想，此期间，人是快乐的。这不费脑子——记忆返回过去，想象朝向未来。但是，就像心思中的感情与思想混杂一起无法分割，记忆与想象，或者说过去与未来在心思中也是混杂一起的。试图将这两种元素剥离并且表达出来这种剥离的后果，这是必要的自欺，它有益于我们的身心健康。

如上，可以轻轻松松、快快乐乐地创造思想，我们不知道我们已经知道——关于这一点，柏拉图早就有所洞察。换一种表达，我们知道我们自以为不知道的东西。但是，需要一点关键的修正。柏拉图的意思是预先有某种实无限，已经现成地存在于某个地方，但我的意思，是不存在这种现成的实无限，使我们快乐与惊喜的，正是这种差异或意想不到的偶然性，它不是透明的理解力，而是染上了我们生命的感受，它们可能是萨特所描述的"黏糊糊的"、尼采说的沉醉、加缪说的陌生感、贝克特笔下的荒诞。这些超越一的多，才是真正有力量的思想，因为它们是感性的，可以伴随它们手舞足蹈或者深感震惊。它们不纯粹是精神的规定，还是自然的附着生理神经。如上所述，这是哲学的剧场化倾向。

弗洛伊德的《超越快乐原则》极具后现代哲学意味：精神活动没有目的，但有倾向，也就是避免不快乐、获取快感，其表现各异。例如，上诉人只愿意看见和相信自己愿意看见和相信的事情，这是感受快乐的需要，它先于思考而存在，而无意愿的思考，即使其操作是正确的，也很难获得原样的快乐。如果说其中有快乐的话，这种所谓快乐已经被高度异化了。例如，按照数学公式反复演算数学题，这已经修改了人的原始意愿天性。

根据弗洛伊德的设想，人身上动物式的原始的快感总是不断被推迟实现，其实现过程经历着蜿蜒曲折，经历着一系列转换，它人为地创造新的生命，拓展或延伸着人类的五官四肢，就像我现在写作的情形，我所获得的快乐已经超越了原始的快感——这是危险的增补性，卢梭早在

《爱弥儿》中提到文字对于鲜活的肢体活动的危害，写作使人爱上了不是人类自身原本具有的东西，可以由此出发，理解弗洛伊德所谓"朝向死亡的驱动力量"——它是重复或者置换过程中的差异所指：说话置换心灵、文字置换说话。弗洛伊德用来描述这种情景的术语是：凝缩、置换、戏剧化。它们压抑了原始欲望，并且在置换过程中实现了某种有差异的重复。说话置换心灵，文字置换说话，一种特质置换另一种特质，各自都是满盈，就像我在写作时不需要说话，如果我一边写一边说，这是精神不正常的表现，因为此刻说话的能力已经死掉了、被文字置换了。这种置换既是压抑也是释放，它实现了一种新精神的可能性，与其说这是掩盖，不如说是创造。

爱欲（éros）应该被重复，它只在重复中被体验，重复以旧爱的死亡作为前提，死神使爱欲得以重复，这就是残酷的移情："人们不会因单纯地想到而痊愈，也不会由于健忘而生病，在这两种情况下，具有意识都是无足轻重的。人们可言借助一种戏剧化的情景而痊愈或不痊愈，这就是移情。移情是在一切重复之前的重复。重复既是我们患病的原因，也是我们痊愈的原因。重复束缚我们，毁了我们，重复却也能解放我们。在这两种情形下，重复具有'魔鬼般的'力量。"① "重复"字面没变，但毁了我们和使我们获得解放的重复，显然是不一样的重复。移情是意向的转变，是转移注意力。既然不能解决旧问题，索性就换一个新问题，这个新问题有魔鬼般的强力。还没有回忆或者重复的内容，就无所谓健忘。它也没有伤感，伤感是软弱的。移情中有一种死亡驱动力，它是健忘的而且不会因健忘而生病，这是人类感情的残忍方面，它告别了感伤或者柔弱，迎来了新欢的冒险。也许卢梭在《忏悔录》中的那句名言，移到此处恰到好处：那拯救他的与毁灭他的，是同一件事情。而在此处，德勒兹引用了米勒的一句类似的话："我知道自己是自由的，我体验的死亡却也拯救了我。"②

弗洛伊德认为人有死亡本能，它朝着毁灭自己的方向，这很悖谬。人有悖谬的冒险倾向，朝着理性不可理喻的方向，像是无动机行为、无法解释的行为，像无动机自杀，那随手抓来的动机不是动机。杀人亦

---

① Gilles Deleuze, *Différence et repetition*, PUF, 1968, p.30.
② Gilles Deleuze, *Différence et repetition*, PUF, 1968, p.30.

然,加缪小说《局外人》的主人公枪杀了一个陌生人,理由竟然是"天气太热了"。死亡本能是一种隐蔽极深的移情吗?它朝向毁灭自己的黑暗、无底深渊——它来自不知道的诱惑,它可能来自某些莫名的精神压力导致暂时的神志不清,但它没有折返效果。它的神圣性,在于它不在意任何补偿,一种使人恐怖的自由。

三

德勒兹的思想特点,在于借助差异的视角,把弗洛伊德的精神分析学与一种广义上的生存哲学结合起来,拒绝辩证法的思辨哲学。因此,尽管德勒兹提出"哲学就是创造概念",他的哲学却是悖谬的"非概念"思维的,他所创造的概念,具有高级生命行为,是真实的、实际的、积极且有新意的,它确定差异不是否定,因此不可被纳入传统概念的对立模式。

德勒兹不使用海德格尔批评的"现成在手的概念",而注意概念的生成过程,它们不对称、不确定,敞开边界线。为此,德勒兹使用了"disparates"一词,意为不相称的、混杂的、不一致的——这就是他理解的差异特征。不一致的交流,使交流变味了、受阻了,它永远推迟了动机的实现,在效果上是别的东西。这些变形了的概念具有奇异性,与另一个奇异性直接关联。这些奇异性,它们既不是纯粹的形式,也不是纯粹质料,而是说,概念作为感性的思想之奇异,直接关联。于是,康德用先天概念统一感性杂多的模式,在德勒兹这里失效了。

康德的时空先验形式,属于大观察,就像牛顿的时空观没有进入微观世界,因此不可能注意到爱因斯坦观察到的同时性是不同时的。从不同参考系中,彼此看到的动与静是不一样的。日常生活也是如此,我们所经历的各种事件,对我们的影响不是平均的,其中有关键时刻使我们过目不忘,有的虽然被我们看见了或听到了,但我们熟视无睹,当耳旁风。这就是我们所经历的事情和印象对我们产生的节奏感,相当于重音和弱拍、美的旋律与背景过渡。

"语言—思想—文学"作品的思考与创作过程,一个重要方法,就是充分挖掘词语的一词多义现象、双关语,它们使原有的理解过程中断,移情到别的方向。例如,在德里达和乔伊斯的作品中。这里,德勒兹提到的是鲁塞尔(Raymond Roussel):"鲁塞尔和贝奇(Charles Péguy)是文学上的伟大重复者,他们把语言的病理性力量(la puissance pathologique)升华到艺术层面,鲁塞尔从双关语和同名异义词出发,用同一个对象会出现两次的故事,填补两个故事的意义之间的距离,他在自己的领域里战胜了同名异义词,并且将最大的差异植入重复之中,就好像在词语的中心敞开了空间。这个空间,鲁塞尔视为掩盖的和死亡的空间,这里同时出场的是重复某种串在一起的重复和拯救重复——首先拯救串在一起的重复。鲁塞尔创造了一种后语言(après-langage)。在这里,一旦说出什么,一切重复都是重新开始。"① 德勒兹在该页脚注中提到了福柯的杰作《雷蒙-鲁塞尔》:由于重复与差异紧密地混在一起,以至于我们分不清句子在重复还是差异。表达总是再次表达,是再现的形象,这里有死亡与重生。

德勒兹的晦涩在于他给字词加密。例如,把双关语叫作病理性力量,这谁听得懂呢?它似乎与弗洛伊德有关,这种升华叫作创造概念,把某种新意从双关语中发射出来,但目标在哪里并不重要,动机不明,有思想的冲劲就行。显然,双关语不仅具有病理性力量,从前没人这样说,德勒兹在这里生育出一种没有折返效果的不对称的理解。双关语不再仅仅是字面上的意思,它有了更大的生存空间,一种后语言。但这又是双关语,这个后和前是混杂在一起的,它意味重新开始。

以上,德勒兹的《差异与重复》涉及重复的本质,它揭示了为什么不能用概念再现(répétition)中所具有的同一形式,去揭示重复现象。再现或者重复的内容是差异,同一性失效。这有点像超现实主义绘画,画面元素的共在关系不再附属于旧式的透视画法的统一性,而是画出了两种原本没有关系的物件之间陌生对视。也就是说,这些元素都从自身原本归属的因果关系中解脱。这陌生的对视,具有一种病理性力量。它的美,在于发射无动机且无从辨认的偶遇,就像19世纪诗人洛特雷阿蒙的名句:"一台缝纫机和一把雨伞在解剖台上偶然相遇。"这不是双关语,它与双关语的唯一相似之处,在于它也是一种脱钩的精神力量,一

---

① Gilles Deleuze, *Différence et repetition*, PUF, 1968, p. 34.

种没有面孔的美,却有形象,或者说面孔无法辨认,但并非完全抽象,就像德勒兹所欣赏的现代英国画家培根作品中的人物肖像。

后现代哲学和现代艺术一样,试图打破自然规律,甚至突破语言,不再用能指与所指的符号学模式获得理解与美感——因为"思想—画面"不再具有从前的因果秩序与时间次序。谁导致谁、谁先谁后、谁挨着谁,似乎是任意的,这又是病理性的疯狂力量。符号得以成立的根本前提即符号意思的约定性受到挑战,符号学受到威胁。理解的"符号"已经名存实亡——由于现在能指只是一种盲目的精神能量,没有所指与其相配,陷入一种抓狂状态,就像陷入"没有值得爱恋"的爱恋的热情之中。它只有光而不知光源,就像上述无动机行为。

没有对应物、对牛弹琴的折返效果,可能是别的,就像毕加索读爱因斯坦的物理书时根本没读懂却兴致勃勃地有了艺术感觉,一点儿也没感到沮丧。用德勒兹的隐晦表达,如果读懂了,就是静态的因果关系。如果误解了,爱因斯坦很生毕加索的气,毕加索就收获了动态的因果关系。静态的因果关系是抽象的一般性,按次序排队的;动态的因果关系是生龙活虎的,不按常理出牌,并因此具有病理性力量,德勒兹也称为强度(intensité),它有姿态,也叫作思想的形状,它不可度量,不是数量关系,类似柏格森的绵延、生命在膨胀,所遭遇的奇异的点即关键时刻,当它回归秩序的时候,就是生命节奏中的弱拍,平淡无奇,很快就会被我们遗忘。

生命的强度往往具有特质,体现在某些关键时刻,一浪高过一浪,总出现异己分子,深邃而令人激动。感受性在变异,快与慢的不确定节奏、思绪在置换方向。所有这些,都区别于普通重复。普通重复是可言说的,而生命的膨胀与萎缩不可言说,其状态,用德勒兹的话说,是"无概念的差异",即不可言说的差异,因为概念意味着可言说。

不可言说却能心领神会,这里显露只有人类领会的语言密码,可以用诗歌、图画、音乐、肢体语言表现或显露出来,含有被精神加了密的物质形式。这样的建筑物,使我们感伤与回忆,就像万里长城和古罗马竞技场,而对于一块普通的石头,没有类似感觉。这就像德勒兹说的,懂,就立刻会懂。不懂的人,习惯于用中介的概念去思考事情,想定义所看见的东西,但是,这个纯抽象的理解层面脱离了感性生命。这个可言说的懂,不是拥有感性形态的心领神会的懂。德勒兹批评以往的哲学剥离了感性,无视"无中介的差异"。

我们想要那些立刻就懂的"无中介的差异",它们有音容面目,隐藏着意义密码。这让我们兴奋,唤醒某种从前不曾注意的印象,我们不厌倦。

总结以上,德勒兹指出:"从亚里士多德到黑格尔,中途经由莱布尼茨,也许是错误地将差异的哲学混同于差异的概念,混同于单纯概念上的差异,满足于列举一般性的概念内部的差异。从而我们就不可能有任何奇异性的差异,而仍旧停留在已经由重复得以中介化了的差异元素内部。我们要面对两个问题:什么是差异的概念?它并不来自单纯概念的差异之还原,而是奇异的观念吗?另一方面,什么是重复的本质?它不能被还原为无概念的差异吗?它不能在同一个概念之下,与再现的对象相混淆吗?它证明了奇异性就是一种强力吗?"① 在这段话中,结合我们以上反复说过的内容,德勒兹是以反问的形式,做出了肯定的回答。

德勒兹说的差异,不是否定,不附属思辨辩证法。他想说"无否定的差异"。差异在同一之前,差异属于元形而上学疑难问题。但在亚里士多德那里,不从差异,而是从一或同一出发,其说法是"是",这已经是对立统一的思维了,因为逻辑上的"是"或"肯定"的意思,依赖"不是"或"否定"的意思,才得以存在,而"真"亦然,它依赖"假"的存在。于是,我们说"是"与"真"象征了一切返回自身的概念,这就是传统形而上学概念的总特征,它是"A = A"的分析概念,是无差异的,其中的否定,不是德勒兹说的差异。德勒兹说它像"尚未分化的深渊""白色的虚无"②,这对应了德里达所谓"白色的神话"。关键问题在于,它们都不显形,没有形状,没有差别,局限在哲学概念的字面意思,相互置换意思。它们是平面的,没有真正的凹凸。对此,我们可以这样说:只有深夜中的闪电才象征着思想,因为这有了分别,制造了凹凸效果。这闪电不是黑夜本身原本就有的,它从别的地方发射出来,用在思想界,就是发射精神能量或发明差异。

---

① Gilles Deleuze, *Différence et repetition*, PUF, 1968, p. 41.
② Gilles Deleuze, *Différence et repetition*, PUF, 1968, p. 43.

解释学架起沟通思辨哲学与分析哲学之桥梁

——伽达默尔的两者融通性思考与意义理解

张能为

摘　要：人本主义思辨哲学和科学主义分析哲学由对峙发展到相互沟通融合，成为当代西方哲学发展的新趋向。借用洪汉鼎先生"诠释学是沟通中外通达古今的桥梁"的说法，伽达默尔的哲学解释学就为沟通和融合思辨的人本主义与分析的科学主义架起了一座思想桥梁。以世界经验整体为思考对象的解释学，从哲学与科学间的调解、理解的语言性、理解的生活世界实践性、科学知识的理解性等维度，为两者由对立走向融通奠定了新的理论基础与思想方法。"一切科学都包含着解释学的因素"，从分析哲学到解释学的桥梁变得可行，人类思想的相通性远远超过具体科学研究方法和方式上的差异性，不同派系间相互理解和构建起新共识体现出的就是哲学的进步，抑或是重要而巨大的进步，重新奠定了哲学发展的新方向和新方式。

关键词：伽达默尔　解释学　思辨的哲学　分析的哲学　沟通融合

作者简介：张能为，安徽大学哲学学院教授，博士生导师。主要研究领域为解释学、实践哲学与现当代哲学。

　　西方哲学的现代发展呈现出科学主义哲学（分析的）与人本主义哲学（思辨的）双峰对峙、二水分流的态势，其分歧与对立的核心问题在于，科学主义以经验主义为基础，坚持"实证主义原则"，主张真正的哲学问题必须是在人们的经验范围内，是能够通过经验加以"是"或"否"的验证的，一切非科学的（指超出经验范围以外不能被经验验证的）命题都是虚假的，也是没有意义的。由此而论，所有传统哲学命题是超越于经验之外的，是必须加以拒斥的，是不能构成真正的哲学问题的，所以"捍卫科学，拒斥形而上学"（object to metaphysics）成为科学哲学的最高理论纲领；而人本主义则不同，它从人的存在状态和具体生活情境出发，认为哲学需要关心人的存在与生活，必须从超越性的意义上对人与世界存在的形而上学问题做出思考，只有通过这种本体论的探索，才能保证人类存在与生活的合法性根基与价值基础，也才能实现人的本真存在方式与存在状态。质言之，两者对峙的焦点就是，科学主义反对对经验不能回答的形而上学问题做无谓的永远争吵不休的讨论；人本主义则坚持要从人的具体存在出发来探讨支配、控制和决定着人类存在与生活的最高抽象问题——形而上学的本体论问题，认为离开了形而上学，人类就失去了存在的根据、价值与尊严。

一 "我力图在哲学和科学之间进行调解"，当今存在的最大哲学鸿沟开始被沟通了

在形而上学问题上截然相反的态度和做法，决定了现代科学主义与人本主义哲学分属两个完全不同的哲学阵营，也构成了相互对峙的理论局面。现代欧陆人本主义哲学依旧强调形而上学研究的重要性，哲学根本上就是要对世界万物之存在的本体性问题进行思考，离开形而上学思考，一切知识和理论将陷入无本之源的困境，世界事物也将失去普遍性和整体性的意义；而现代科学主义哲学则不同，认为哲学要发展，必须拒斥对那些无法通过实际经验验证的形而上学问题的讨论，而是要返回到能够验证的科学知识命题的表述上来，在能够被验证的经验范围之内去讨论那些能够讨论清楚的问题，哲学的任务就是对人们经验事实的研究分析，甚至就是对表述经验事实的语言命题意义的语言逻辑分析。

从哲学方法上来说，现代人本主义哲学运用的是抽象思辨的方法，并认为唯有通过人类理性的思辨才能理解事物的本质，也方可通达世界万物的真理和存在本身的理解和把握；现代科学主义哲学采用的则是经验实证的方法，这是一种类似科学实验和科学分析的方法，诉求于命题判断的经验证明或证伪，后期更是将这种经验验证方法与语言分析方法（人工语言分析方法和日常语言分析方法）结合起来，不仅指示着哲学

研究是对有意义命题的科学证明性工作,而且是要通过语言分析方法去判明什么样的命题是有意义的,什么样的命题是无意义的,并由此主张,一切形而上学命题不是能不能或如何加以证明的问题,而是说,这些命题本身是无谓的、虚假的,是必须加以拒斥和消除的,这样,语言意义才清晰明确,形而上学命题的语义含混不清才能避免。

语言分析哲学内部分为两种主要理论学派,一派是人工语言分析哲学,另一派是日常语言分析哲学。两派都主张哲学是一种语言分析工作,只不过两者的思路和方式不同,人工语言分析哲学为了确保一个语言命题是有意义的,主张构成这个语言命题的语词必须是有意义的,也就是必须是有具体指称对象的。然而,人们生活中所使用的自然语言当被抽象使用时,它却带来了语义的含混模糊,要克服这一问题,就需要构建起一套每个语词都有其具体指称对象的理想的人工语言,这样,语言意义就清晰明白。而日常语言分析学派则不同,不认为我们所使用的自然语言本身有问题,因为这套自然语言在人们的经验使用中,其意义是具体的、明确的,之所以会出现人工语言学派所指责的语义含混模糊,只是由于对这套语言做了不正确的或者抽象的使用,就是将用作表述具体经验事实的语言用于了对无限的整体性的问题的思考,因此,要使语言意义清晰明白,就需要通过日常语言分析,将语言意义拉回到日常的使用中来,在其具体使用中使其意义得以明确清晰。

不过,随着现代科学主义与人本主义各自的深入发展,在两派哲学体系中已经开始出现自我反思、自我批判和自我超越,强调和呼吁一种打破理论对峙、诉求相互融通的新趋向,两者走向一种和解和融通。以科学哲学家罗蒂和以人文哲学家阿佩尔为代表,提出了要求重建科学主义与人本主义联系的强烈呼吁,并为此做了大量的分析工作。罗蒂不仅把英美分析哲学传统与美国实用主义结合起来,还力图把欧洲大陆的后现代主义思想融合到自己的哲学中去;阿佩尔则把后期维特根斯坦的思想与现象学结合起来,形成了先验语用学。还可以看到,以奎因为代表的来自科学哲学内部的一批哲学家开始重新重视形而上学的意义问题,要求重建形而上学本体论。奎因向经验主义两个教条宣战并提出"本体论的承诺",牛津剑桥语言学派奥斯汀、施特劳斯、赖尔等人的"描述的形而上学"等都反映了这一倾向。新实用主义以及罗蒂、普特南更是意识到完全脱离人、社会而研究纯哲学的东西远远不够，要求回到生活、彻底的经验，力求在科学领域结合人的因素、历史的因素和社会的因素来研究哲学，认为逻辑分析不是真正的哲学。科学主义哲学家越来越意识到，完全拒斥形而上学，给哲学带来了重大的负面影响，它既使哲学的范围狭窄化，也与事实语言命题背后的存在论思考相矛盾。从欧洲大陆的人本主义哲学来讲，在这种科学主义的实证性分析浪潮中，他们也越来越意识到哲学不能停留于抽象的思辨，而是要与哲学的实证化、经验的证明性结合起来。以前可以说是一种玄学，纯理性的一种思辨，现在也需要对很多问题做实证性的证明和解释，对语言命题意义进行语言分析，让它更加接近于人们的一种实在性认识、一种生活性思考。哲学不能像古典哲学那样完全超越于经验之外，是一种跟我们有着很大距离的玄思，哲学还是要回到我们的生活，要与我们的存在实际和经验生活关联起来。

显然，这种哲学发展新趋向，对于在西方当代思想发展上有着整体性观照和反思的伽达默尔是有直接影响的，从某种意义上说，伽达默尔所提出的解释学实践哲学便是力图沟通科学主义与人本主义的一种新尝试，也是一种对当代哲学这种新倾向的呼应和支持，他以其解释学实践哲学为基础深刻分析和探讨了两者由分离对峙走向沟通融合之内在性逻辑：一种重要的理解的可能性和必要性。伽达默尔就明确声称，"如果有人想确定我的工作在本世纪（指20世纪——引者）哲学中的地位，那他就必须从以下这点出发，即我力图在哲学和科学之间进行调解，尤其是试图在科学经验的广阔领域——虽说我对这些领域只有概略的了解——创造性地继续扩展马丁·海德格尔所提出的根本问题，这些问题对我具有决定性的影响"[1]。哲学与科学之间的这种调解，就是要突破科学理论方法论的有限的问题域，基于解释学反思、方法或者说解释学的提问，使科学在整个人类生活中的条件和界限成为主题，"只有当科学不隐藏它的界限和它自由空间的条件时才能恰当地行使它的社会功能"[2]；也正是

---

[1] ［德］伽达默尔：《真理与方法》，洪汉鼎译，上海译文出版社1999年版，第734页。

[2] ［德］伽达默尔：《真理与方法》，洪汉鼎译，上海译文出版社1999年版，第734页。

在解释学的实践性向度上,一切科学知识、能力和活动获得了根本性、整体性和共同性的统一、落实与归宿,这是因为,相较于人类的知识认知乃至所有活动,实践知识或实践哲学具有前提性、优先性和决定性意义。

亚里士多德认为,一切技术、一切研究以及一切实践和选择,都以某种善为目标,因而,万物都是向善的。伽达默尔继承和发展了亚里士多德的实践哲学,与理论哲学相比,实践哲学被真正确立为优先性、决定性的"第一哲学"地位。在其看来,"每个献身理论兴趣的人都假定了实践理性(phronesis)的效能"①,"人们之所以能够全副身心地投身于理论研究,是因为以'实践知识'为前提的,即把理性引入人的行动和举止中的知识为前提的"②,"实践以及为实践服务的、依靠自身证明的思维要求具有合法的优先权"③,"建筑于人的生活实践领域之上的理论的求知欲问题具有决定性的意义。在所有理论的阐释之前,我们总是设定了一个前提,即一切人都献身于一种确定内容的理智理想"④。这种实践理智反思具有更大的普遍性,它是一种关于人的存在和生活方式应该是什么的整体性的形而上学的理论思考,也因此,这种实践理智普遍性能将人类所有的知识和行动包容于其中,"理性要求正确应用我们的知识和能力——这种应用同时又总是从属于对我们都起作用的共同目标,这种目标的共同性开始渐渐地包容了整个人类。如果做到了这一点,这其实就是作为应用理论的解释学(解释学实践哲学——引者)。这就是把一般和个别结合起来,这就是一项哲学的中心任务"⑤。

我国解释学研究专家洪汉鼎先生曾在其《诠释学:它的历史和当代发展》一书再版序中强调指出,"诠释学能够作为沟通中外古今思想之

---

① [德]伽达默尔:《科学时代的理性》,薛华等译,国际文化出版公司1988年版,第99页。

② [德]伽达默尔:《赞美理论——伽达默尔选集》,夏镇平译,上海三联书店1988年版,第51页。

③ [德]伽达默尔:《赞美理论——伽达默尔选集》,夏镇平译,上海三联书店1988年版,第24页。

④ [德]伽达默尔:《赞美理论——伽达默尔选集》,夏镇平译,上海三联书店1988年版,第72页。

⑤ [德]伽达默尔:《赞美理论——伽达默尔选集》,夏镇平译,上海三联书店1988年版,第72页。

桥梁"或"诠释学是横跨中外和通达古今之桥梁"。① 可以说，以伽达默尔为代表的当代解释学的发展，不仅完成和实现了解释学的哲学化，创建起了一种新哲学理论形态——哲学解释学，而且此种解释学为真正融通理论哲学与实践哲学、科学主义哲学与人本主义哲学架起了一座思想的桥梁。伽达默尔的解释学实践哲学超越了或是先验的反思或是"经验—实用"的知识这种两难选择，创造性地体现了对普遍的东西的具体化这一伟大的主题，是打通普遍与特殊、一般与个别的一种重要的思想尝试和努力。在解释学基础上，科学主义哲学和欧洲大陆的人本主义哲学由对峙走向和解，由分离走向融合，哲学就是语言意义的理解和分析活动，哲学总是与我们存在的"此在"（dasein）同在，与我们的具体生命事实和经验生活紧密联系。伽达默尔深刻指出，当代思辨的和分析的哲学出现了沟通和融合，"在这面旗帜（指语言理解或语言分析——引者）下，当今存在于不同民族之间的最大的哲学鸿沟，如盎格鲁-撒克逊的唯名论与大陆形而上学传统之间的鸿沟，也开始被沟通了"②。

二 语言作为此在的有限经验成为沟通思辨的与分析的思考的哲学基础和思想途径

现代哲学是一个语言哲学的时代，语言问题成为哲学思考的中心论题和思想方式，语言的哲学本质作为哲学思考的中心地位被真正确立起来，故而有"语言哲学转向"之论。这不仅表现在现代语言分析哲学之中，也同样反映在欧陆哲学的存在论和知识论理论上，语言问题构成现代哲学两大派系共同的研究领域和哲思途径。在伽达默尔看来，"假如人们将现象学作为一种研究方法认真地来对待，那么人们就需要承认，如我所认为的，历经胡塞尔现象学的海德格尔转向——缺少狄尔泰和克

---

① 洪汉鼎：《诠释学：它的历史和当代发展》（修订版），中国人民大学出版社2018年版，第1页。
② ［德］伽达默尔：《伽达默尔集》，严平编选，邓安庆等译，上海远东出版社1997年版，第199页。

尔凯郭尔的影响此种转向肯定不可能——语言在欧洲大陆被置于哲学思考的中心——几乎与（科学分析哲学的）'语言学转向'同时发生"①。

就欧陆哲学派系来说，虽然依旧坚持和强调形而上学问题研究的意义，但这种研究不再基于一种纯粹的理性思辨或充满偶然的感觉经验之上，而是认为，作为人们认知的世界就是一个被语言表述的世界，对表述世界的语言问题的研究也就是对被语言表述的世界问题的研究，这样一来，语言就进入了哲学或者说哲学进入了语言，世界的存在问题与表述世界存在的语言问题真正具有了同构性和同质性特征。德国思想家、教育家洪堡深刻地指出，"语言观就是世界观"，人们关于世界意义的思考就表现和反映于人们所使用的语言之中。作为伽达默尔的老师，也是其哲学思想的重要来源者，海德格尔更是从存在论的层面和意义上提出了"语言是存在的家园"②的著名思想。

而从科学实证主义这一线路上看，将实证性与语言意义分析结合起来，构成其哲学的重大理论特色。哲学研究就是一种科学语言命题的分析活动，根本上就是通过这种语言逻辑分析活动使语言意义清晰明白，不至于引起歧义和混乱。实际上，语言分析活动同样是一种基于语言规则下的语言意义的理解和解释活动。在哲学研究的语言性上，可以说，语言分析哲学与欧陆哲学家的认识是一致的，同样主张经验事实问题与表述经验事实的语言命题之间具有一种"同构关系"，也正因此，一个语言命题要有意义，除了它表述了某种经验事实之外，还必须保证这个语言命题是符合语言逻辑规则的，而是否符合语言逻辑规则，便是通过语言分析活动来达成和实现的。维特根斯坦就指出，语言是某种无与伦比的东西，"当语言休息时，哲学问题就产生了"③。

---

① H. G. Gadamer, *Gesammelte Werke*, *Band 10*, J. C. B. Mohr (Paul Siebeck), Tübingen, 1995, S. 133.

② 海德格尔在其《关于人道主义的信》中说："思完成存在对人的本质的关联。思并不制造与引起这一关联。思只是把这一关联作为存在交托给它自己的东西向存在供奉出来。这一供奉在于：存在在思中形成语言。语言是存在的家。人栖居在语言所筑之家中。思者与诗人是这一家宅的看家人。他们通过自己的言说使存在的开敞形乎语言并保持在语言中；就此而论，他们的看守就是存在的开敞的完成。"见 Heidegger, *Brief ueber Humanismus*, *Wegmarken*, Frankfurt: Klostermann, 1978, S. 318

③ [奥] 维特根斯坦：《哲学研究》，李步楼译，商务印书馆1996年版，第29页。

解释学本质上就是一种语言的理解和解释学问。在伽达默尔看来,世界对于人来说作为世界存在于此,世界的这种存在是以语言的方式被把握的。不同于其他生物,人因为具有语言而获得了对环境的自由,也才会有关于世界的本质性的哲学思考和思想意义表达,故此,人便是一种"拥有语言的存在物"①。在《真理与方法》一书第三部分,伽达默尔更是将语言上升到了一种本体论的高度,从语言性作为解释学对象之规定、语言性作为解释学过程之规定、语言性作为解释学理解模式之规定三个方面深刻论述了语言理解的存在论意义。"语言能让某种东西'显露出来'(entbirgen)和涌现出来,而这种东西自此才有存在。"②语言是理解本身得以实现的普遍媒介,理解中的视域融合是通过语言发生和实现的,理解的语言性便是效果历史意识的具体化,归之一切,"能被理解的存在就是语言"(Sein, das verstanden werden Rann, ist Sprache)③。法国哲学家梅洛-庞蒂同样强调,"是语言拥有我们,而不是我们拥有语言。是存在在我们之中言说,而不是我们言说存在"④。

显然,语言理解和语言分析构成现代科学主义分析哲学和人本主义思辨哲学的共同哲学论题,也成为沟通两者哲学思考的重要思想方式和途径。伽达默尔认为,对哲学来说,语言所起的作用完全符合维特根斯坦对私有语言的批判,同时也证实了对话的首要性。语言是人的此在的生存的世界经验,人们生活于语言之中,语言包围着我们,文本和世界的存在意义,正是通过理解和解释得以进行和展开的语言意义向我们发生和显露出来,世界就是一个关于其意义在语言中得到表述的理解和解释的过程,世界的存在问题与此在的生存经验相关,本质上也是一种在语言上的与自我相关的自我理解问题。

总之,在伽达默尔看来,"今天,科学和人对世界的经验在语言的

---

① Gadamer, *Philosophical Hermeneutics*, Berkely: University of California Berkely Press, 1976, P. 60.
② [德] 伽达默尔:《真理与方法》,洪汉鼎译,上海译文出版社 1999 年版,第 489 页。
③ [德] 伽达默尔:《真理与方法》,洪汉鼎译,上海译文出版社 1999 年版,第 606 页。
④ [法] 梅洛-庞蒂:《可见与不可见的》,罗国祥译,商务印书馆 2008 年版,第 194 页。

哲学问题中相遇了"①，而共同存在于欧陆哲学和分析哲学中的语言游戏概念"首先揭开了一种完全不同的研究模式。意义的科学语言被与一切言语的实践发生的这一根本的相互关系取代了。通过这一途径，论证知识的逻辑课题变成了所谓语言分析家的哲学，他们力图对语言和语言游戏的极为相异的形式做逻辑分析。所以至少命题中理论性言述的优先地位原则上是受到了限定。而这从根本上说来也是一条解释学原则：任何既定的言谈、表述方式或原文形式都必须理解为依于特定的视野或角度。换言之，如果它需要正确理解，就必须理解它的视野"②。

三 哲学要返回到人的实际性存在上来，生活世界是沟通思辨的与分析的哲学的本来之处和实践性存在根基

"在20世纪，现象学才带来一种向生活世界的转折。"③ 胡塞尔开创并由海德格尔继承发展的现象学既是一种哲学方法，也是一种全新的存在论，无论是作为一种方法论还是作为一种存在论，对伽达默尔的解释学和实践哲学都产生了基础性的建设意义。依照现象学方法，存在问题被还原为存在是如何显现自身的问题，也就是说，问存在是什么就是在问它是怎样向人们显现出来的，而人这种具体的在者因其具有时间性和有限性，在存在怎样显现的过程中就具有特殊的作用，换言之，存在的问题是一个与自我相关的理解问题，也是一个不断显现自身的无限的问题。一切关于世界万物和事情本身意义的理解归根到底要返回到人的此在的存在状态中来，总是与人相关的一种自我理解，是与人的具体生命经验分不开的。

伽达默尔认为，解释学的任何理解和解释并非对一种所谓客观意义的还原，而是说，理解和解释作为一种事件，人们参与其间，是理解活

---

① ［德］伽达默尔：《哲学解释学》，夏镇平、宋建平译，上海译文出版社1994年版，"编者导言"第127页。
② ［德］伽达默尔：《科学时代的理性》，薛华等译，国际文化出版公司1988年版，第146页。
③ ［德］伽达默尔：《科学时代的理性》，薛华等译，国际文化出版公司1988年版，第3页。

动本身通过解释者让事物意义向我们显现出来。因而,解释学是有存在论的诉求的,它内在地蕴含着关于事情本身存在意义的理解,而这种理解又不像传统的思辨哲学那样是通过纯粹理性论证来阐明的,而是基于理解者的存在本身而发生和做出的。伽达默尔就非常乐意用埃米尔·施泰格(Emil Staiger)1955年的表述来概括自己的解释学的任务:"去理解当我们理解时那把握我们的东西。"① 可以说,伽达默尔正是在继承海德格尔实存性解释学的基础上,并在以海德格尔为代表的后期现象学发展方向上从存在论的高度来理解科学与哲学、科学主义分析哲学和欧陆人本主义思辨哲学的内在联系和一致性的。伽达默尔就认为,"至少,在逻辑的、人工的语言问题被消解后,在英美发展起来的语言分析以令人瞩目的形式接近了埃德蒙·胡塞尔的现象学学派的方向"②。

　　伽达默尔认为,科学主义哲学与人本主义哲学都是力求对事物本质及规律进行认知的理论哲学或者说理论科学,这种哲学归根到底又是服务于人的实践活动与生活世界的,因而也就是服务于以此为研究任务的实践哲学的。实践哲学才使一切哲学思考包括科学哲学与人本哲学"重新还原于人类存在的基本经验"上来,才能对人类发展历史做出真正的解释。③ 解释学经验的意义就在于:"语言相对于其他世界经验而包含着一种全新的度向,一种深层的度向,流传物就从这种深层的度向达到当下活生生的世界。"④ "人类的语言就'世界'可以在语言性的相互理解中显现出来而言,必须被认作一种特别的、独特的生活过程。"⑤ "毫无疑问,语言问题已经在本世纪的哲学中获得了一种中心地位。它占据的这种中心地位既不同于洪堡语言哲学的较为陈旧的传统,也不同于一般语言科学和语言学的宽泛主张。在某种程度上,我们把语言问题之获

---

　　① 转引自[加]让·格朗丹《伽达默尔传——理解的善良意志》,黄旺、胡成恩译,上海社会科学院出版社2020年版,第355—356页。
　　② [德]伽达默尔:《伽达默尔集》,严平编选,邓安庆等译,上海远东出版社1997年版,第199页。
　　③ [德]伽达默尔:《真理与方法》,洪汉鼎译,上海译文出版社1999年版,第773页。
　　④ [德]伽达默尔:《真理与方法》,洪汉鼎译,上海译文出版社1999年版,第591页。
　　⑤ [德]伽达默尔:《真理与方法》,洪汉鼎译,上海译文出版社1999年版,第570页。

得中心地位归功于对实践生活世界的重新确认。"① 这就意味着,伽达默尔把语言问题之获得中心地位十分明确地归于对实践生活世界的重新确认,这种重新确认,在他看来,一方面发生在现象学研究中,另一方面也同样发生在盎格鲁-撒克逊的实证主义思想传统内。②

不论是科学哲学还是人本哲学都是将哲学思考看作对一种所谓抽象的、本质的、最终因的探寻,并且基本上是局限于从认识论和方法论意义上来做这种探寻的,可以说,要求构建出关于世界的知识体系,将服务于抽象的理性原则看作哲学思考的起点和终点,这种哲学似乎远离了人的现实的生活状态,变成了对世界与人生的抽象的意义的概念性分析。伽达默尔在1965年发表的《解释学与历史主义》一文中指出:"不管形式分析和其他的语文学方法对我们有多大的帮助,真正的解释学基础却是我们自己同实际问题的关系。"③ 也就是说,真正的哲学必须回到人的基本存在上来,人的现实的生活世界是一切哲学研究的前提、基础和最终落脚点,我们不能离开我们的存在来思考,一切科学主义认识和人本主义思考都是以人的现实存在状况为前提的,是以服务于人的存在活动和发展前途为目的的。正是在这里,伽达默尔指出,实践哲学必然要求"科学和方法认识到它们在人类存在及其理性的整体中的微不足道"④;也正是基于此种理解,一旦把人类的生活世界和实践活动重新确立为哲学研究的前提,则就为科学主义与人本主义的相互融合奠定了思想的基础和实践性的方向。语言游戏就是一种表现生活形式的意义活动,其基础总是某种充满内在历史性的解释学事件(das hermeneutische Geschehen)。

由此而论,"从分析哲学到解释学的桥梁也变得可行"⑤,科学语言

---

① [德]伽达默尔:《科学时代的理性》,薛华等译,国际文化出版公司1988年版,第3页。
② 参见[德]伽达默尔《科学时代的理性》,薛华等译,国际文化出版公司1988年版。
③ [德]伽达默尔:《真理与方法》,洪汉鼎译,上海译文出版社1999年版,第709页。
④ [德]伽达默尔:《真理与方法》,洪汉鼎译,上海译文出版社1999年版,第790页。
⑤ H. G. Gadamer, *Gesammelte Werke*, Band 10, J. C. B. Mohr (Paul Siebeck), Tübingen, 1995, S. 347.

分析哲学也是解释学的,"我们可以把这里(指科学语言分析——引者)所从事的哲学分析工作称之为解释学的,因为这里任何人为地整理信息的手段、任何信息理论或某种一般符号理论都不能形成那种可以构造语言句法和表现这种句法交往功能的出发点。毋宁说这里描述的乃是那种设法为自己获得其特有规则和其特有构造形式的生活关系和语言关系本身"①。从人的存在出发,以人的实践活动和文明发展为思考轴心,科学主义哲学和人本主义哲学两者都将正确地看待自己的位置,而两者对人类共同生活意义的求同也就绝不是勉强的、可有可无的,而一定是必需的也是必然的。由于是从人类的最基本存在活动来看待哲学研究,因而,一切科学认识和人本认识同样是不可或缺的,这就是说,实践哲学不反对人本哲学,也绝不反对科学哲学,它们之间绝非对立的关系。

1972年伽达默尔在其《真理与方法》代表作的第3版后记中就说,有人因本书的书名"真理与方法"而抱怨说这里忽视了现代科学的方法严格性,实际上,"这显然是一种浅薄的误解。解释学所做的是完全不同的工作,但它同最严格的科学习行绝不对立"②。这意味着,解释学或者说解释学实践哲学既不同于建立在严格科学方法论基础上的科学理论,但它又并不排斥和使之失去其自身科学性;相反,它与一切科学的认识,不论是对世界存在规律的认识,也不论是对人的存在本质的认识,都不是互为冲突、相互对立的,这是因为,所有的科学认识都存在着一个理解问题,也都存在着一个理解的目的与意义问题,而这就是能够通过实践哲学将科学主义与人本主义统一起来的解释学度向与实践理性召唤。对于伽达默尔来说,要真正去说明科学主义与人本主义何以能统一于实践哲学,最主要的任务就是去说明科学认识与解释学和实践理性的必然相关性。

解释学本身绝不是一种概念游戏,而是与人类的存在与实践,是与对人类存在实践的科学的认识分不开的,因为"解释学反思完全是从科学的具体实践中产生出来,它对于方法的思考,亦即对于可控制的过程

---

① [德]伽达默尔:《诠释学Ⅱ真理与方法》,洪汉鼎译,商务印书馆2010年版,第541页。

② [德]伽达默尔:《真理与方法》,洪汉鼎译,上海译文出版社1999年版,第733页。

和证伪性都是不言而喻的……这种解释学反思也总是由科学实践得到证明的"①。当然，科学研究本身不是解释学反思的目的，解释学反思的目标在于通过其哲学提问"使科学在整个人类生活中的条件和界限成为主题"②。以哲学解释学为基础的实践哲学就是以此方式融入20世纪哲学运动之中的，这种哲学运动就在于力求克服片面指向科学事实的倾向，把科学与哲学、科学哲学与人文哲学结合起来。实践哲学就是要赋予科学哲学以实践理性的反思，赋予人本哲学以对科学经验事实的关注。总之，以解释学为基础的实践哲学也具有科学理论的重要性，"因为它通过解释学反思而在科学内部发现了真理的条件性，这种条件性并不存在于研究的逻辑之中，而是先于它而存在的"③。

四 "一切科学都包含着解释学的因素"，理解性是沟通思辨的与分析的哲学之可能性与有效性之保证

当代德国哲学家施太格缪勒认为，传统科学方法是一种"包摄模型"或"科学说明的包摄理论"，它源于伽利略传统，也称为"伽利略范型"，其意为"科学说明的一般模式是普遍的：对某一过程（不论它是在人类领域之外还是在人类领域之内）的说明，只当成功地将该过程包摄在一般法则之下时，才被认为是有效的"④。不过，在施太格缪勒看来，现代哲学家关于人的科学的研究方法出现了新的不同的理解，以冯·赖特为代表，将人的科学的研究与亚里士多德传统联系起来，强调了人的行为的合目的性，即"关于人的科学不是提供因果性的说明，而

---

① ［德］伽达默尔：《真理与方法》，洪汉鼎译，上海译文出版社1999年版，第734页。
② ［德］伽达默尔：《真理与方法》，洪汉鼎译，上海译文出版社1999年版，第734页。
③ ［德］伽达默尔：《真理与方法》，洪汉鼎译，上海译文出版社1999年版，第734页。
④ ［德］施太格缪勒：《当代哲学主流》下卷，王炳文、王路、燕宏远等译，商务印书馆2000年版，第100页。

是必须提供目的论的说明"[1]。正因此,赖特等人的思想是与解释学相一致的,解释学作为一种关于人的科学的研究方法也进入了科学方法的范围。施太格缪勒要指出的是:"解释学发展为一种哲学思潮,与科学的'伽利略范型'这种方法的一元论不同,哲学解释学强调,解释学的方法和理解的方法,如我们在精神科学中所看到的,具有一种特殊的性质,这种方法无论如何也不能还原为自然科学的方法。"[2]

从科学技术认识所蕴含的解释学经验来说,我们就是要"发现存在于'技术的'科学概念之中的本体论含义并使解释学经验得到其理论的承认"[3]。伽达默尔认为,近代科学技术的发展致使建立在近代科学观基础上所发展起来的科学哲学因出于对技术的自我表现确信而"封闭了它的解释学度向以及其中所存在的哲学任务"[4]。因而,现在要谈论科学哲学与人本哲学的融合问题,就必须指明科学理论与解释学的必然关系。伽达默尔的观点是,"一切科学都包含着解释学的因素"[5]。

首先,就理解与科学理论关系而言,在伽达默尔看来,"自然科学中所谓的事实并不是指随意测量的数值,而是表现为对某个问题的回答,表现为对某种假设的证明或反驳的测量结果。即使是为了衡量某种数值而进行的试验也不是由于它最精确地按全部技术规则进行而获得合法性。它只是通过研究所处的境况方才获得它的合法性"[6]。这表明,科学哲学理论中所指的科学事实绝非随意测量的数值,而总是表现为关于某个问题的回答,关于某种假设的证明或反驳,这就是说,一切科学活动和事实必定包含着这种科学活动与事实的内在目的和意义。如果退

---

[1] [德]施太格缪勒:《当代哲学主流》下卷,王炳文、王路、燕宏远等译,商务印书馆 2000 年版,第 100 页。

[2] [德]施太格缪勒:《当代哲学主流》下卷,王炳文、王路、燕宏远等译,商务印书馆 2000 年版,第 102 页。

[3] [德]伽达默尔:《真理与方法》,洪汉鼎译,上海译文出版社 1999 年版,第 741 页。

[4] [德]伽达默尔:《真理与方法》,洪汉鼎译,上海译文出版社 1999 年版,第 741 页。

[5] [德]伽达默尔:《真理与方法》,洪汉鼎译,上海译文出版社 1999 年版,第 743 页。

[6] [德]伽达默尔:《诠释学Ⅱ真理与方法》,洪汉鼎译,商务印书馆 2010 年版,第 578 页。

一步说，即便把科学活动与事实视为关于测试某种数值的试验，那么，这种科学行为的合法性也不是由其最精确地按全部技术规则测试的情形所能说明的。因此，要使科学活动获得合法性并使之得到保证，就必须回到科学活动所处的境况中，回到科学活动所要解决问题的现实需要和人的存在上来，唯有这样，才能真正说明科学活动和科学理论的真正目的、价值、意义及其合法性。

科学问题与科学事实如同历史问题与历史事实一样，绝不是抽象孤立的，而是与现实、与其服务于人的存在的目的紧密关联的。这种关联性不仅不是科学活动与科学理论之合理性的限制，恰恰是其合理性得以保证和实现的基础。实际上，在包括人文科学在内的一切研究中，都存在着这种科学研究的"假设的提出与证明"这一公式，只是要把此种公式返回到人的生存的广阔的现实基础上，从根本上，就是要返回到关于世界及人的解释学理解上，这样才会使一切科学知识和科学理论最终得到合法性与普遍性的说明。既然科学研究并非只是一种计算和测试的实验活动，而是从根本上与其所处的处境、与现实的问题、与人的存在相联系的，因而，一切科学活动和科学理论都存在着一个解释学的问题，即必须有着对世界现实和人的存在的理解，因为这真正关系到科学活动与科学理论的根本问题——为什么要有这种工作和理论？它是为谁服务的？它向着什么方向发展，等等。

其次，就语言与科学理论之关系来说，一切科学理论都是要诉诸语言表述形式的，而语言意义的理解问题就是一个解释学的问题，科学语言陈述的意义需要基于整个理论，也需要从解释学情境上，才能获得其意义的真正规定和理解。"无论如何，描述命题的概念很快就被指明对确立这样一种判然的确定性是不充分的。这样的判然性只有通过句子在既定理论之内的职能才能达到。然而局部事物恰恰是由全体决定的，适如全体由许多局部决定一样。这归根到底乃是一种解释学原则。"[①] "这从根本上说来也是一条解释学原则：任何既定的言谈、表述方式或原文形式都必须理解为依于特定的视野或角度。换言之，如果它需要正确的

---

① ［德］伽达默尔：《科学时代的理性》，薛华等译，国际文化出版公司1988年版，第145页。

理解，就必须理解它的视野。"① 既然一切科学认识和科学理论都与理解相关，那么，这也就意味着它与科学工作者生存于其中的语言和语言世界观以及一切前理解的知识或前科学的知识是密不可分的，这反过来也更进一步说明了科学与哲学、科学哲学与人本哲学的关联。

在伽达默尔看来，一切科学工作和科学理论都无法完全独立于研究者活动于其中、形成于其间的语言世界观（洪堡语言哲学的观点），特别是与自己母语的语言世界框架须臾不可分离。一种语言就是关于世界和人的存在的一种理解，语言与理解、与世界的本体论存在具有相互同质化的意义；而具体地就科学知识的语言"翻译"而言，只有当科学知识被"翻译"成人们普遍使用的共同语言时，科学知识理论才会实现其交往普遍性，获得其社会意义；因此，由此表明的是，科学研究与科学理论绝不是自主的，而总是处在一定的社会环境之中，也总是蕴含着对世界和人的某种总体理解和看法，它不远离传统意义上的哲学，不远离形而上学，相反，所有形而上学因素也同样存在于科学理论之中。

再次，就前理解、历史性与科学理论之关系分析，伽达默尔指出，我们不能忽视的一点是，"前科学的知识在这种科学中起着更为巨大的作用"②。这种前科学知识就是前认识、前理解知识，也就是伽达默尔所说的"前见"。这个来自海德格尔的思想得到了伽达默尔哲学解释学的极力赞赏，他认为，一切都不是纯粹的，任何认识都有其认识的前提、处境和个人、社会等因素的预先作用，这就是"解释学情境"。也就是说，在一切理解中，前见不是必须被消除的，也不是可有可无的，而是它必然地发生着作用，参与着我们理解的过程。因此，"一个单独命题的真理性，不能由它的正确性和一致性的仅是事实上的关系来衡量；也不仅仅依赖它位于其中的语境，而是最终决定于它所确立的根基的真实性，并与它由之获得其潜在真理性的说话者本人联结在一起，因为一个陈述的意义并不穷尽于被表述的东西。只有当人们追溯促使它产生的动因的历史，并朝前展望它所隐含的意义时，它才会被揭示

---

① [德] 伽达默尔：《科学时代的理性》，薛华等译，国际文化出版公司1988年版，第146页。
② [德] 伽达默尔：《真理与方法》，洪汉鼎译，上海译文出版社1999年版，第744页。

清楚"[1]。应该说,这就是科学认识、科学理解的基本状况,它所说明的重要问题是,"人们作为非科学性可信赖的残余而在这种科学中保留下来的前科学知识恰好构成了科学知识的特点,而且这种前科学知识远比人们通过人类联系不断理性化所能达到的甚至所想达到的东西更重要地规定了人们的实际生活和社会生活(包括推动科学的条件)"[2]。

这表明,人们生活于其中的任何语言都通向"可能表达的无限领域",只有将科学事实和科学理论的意义问题置于表述事实和理论的语言之中、诉诸人存在生活的整体性经验之上才能获得其本质性的认识,"没有任何理性能站在语言之外,认识总是对一个问题的回答。科学并不能从这个语言所组成的世界中除开,科学也不能控制我们生活的经验世界。科学只是我们所是的对话的一部分"[3]。科学问题本质上也是一个关于人的真正存在的问题,人的科学研究是与人的前见相联系的,纯粹的不带前科学的科学认识是不存在的,前知识总是"在生活经验被同化、语言的流传物被理解以及社会生活在进行的任何地方都起着作用","并永远是一切理解所必须具有的媒介"。[4] 这对于现代社会的科学专家、学者来说同样如此,在伽达默尔看来,即便这些专家、学者也不是用科学理论而是用实践理性来做出人类实践行为的选择与决定,但我们仍然无法断定他们(即使他们是理想的社会工程师)的理性就比别人多些,我们就应该将自己的实践行为包括社会生活、政治生活以及私人和个人生活中的决定性问题全权交给专家来处理。

而就人文科学与解释学的联系而言,人文科学的语言性、理解性、实践性和精神性更是与解释学的理解、解释和应用之要素特性须臾不可分离。如同狄尔泰深刻指出的,"我们说明(erklärung)自然,我们理解(verstehen)心灵",伽达默尔的核心见解就是,对于人文科学来说,

---

[1] [德]伽达默尔:《科学时代的理性》,薛华等译,国际文化出版公司1988年版,第39页。
[2] [德]伽达默尔:《真理与方法》,洪汉鼎译,上海译文出版社1999年版,第744—745页。
[3] [美]帕特里夏·奥坦伯德·约翰逊:《伽达默尔》,何卫平译,中华书局2003年版,第73页。
[4] [德]伽达默尔:《真理与方法》,洪汉鼎译,上海译文出版社1999年版,第745页。

重要的不是客观性问题,而是与对象的原始的先行关系,这是一个理解性的问题,从根本上说,就是一个理性反思的问题。因此,人文科学不是不具有科学性、真理性,也不只是人类的非理性的体验、领悟、信仰的领域,它同样也是一个理性参与其间的理解的领域,伽达默尔就是要通过他所建立的实践解释哲学重新来捍卫和确立起人文科学的真理性与科学性。

伽达默尔认为,存在着一个与理论哲学相关的范例,它也可以为人文哲学的意识提供一种合法证明,这就是亚里士多德所确立的实践哲学。① 他指出:"在我看来,在所谓精神科学的自我理解方面,实践理性问题不仅是其中的一个问题,而且比所有其他问题更首要地被提出来。Humanities,即'人文科学'在科学领域中究竟据有何种位置?我将试图指明,正是亚里士多德的实践哲学——而不是近代的方法概念和科学概念——才为精神科学合适的自我理解提供了唯一有承载力的模式。"② 精神科学或文化哲学属于亚里士多德的实践科学或实践知识的传统和领域,根据伽达默尔考证,精神科学起源于德国,在德语中,精神科学源于对英国哲学家穆勒《逻辑学体系》中的"道德科学(Moral Sciences)"的德文翻译"Geisteswissenschaaften",在穆勒那里,是将这种与自然科学"Naturwissenschaften"相并列并具有本质性区别的人文科学或精神科学视为一种"非精确的科学",认为其得出的结论"犹如长期天气预报",并非如自然科学的结论是确定必然的,而是不确定的、或然的。正基于此,伽达默尔明确指出,"亚里士多德提出的实践哲学纲领为我们提供了'理解'科学(精神科学——引者)可据以参照的唯一科学理论范式"③。

精神科学要研究的对象不再是纯粹的客体的世界而是对人自身和人的创造物世界的认识,这类科学总是与人的存在和生活意义的自我理解相关,因而,它就不是一种所谓纯粹客观的知识性科学,"这类科学的

---

① 参见[德]伽达默尔:《科学时代的理性》,薛华等译,国际文化出版公司1988年版。
② [德]伽达默尔:《实践理性问题》(1980年),《诠释学Ⅱ真理与方法》,洪汉鼎译,商务印书馆2010年版,第401页。
③ [德]伽达默尔:《真理与方法》,洪汉鼎译,上海译文出版社1999年版,第795页。

目的不仅仅是认识,而且是人的自我认识能动的和不断进行的改进"①,"在精神科学中问题在于理解,更确切地说,在于理解社会的整个现实;如果人应该互相共同生活,那他们在社会中确实就必须互相理解"②。伽达默尔宣称:"精神科学中最关键的并不是客观性,而是与对象的先行关系。我想为该知识领域用'参与'(Teihabe)理想——如同在艺术和历史里鲜明形成的对人类经验本质陈述的参与——来补充由科学性道德设立的客观认识理想。在精神科学中参与正是其理论有无价值的根本标准。"③

面对现代科学科技文明,最为重要的人文思考是恢复以善本身为目的的理性反思,重塑实践智慧,一切人文科学只有建立在这个基础上,才能从理论上真正关心人的生活命运,才会以实践智慧控制住对科技的盲目应用而不使之对人类造成危害。质言之,只有建立在以反思人类实践行为为己任的实践哲学基础上,才有可能真正建立起富有生命力的充满力量、负有责任的人文科学与社会科学模式。从另一方面看,伽达默尔的实践哲学是反对现代人本哲学的非理性精神与非理性主义方法,他重新倡导建立在理性反思基础上的理解是透析人文科学的思想实质,洞察人的真正存在与实践生活的基础与途径,一切人文科学的问题都要进行理性的分析,而不能停留于其所提出的口号上和情感体验上,"我们的整个研究表明,由运用科学方法所提供的确实性并不足以保证真理。这一点特别适用于精神科学,但这并不意味着精神科学的科学性的降低,而是相反地证明了对特定的人类意义之要求的合法性,这种要求正是精神科学自古以来就提出的"④。

这样一来,于是,方法的理性主义就在此终结了一种粗糙的非理性主义。这一点在雅斯贝尔斯那里就得到了很好的说明。雅斯贝尔斯在非

---

① [德]伽达默尔:《科学时代的理性》,薛华等译,国际文化出版公司1988年版,第129页。
② [德]伽达默尔:《科学时代的理性》,薛华等译,国际文化出版公司1988年版,第2页。
③ [德]伽达默尔:《诠释学Ⅱ真理与方法》,洪汉鼎译,商务印书馆2010年版,第406页。
④ [德]伽达默尔:《真理与方法》,洪汉鼎译,上海译文出版社1999年版,第626页。

理性基础上提出了神秘的"大全"存在,但他仍然坚持必须对它加以"存在阐明",即必须使终极存在经受一种理性的阐明,这就意味着,在雅斯贝尔斯那里,"理性与存在"是不可分的,而这同样也成了伽达默尔的基本理论主张。正是这种方法的理性主义为人文科学乃至哲学的科学性和真理性提供了基础和保证:"这样我们便看到在各种科学中作为一个真正维系和论证的因素显示出一种解释学的幅度:在自然科学中作为各种模式和个人专门研究工作的意义所具有的幅度;在社会科学中有一种类似的结构可以被描述为社会工程师向一位社会伙伴的自我转化;最后在历史科学中这一解释学幅度是作为过去存在的东西、现在存在的东西和明天会存在的东西的连续中介发挥作用。"①

综上所述,伽达默尔从一种解释学的理解维度上,从建立在理解基础上以反思人类实践行为为己任的实践哲学基础上,为现代哲学中的两大思想派系——科学主义与人本主义的融合之可能性、必要性和基础做出了新的阐述。这也是一种新的尝试和转变,其最重要的意义倒不在于说明两者有着必然融合的趋向(因为已有很多有识之士看到了这一点),而在于为如何进行这种融合提出了一种新的"融合观"。此种融合或交融的基础就在于科学主义和人本主义都与人的存在、人的实践生活的解释学理解相连,因而,融合必定是一种"理解的对话"模式上的交流、认同和一致,是对新的共同意义理解的分享,也是它的一种拓展与创造;讲融合也就并不意味着此生彼灭,一方压倒另一方,而是指在各自保持自己独立存在的情形下的一种对新意义的理解和创新,并由此而达成某种共识。这意味着,那种反对和否认两者融合走势的观点是固执片面和不深刻的,同时,那种因看见有两者的融合就断定必然会是一派击败另一派,要么统一于科学主义,要么统一于人本主义甚至是统一于第三者的看法也同样是不正确的。按照伽达默尔的解释学理论来说,完全可将两者看作一种关于世界事物意义理解的对话的双方,相互之间在碰撞中进行交流、认同、理解、融合进而达成共识则是必然的,这种融合不是一方消除和否定另一方,而是通过对话沟通形成新的共同理解,是在双方保持自身存在下的相互理解的对新意义的扩展与创造。由此而

---

① [德]伽达默尔:《科学时代的理性》,薛华等译,国际文化出版公司1988年版,第147—148页。

言，科学主义与人本主义有着必然趋于融合的创新哲学意义的走势，但这也并不表明，这种趋于融合是一种非此即彼，或者是两败俱伤而新生他者，而是指既有两派的融合，又保持着两派的独立性存在。

结语 沟通与融合不是消除差异，而是新视域的拓展和在相互理解中重建共识

作为20世纪人类思想发展的同行者和见证人，伽达默尔对于西方哲学现代发展所出现的分析的哲学与思辨的哲学两者极为对立的情形，以及对于来自科学哲学内部不断分化反叛出的要求重新融合科学主义与人本主义的呼吁是有所察觉，也是有所深思的。伽达默尔的解释学和实践哲学既在其所属思想领域作出了重大的创造性转化和贡献，同样，其解释学实践哲学从哲学与科学调解、语言意义理解、生活世界和实践哲学、科学知识解释学要素等方面也为现当代科学主义的分析哲学和人本主义的思辨哲学两大哲学派系的沟通架起了一座重要的思想桥梁，奠定了相互融合的理论基础和方式。

面对当代语言分析哲学所发起的对传统哲学形而上学的巨大思想冲击，当代伽达默尔等人所创立的哲学解释学从理论和方法层面提供和阐述了一种可能更具生命力和有效性的新思想、新路径、新方向。此种解释学从根本上更好地处理了语言意义的普遍性与相对性、无限性与有限性、统一性与多样性的关系。解释学强调任何理解和解释都是面对文本的理解，它无法超越文本本身的制约，这就决定了人们的理解和解释不是完全任意的、随心所欲的，而是有其客观性的，是要反对所谓过度解释的，正是在我们的理解和解释中构建起其文本乃至世界存在的某种普遍意义，当然这种普遍性意义就存在于人们的理解和解释之中，所以又是开放的、无限的、发展的，是一种"效果历史意识"的产物，自然它也就具有多元性、差异性、异质性和相对性的特征。解释学既要强调事物意义的客观性和普遍性理解，又要严格防止陷入绝对的客观主义和普遍主义；解释学既要强调事物意义离不开解释学情境，注重事物意义理解的多样性、差异性、相对性和开放性，又要特别防止陷入绝对的相对主义、特殊主义。

总之，科学主义与人本主义是人类思想发展上的长期并存的两种主要思想理论派系。伽达默尔的解释学实践哲学为实现沟通和融合两者架起了一座思想桥梁，或者说，奠定了两大派系相互融通的新的理论基础。哲学解释学既不反对科学主义，也不反对人本主义，更无意去取而代之，而是力求在一种共同意义的理解上指明它们都有可能融合到语言意义理解和实践哲学问题的理性反思上来，尤其要指出的是，由胡塞尔提出并为海德格尔、伽达默尔所高度强调的"朝向事情本身"这一现象学方向构成了分析哲学与思辨哲学相互融通的坚实理论基础和思想基石。英国哲学家艾耶尔（Sir. Alfred Jules Ayer，1910—1989）指出，"哲学的进步不在于任何古老问题的消失，也不在于那些有冲突的派别中一方或另一方的优势增长，而在于提出各种问题的方式的变化，以及对解决问题的特点不断增长的一致性程度"[1]。应该说，作为一个世纪老人的伽达默尔，面对分析的哲学与思辨的哲学的长期对峙，其竭力要打通两者的分离和隔阂，态度是鲜明的，思想是明确的。在现代哲学两大派系的对立发展格局和态势中，伽达默尔解释学实践哲学无疑为两者的沟通架起了一座思想的桥梁，创造性地推进了科学主义哲学与人本主义哲学由对峙走向融通的思想运动和进程。显然，这是符合现当代哲学发展和"未来哲学"建构的总体性诉求的，恰如艾耶尔所言，这种沟通和融通与新共识的形成就体现出了一种哲学的进步，甚至是重要而巨大的进步，因为不同哲学派系的思想对话、融通中构建起的新共识很可能重新奠定了哲学发展的新方向和新方式。

---

[1]［英］艾耶尔：《二十世纪哲学》，李步楼、俞宣孟等译，上海译文出版社1987年版，第19页。

后期维特根斯坦论逻辑必然命题

钟远征

摘　要：后期维特根斯坦通过对表征形式的探讨，重新理解了逻辑必然性。他将逻辑必然命题看作充当了表征规范的语法命题，并将对前者的研究重心放于对语法规则的探究。基于对经验命题和必然命题的区分，维氏对语法做出了约定论式的解释，并在逻辑必然性问题上抱持语法先天论的立场。也是基于这一区分，维氏认为，对科学必然命题的逻辑可能性的理解，也需诉诸对语法规则或表征规范的解释。

关键词：后期维特根斯坦　必然命题　表征形式　语法

作者简介：钟远征（1986—　），郑州大学哲学学院外国哲学研究所讲师，复旦大学外国哲学博士，主要研究方向为分析哲学、科学哲学以及后期维特根斯坦研究。

前期维特根斯坦着重强调各种不同的逻辑必然命题之间的差别，坚持将逻辑必然命题视为分析的重言式。[①] 后期维氏则抛弃了在《逻辑哲学论》时期的逻辑必然性观念，不再将必然命题理解为与经验命题截然相区分的抽象命题。在他看来，经验命题被视为对可能事态的描述，而必然命题却不能说是对必然事态的描述。因为后者的作用并不是描述性的，而是规范性的。他不再将其他必然为真的命题视为伪命题——算术等式、几何学命题以及分析命题都被视为对语法规则的表达，甚至形而上学命题，也不仅是无意义的，更是掩盖了语法规则的命题。这些命题表面看来是关乎事实的陈述，其实际作用却是充当语法命题。在后期维氏看来，命题的必然性问题实则是语法规则的可能性问题，对必然命题

---

① Ludwig Wittgenstein, *Tractatus Logico-Philosophicus* [German-English parallel text], tr. D. F. Pears and B. f. McGuiness, London: Routledge & Kegan Paul, 1961, p. 155.

的理解首先需理解作为表征规范的语法。不同的语法命题标示了我们看待事物的表征形式，表征形式通由对语法做出综观的尝试而得以阐明，逻辑必然性也由此得到理解。

一 必然命题是作为表征规范的语法命题

维特根斯坦在《1932—1935 剑桥讲座》中说道："每当我们说情况必定是如此这般的时候，我们就是在使用某种表征的规范。……诸如'不可见的物质''潜意识心理事件'就是表征的规范。它们进入语言中，以使我们说**必定**有其原因。"①

后期维氏把逻辑必然命题视为作为表征规范的语法命题，这一点对于理解其逻辑必然性的观念甚为重要。他认为，"表征形式"（Form der Darstellung）是我们看待事物的方式，是一种类似于世界观的东西。"综观式表征（die übersichtliche Darstellung）概念对于我们来说具有根本的意义。它标示了我们的表征形式，我们看待事物的那种方式（这是一种世界观吗？）。"② 具体而言，必然命题实际上充当了语法命题，其句式的典型使用在于对语法规则的表达。例如命题：

（A）黑色比白色更暗。

此命题标示了一种"描述规范"，使得现实变为可理解的，并于概念之间（"黑色"和"白色"）建立起了内在的关联，从而在语法上许可了经验命题之间的具体转换（如从"煤是黑的而雪是白的"转换成"煤比雪更暗"）。值得指出的是，这种转换并非某种所谓理论层面的转换。③ 说一个白色的物体比一个黑色的物体更暗，在逻辑上是不可能的。换言之，我们不会称一个物体是"白色的"，而且"比一个黑色的物体

---

① Ludwig Wittgenstein, *Wittgenstein's Lectures*, *Cambridge 1932 – 1935*, from the notes of A. Ambrose and M. MacDonald ed., Ambrose, Oxford: Blackwell, 1979, p. 16.

② Ludwig Wittgenstein, *Philosophical Investigations* (Second Edition) [German-English parallel text], tr. G. E. M. Anscombe, Oxford: Blackwell, 1958, p. 49.

③ 在《论确定性》（第 321 节）中，维特根斯坦明确反对有关经验命题之间"理论地转换"的说法，并反问"理论地"为何意。他认为，这种说法听起来有太多《逻辑哲学论》的论调。（参见 Ludwig Wittgenstein, *On Certainty* ed., G. E. M. Anscombe and G. H. von Wright, tr. Denis Paul and G. E. M. Anscombe, Oxford: Brasil Blackwell, 1979）

更暗"。基于语法规则,将此两种表述同时用于同一对象是没有意义的。

表征形式通常由对语法做出综观的尝试而得以阐明,逻辑必然性也由此得到理解。换句话说,理解作为表征规范的语法命题的必然性,恰恰首先要理解语法规则。"综观"所要达至的正是对语法规则的理解。就此,维氏反对本质主义的立场,并给出了他对语法规则的约定论式的解释:

> "语法规则是任意的"意味着:我并不将对某种东西的表征规范视作这样的约定,即它们能够得到那种描述其表征并显示出此表征是充分的命题的辩护。语法之为约定是不能通过描述所表征为何而得到辩护的。凡此种种描述,都已预设了语法规则。①

可见,语法规则是逻辑在先的,是蕴藉于种种必然命题的具体表征形式之中的。在对逻辑必然性的理解上,后期维氏是一个约定论者。这种"约定论",首先体现于他对作为规则的语法命题与经验命题的区分。

二 超越分析/综合的两分:一个约定论者

后期维氏不再截然区分充当规则的语法命题与经验命题,并将命题的逻辑必然性归为在经验命题中表达了语法规则的部分。

> 何为规则?它是(比如,有关语言使用的)经验命题吗?……规则不是经验命题,而只是这种命题的一部分。
>
> 规则建立了度量的单位,经验命题从而说出一个物体的长度。(于此我们可见,逻辑的诸种明喻是如何发挥其作用的,因为度量单位的确立的确是语法规则,而自此度量单位所标示的长度就是使用这种规则的命题。)②

---

① Ludwig Wittgenstein, *The Big Typescript*: TS 213, *German English Scholars' Edition*, tr. C. Grant Luckhardt and Maximilian E. Aue, Oxford: Wiley-Blackwell, 2005, p. 188.

② Ludwig Wittgenstein, *The Big Typescript*: TS 213, *German English Scholars' Edition*, tr. C. Grant Luckhardt and Maximilian E. Aue, Oxford: Wiley-Blackwell, 2005, p. 190.

可见，后期维氏对逻辑必然性的理解，有别于其《逻辑哲学论》时期的观点，更不同于逻辑经验主义的立场。后者的目标在于，发展出一种逻辑主义的形式，使其既能描述逻辑必然性，而又同时避免将之还原为经验的普遍性。在此意义上，维氏这一关键立场有别于逻辑经验主义对分析/综合命题的区分（或对此区分的消解）。对两者的三点比较，可使我们进一步理解后期维氏的逻辑必然性观念。

首先，后期维氏提到的很多语法命题，并不适用于哪怕最一般性的分析为真的命题。这是因为他意识到，有些逻辑必然命题是非真值函项，例如前文中（A）这种命题，就不是《逻辑哲学论》意义上的必然命题。维氏承认，存在着某种并非通过真值函项发挥其作用的逻辑建构，而且这些建构在不同的命题之间起到了联结的作用。① 其次，分析/综合的区分是就句式的形式和其构成来说的。但一个语句是不是某种语法命题，或者说是否被用来表达一个语法规则，却取决于其在具体言说语境中的作用，取决于它是否被具体用作某种正确性的标准。例如，"战争就是战争"通常并不被用作有关同一律的例示。换言之，一个命题的意义在于其使用层面的目的，对于语词来说也是如此。而逻辑向来不关切语词使用的自然历史。② 最后，分析/综合的区分中蕴藏了这样的观念，即认为必然命题的真是由其组成部分的意义所决定的。但维特根斯坦认为，恰恰是必然命题决定了语词的意义。

因此，逻辑必然命题就不再是通过对其构成部分的描述而得到理解的。反倒是，我们应当首先理解经验命题中那表达了其必然性的东西，即语法规则，或表征规范。如前所述，在维氏看来，语法规则乃是一种表征规范，意义和无意义的界限由此规范而划出。就此而言，表达语法规则的必然命题是先于经验的；反过来讲，经验命题的多样性又是由此种种必然命题所给予的。所以，命题的必然性问题就成了语法规则的可能性问题，而后一问题在维氏看来是具体而现实的——在逻辑命题必然性问题的理解上，维氏是一个约定论者。

---

① 参见 Ludwig Wittgenstein, *Philosophical Remarks*［1929 – 1930］ed., R. Rhees, tr. R. Hargreaves and R. White, Oxford: Blackwell, 1975。

② 参见 Ludwig Wittgenstein, *Philosophical Remarks*［1929 – 1930］ed., R. Rhees, tr. R. Hargreaves and R. White, Oxford: Blackwell, 1975。

"约定"恰恰是维氏借以理解表征规范的,他将约定视为规则和训练。换句话说,对于语言符号的使用是具体的、合乎语法规则的,语法规则就是约定。语法命题或者自身就是约定,或者基于此约定而确立其逻辑必然性。

> 约定是通过将某事用语词说出来而得以建立的。例如,"每当我拍一次手,请你走到门边,如果拍两次,请离开那扇门"。如果我们借约定要表达的意思是,某些东西由特定的符号而得到落实,那么这是否也意味着,人们也可以落实另一种规则呢?我所说的约定,意思是和语言习惯或训练保持一致的对于符号的使用。[1]

然而,维氏即便通过约定论式的理解解决了"语法规则何以可能"的问题,对于回答"必然命题如何可能"这一问题却还是不充分的。

三 必然命题何以可能:"语法先天论"

后期维特根斯坦在理解命题的逻辑必然性上的约定论面临诸多问题。即使魏斯曼也认为,将必然命题视为规则的做法忽视了这些命题实则是关乎数字、颜色、长度等对象的,却唯独和语词不相关。而且,我们只能说必然命题为真,却不能说规则为真。[2] 然而,维氏却可以既承认必然命题本身实际上并不是规则,而且坚持认为它只是就其"发挥规范作用"而言类似于规则。[3]

> 我无权要求你说数学命题都是语法规则。我只有权告诉你:"请研究数学命题是否不是表达或范式的规则——命题取决于经验,

---

[1] Ludwig Wittgenstein, *Wittgenstein's Lectures*, *Cambridge 1932 – 1935*, from the notes of A. Ambrose and M. MacDonald ed., Ambrose, Oxford: Blackwell, 1979, p.89.

[2] 参见 F. Waismann, *The Principle of Linguistic Philosophy* ed., R, Harre, London: Macmillan, 1965。

[3] 参见 Ludwig Wittgenstein, *Remarks on the Foundations of Mathematics* [1937 – 44] ed., G. H. von Wright, R. Rhees and G. E. M. Anscombe, tr. G. E. M. Anscombe, rev. edn, Oxford: Blackwell, 1978。

却也独立于经验。"①

必然命题于规则层面许可了经验命题的转换。语法本身并不受制于经验的反驳,因为逻辑是先于说出的命题与现实的某种符合。比如说,"所有的单身汉都是未婚的"这种语法命题的作用,并不是要对单身汉做出一个真的事实陈述,而是要去解释"单身汉"的意思。我们无须在经验事实层面确证被视为单身汉的人们的实际婚姻状况,对此命题的否定不能被归于对事实的无知,而只能被看作语言上的误解。

更进一步说,后期维氏对语法命题和经验命题的区分,也能够经受奎因在《经验论的两个教条》中对分析/综合两分法的批判。② 基于维氏对于表征形式的论述,如果所有关于"单身汉"的表征规范都转变为经验命题,那么由此一来,我们也将拒斥所有如下语句:"单身汉都是未婚的男人""单身汉是人""单身汉是血肉之躯",等等。如此一来,任何东西都可被称为"单身汉",因为否认任何能被归于这一概念之下的东西都缺乏充足的理由。以至于对"单身汉"一词的使用变得完全任意了,也就是说,变得毫无意义了。相应地,如果我们放弃认为语法规则掌控着所有语词的使用,这些语词也将失去其意义。

后期维氏反对将必然命题和其具体使用分开去理解前者的必然性,就此而言,他接过了康德的问题。对康德而言,意识的形式和范畴虽不能决定自在之物,却先天决定了我们的感性与知性的形式,是知识成其为可能的基础;在维特根斯坦,命题中的逻辑必然性虽不能决定事情发生与否,却先天决定了事实发生与否的可能性范围。换用维氏的话来说,"每当我们说事情必然是如此这般的时候,我们就是在使用某种表征的规范"③。在康德批判哲学的语境中,数学命题和形而上学命题是

---

① Ludwig Wittgenstein, *Wittgenstein's Lectures on the Foundations of Mathematics*, Cambridge 1939, from the notes of R. G. Bosanquet, N. Malcolm, R. Rhees and Y. Smythies ed., C. Diamond, Hassocks: Harvester Press, 1976, p. 56.

② 参见 Willard Van Orman Quine, *From a Logical Point of View*, Harvard University Press, 1961。

③ Ludwig Wittgenstein, *Wittgenstein's Lectures*, *Cambridge 1932 – 1935*, from the notes of A. Ambrose and M. MacDonald ed., Ambrose, Oxford: Blackwell, 1979, p. 16.

先天综合命题。① 而根据维特根斯坦，康德的论断表达了这样一种洞见：数学以及形而上学命题好似预示了现实这一事实，是需要解释的。维氏首先把"先天"加诸数学命题，因为这些命题既可被作描述式的使用，也可作规范式的使用。如算术命题的等式可被用为对人们运算结果的预断，虽说它实际上被用作进行如此计算的标准。

> 对 25×25=625 这一命题的辩护自然是：但凡任何人以此种方式得到训练，那么通常情况下他将得出 625 作为 25 乘以 25 的结果。但算术命题却并没有**如此**断言。可以说，这是经验命题硬化成了规则。此中规定在于，只有得到了那种乘积的结果，才可以说规则被遵守了。因此，这种免于经验的检验的命题，充当了判定经验的范式。②

也就是说，必然命题对经验性言说的作用在于，它们作为表征的诸种规范为人们处理经验提供了准则——"如果事情是这样的这一点是先天的，那么这就意味着它只是一种对于我们来说非常有说服力的表征形式"③。在此意义上，在后期维氏在逻辑必然性问题上所抱持的是一种"语法先天论"的立场。

四 必然命题之于科学

如前所述，后期维氏对必然命题的理解系于对语法规则的阐释和把握，而经验命题和规则之间在他看来并没有绝对的分界。当一种陈述实际上作为某类经验命题的正确性的标准而被使用时，它就成了表征规

---

① 参见［德］伊曼努尔·康德《纯粹理性批判》，邓晓芒译，杨祖陶校，人民出版社 2017 年版。
② Ludwig Wittgenstein, *Remarks on the Foundations of Mathematics* [1937-44] ed., G. H. von Wright, R. Rhees and G. E. M. Anscombe, tr. G. E. M. Anscombe, rev. edn, Oxford: Blackwell, 1978, p. 325.
③ Ludwig Wittgenstein, *Philosophical Investigations*, tr. G. E. M. Anscombe, P. M. S. Hacker and Joachim Schulte, rev. 4th ed., P. M. S. Hacker and Joachim Schulte, Wiley: Blackwell, 2009, p. 69.

范。反之,命题语句的逻辑地位会随其不同的使用方式而发生变化,必然命题也将失去其必然性。

例如,随着化学的发展,"酸是一种在溶液中使石蕊试纸变为红色的物质",已经失去了作为规范命题的地位。因为不同于 19 世纪末的经典酸碱理论,在现代酸碱质子理论中,酸这种物质被定义为质子给予体。① 所以,由于这一陈述不再适用于所有现代化学中被称为酸的物质,因此只能充当具体科学语境中的经验命题。

对后期维氏而言,必然命题和经验命题的区分是一种动态的区分。显然,由于新的科学经验的拓展以及科学理论的发展,必然命题作为表征规范的语法命题,自然存在着被弃用的情况。然而,在维氏看来,这和理论的证伪却不能混为一谈——对于语法命题而言,不存在所谓证伪。因为必然命题的规范地位意味着,此种命题本身就构成了其各组成部分意义的基础。然而,这并不意味着,在科学的追本溯源中,必然命题所给出的就是原因或对原因的正确解释——"必定有其原因这种陈述,显示出我们拥有某种语言的规则"②。毋宁说,必然命题并不构成科学陈述的分析性基础,而只是标示了其特殊的表征方式。有些看似必然的科学命题,实则只是基于某种表征方式的陈述,因此并不是科学。如潜意识的概念和相关陈述之于精神分析,就是如此情形。

> 以精神分析的方式研究人为什么会笑,类似于一种美学研究。因为审美分析的正确性,必须是对之加以分析的那个人所同意的。理由和原因之间有如下区别:对一个理由的研究,其本质部分牵涉于当事人对此理由的同意,但对一个原因的研究却是由实验所实行的。当然,同意那个理由的当事人,其时并没有意识到那是他的理由。然而有一种言说方式,说这个理由是潜意识的。如此言说或许是权宜之计,但潜意识却是这样一种假设的实体,它自这些命题所拥有的证实中得到了自身的意义。弗洛伊德就潜意识所说的东西听

---

① 参见朱裕贞、顾达、黑恩成《现代基础化学》,化学工业出版社 2010 年版。
② Ludwig Wittgenstein, *Wittgenstein's Lectures*, *Cambridge 1932 – 1935*, from the notes of A. Ambrose and M. MacDonald ed. , Ambrose, Oxford: Blackwell, 1979, p. 16.

起来像是科学,而事实上却只是一种表征的方式。①

在科学的划界问题(或科学与伪科学的分界问题)上,后期维氏的立场类似于波普尔。后者在《猜想与反驳》中,明确将精神分析列为伪科学,因为它基于对特殊经验的策略性解释,而拒绝被证伪。② 维氏则认为,科学理论不仅由经验决定,更是主动地在表征形式的框架中被建构起来的。"逻辑可能性的本质是由语言规定的。后者取决于事实,但其真假却不是由事实所决定的。……谈论逻辑可能性,也就是谈论我们表达的规则。"③ 在逻辑设定的界限内,表征形式受制于一种特殊的解释,这种解释恰恰是理解其确定性的基础。换言之,对科学必然命题的逻辑可能性的理解,需诉诸对语法规则或表征规范的解释。

从后期维氏对逻辑必然命题的论述,可以窥见他看待科学的立场。维氏的主要目的并不是要给出一种对科学的基本描述,而是将科学和哲学、美学以及精神分析等做对比。这一对比中有一个基本的预设,即科学理论和假设是要对经验现象给出因果性的解释。相反,哲学问题却不能通过经验或因果解释而得到解决,因为哲学问题并不是事实问题,而是概念的、命题的问题。因此,以哲学观科学,后期维特根斯坦发现,后者更亟须的是语法的明晰。

---

① Ludwig Wittgenstein, *Wittgenstein's Lectures*, *Cambridge 1932 – 1935*, from the notes of A. Ambrose and M. MacDonald ed. , Ambrose, Oxford: Blackwell, 1979, p. 40.

② 参见 Karl R. Popper, *Conjectures and Refutations: The Growth of Scientific Knowledge*, New York and London: Basic Books, 1962。

③ Ludwig Wittgenstein, *Wittgenstein's Lectures*, *Cambridge 1932 – 1935*, from the notes of A. Ambrose and M. MacDonald ed. , Ambrose, Oxford: Blackwell, 1979, p. 162.

哲学家访谈录

哲学的科学方法
——访赵敦华教授

赵敦华　王希佳

受访者：赵敦华教授（北京大学哲学系、宗教学系博雅讲席教授）
访谈者：王希佳博士（北京大学哲学系、宗教学系博士后）
时　间：2021年6月4日
地　点：北京大学外国哲学研究所

摘　要：本次访谈以哲学研究的科学方法论为切入点，分别聚焦于哲学的"新工具"、哲学的人文科学方法、哲学的社会科学方法三个层面，以"科学"概念之分殊、哲学经典的翻译与格义、田野调查对经典解读的反馈为例，阐明哲学在方法论上的学术分化，冀望科学主义与人文主义的新综合。

关键词：哲学　知识体系　科学方法论

受访者简介：赵敦华，1949年生于江苏，比利时鲁汶大学哲学博士，北京大学哲学系、宗教学系教授，博士生导师，北京大学教学成就奖获得者。研究领域涉及西方哲学史与经典解读、中世纪哲学、基督教哲学与《圣经》研究、比较哲学与哲学方法论等，著作等身。

一　哲学的"新工具"

王希佳：赵老师好！感谢您接受访谈。我想从一句哲人的名言开始。《论语·先进》"四子侍坐"篇，孔子对弟子说"居则曰：'不吾知也'。如或知尔，则何以哉？"这是一种古典的志趣与追求，从"吾十有五而志于学"到学而有成后关心年轻弟子的成长,而且是以对话的形式展开的。

赵敦华:这个"开场白"很好。当然现代教育的合作导师与博士后不同于孔子时代的师徒,如果用类比方法,你可以先说说自己的学术志向和"不吾知也"的困惑,然后我再做评价,你看如何?

王希佳:好的,谢谢老师。感觉也是说来话长。我的学术志向,可以说是始于中文和中国哲学,带着古典学的"乡愁"聆听宗教学这门现代学科的"和弦",格"义"以至于"知",希望最终能在迟暮年华用更加丰富的汉语写出无愧于"偶开天眼"时的少年初心的著作。我所关注的学科领域传统上属于人文研究(studia humanitatis),现在哲学一般也划归到人文学科,但这样一种哲学观自20世纪初即受到分析哲学的批判。维也纳学派的核心人物卡尔纳普在《通过语言的逻辑分析清除形而上学》中就说过,"形而上学家是没有音乐才能的音乐家"[1],并把形而上学设想为艺术的不适当的替代物。我本人既往的学术训练对这个领域比较隔膜,但还是能感觉到一种来自另一个方向的敏锐洞察力。《道德经》讲"反者,道之动",若以卡尔纳普这句话为标识,去检验以海德格尔为代表的欧陆哲学传统,这涉及现代哲学迄今争论不休的路向问题,欧陆哲学与分析哲学是否"分道而行"?科学主义与人文主义如何综合?从这个角度看,"批判"未必是坏事,反而有利于促进哲学的更新。您的博士学位论文写的是"罗素与维特根斯坦的对话",后来又出版了关于波普尔哲学的著作,您怎么看科学主义与人文主义两种不同的哲学观?在何种意义上能将哲学视为一种科学?

赵敦华:这个问题源远流长,涉及不同的哲学观和科学观。在我看来,任何一种能被称为科学的学说都要具备三个条件。第一,要回答时代提出的问题,比如科学方法的问题、灵魂的问题——13世纪中期灵魂性质问题就是经院哲学争论的焦点,还有人的价值、生命的意义等,这些也是永恒的问题;伽利略的科学方法之所以能够战胜中世纪以来的那么多观点,以自然科学的方法代替自然哲学、灵魂学说,他的科学方法

---

[1] [美]鲁道夫·卡尔纳普:《通过语言的逻辑分析清除形而上学》,罗达仁译,王太庆校,载陈波、韩林合编《逻辑与语言:分析哲学经典文选》,东方出版社2005年版,第271页。

论之所以能对自然哲学取而代之,就是因为他能够回答时代提出的问题,例如如何认识世界。第二,要用一种"新工具"来解决时代提出的问题,即使用新的证据、新的方法,提出新的解决方案。第三,这种学说要能保留下来,其对时代问题的解决方法要被后人接受,产生了影响力。

王希佳: "新工具"是必要的。根据研究方法的不同也可以确定研究对象的不同。人类知识体系的长河日新月异、"不舍昼夜",每一次的波澜都与新方法的"发明"有关。

赵敦华: 我们一般讨论三种方法。其一为自然科学的方法,即主要依靠实验室,需要通过做实验来进行验证,且实验本身具有可操作性、可重复性。其二是人文学科的方法,主要依靠历史遗留的经典文本来做研究,包括文献的整理、文本的翻译和解读,或者说格义与诠释等。其三是社会科学的方法,主要通过问卷调查、田野调查的方法。人文学科、社会科学研究的结论通常是具有灵活性的(flexibility),有时候它的结论会引起很多的争论,最终也不一定有定论,理论体系上也存在着新旧混杂的情况。这三种科学知识体系相比,自然科学的研究成果影响最快、最广,但是更新换代的速率也是最快的;社会科学的研究成果影响较缓慢,它也讲证据,它的证据受社会思潮的影响,其研究成果对社会的影响稳定而持久。比如社会学可以使用"大数据"的方法调查,它的一些结论对科技政策的制定、对社会和政治决策都可以产生影响,影响范围也很宽泛。

王希佳: 您对知识体系方法论的这三种区分非常清晰。我想可以从"科学"概念和上面这三条主线说起。如果追溯"科学"的概念,其实明末清初以降在汉语中对译"science"(词源上可以追溯到古希腊语"episteme","知识"也是这个词)的是"格致""格致学","科学"一词直至20世纪初才在大众传媒中被广泛使用,包括"五四"时期高举的"赛先生"大旗。这里涉及译释上的概念对应问题,请问您如何理解"科学"这一概念的古今中西之变?

赵敦华: "科学"概念非常复杂,每个时期是不一样的,在不同哲学家那里也是不一样的。"科学"从词源上可以追溯到古希腊语"episteme"(ε'πιστημη),实际上我们今天经常说的,包含上述自然科学、人文科学、社会科学的广义的"科学"更与德语的"Wissenschaft"接近，除了"科学"还可以翻译成学术、学科。追根溯源的话还是可以从亚里士多德说起，亚里士多德在《后分析篇》中解释了如何科学地使用"三段论"，一般认为这是他关于科学方法的研究。经过"大翻译运动"，他的著作成为中世纪教育体系的中心，"科学"还是要有体系的。英语"science"是从拉丁语"scientia"而来的，"scientia""arts""doctrina""disciplina"是交叉的，具体的我在《基督教哲学 1500 年》的第七章"经院哲学的兴盛"① 做出了区分。在中世纪，最快普及亚里士多德著作的场所是巴黎大学艺学院，最早接触这些著作的人是神学院的教师。神学家的介绍基本上对亚里士多德的哲学持中立的态度，他们都要求不抱偏见地理解被介绍的对象，要求把公正的理解作为赞成或反对的前提。当时亚里士多德的"科学体系化"思想已经无形中支配着经院哲学的动向。按照亚里士多德的科学观，"科学"（scientia）是用严格证明推理（λογον διδόναι）获得的必然知识；"学艺"（arts）是从前提到结论的推演体系；"学说"（doctrina）是一门学艺的传授、表达；"学科"（disciplina）是在教师指导下获得一门学艺。根据这些概念，学术活动不但要建立必然的知识内容，而且需要有系统的证明，并且要表达这些内容，把它们安排在教学活动中，成为一个可操作的体系。中世纪大学的教育基本上以逻辑和科学的科目为主。像前面说到的"学艺"（arts），对应的古希腊语是"τέχνη"，也不能直接对应于现代语言的"技术"（technology），因为在中世纪它包含代数、几何学、天文学、和声学、逻辑学等，不能说这种"技艺"和今日所说的"科学技术"范畴不相关。

王希佳：能不能这样说，在古代（古希腊）哲学那里，"人是万物的尺度"；到了近代哲学这里，"科学"则成了"百科"的尺度？似乎从 19 世纪以来，"作为科学的 XX"已成为一个检验诸学科的公式，如作为科学的形而上学（康德）、作为科学的神学（布尔特曼）、作为严格科学的哲学（胡塞尔）、作为科学的"社会主义"（恩格斯），对于一切人类既有的知识，自然科学是用规范化的方法、已经形成的特定的范

---

① 赵敦华：《基督教哲学 1500 年》，人民出版社 2005 年版，第 319 页。

式,人文学科则受到自然科学的一套科学方法论的检验或"审判",才能确定其学科地位与合法性。

赵敦华:你上述所举例子中"科学"都是德语的 Wissenschaft,不是狭义的"自然科学",也包括常说的"精神科学"(Geistwissenschaft)或"历史科学"(Geschichtswissenschaft)。"人是万物的尺度"是普罗泰戈拉的说法,实际上体现了一种古希腊的人文精神,是一种人本的、人文的学说。苏格拉底实践了德尔斐神庙的神谕"认识你自己",讨论人生哲学的相关问题,他是把哲学"从天上引入人间"的人,"认识你自己"不能等同于"人是万物的尺度",到了文艺复兴时期才重新复兴人文主义。我们今天现代汉语的"科学"概念,是包含了上述"scientia" "arts" "doctrina" "disciplina"几个义项的复合的概念。而且单就"scientia"这一个概念而言,古希腊与中世纪都是不一样的。

王希佳:那我想举一个例子。关于"科学"问题的讨论,有一个学科领域首当其冲,与哲学的理论意义相比更具有现实意义,与纯粹自然科学的知识性相比更呼吁人文精神或人文关怀,那就是医学。以中医的"科学性"为例,对其探讨事实上也推动着中医医学理论的深化与发展,促进了中西医理国际学界的交流。请问您怎么看对中医科学性问题的探讨及其可以给哲学带来的启发?

赵敦华:中医是一个问题,这还涉及不同的"哲学观",涉及不同的范式(paradigm)。"范式理论"是库恩(Thomas Samuel Kuhn)提出的。波普尔(Karl Popper)1932 年写成《研究的逻辑》发表在石里克和弗兰克主编的"科学世界观论文集"的丛书中,他在这本书中提出的证伪方法放弃了以归纳法为基础的证实原则。经过库恩、法伊尔阿本德(Paul Feyerabend)(他曾师从波普尔)的发展,当代科学哲学已经认识到科学不只是观察和实验活动,观察和实验的性质、程序和工具被范式决定。一个范式是一些认识论、方法论和实验的规则,这些规则决定了哪些类型的活动被常规科学家当作常规科学。科学进步只是由于老范式(以不能成功地应付该范式在观察中提出的问题)向用来解决科学混乱的新范式的转变,范式转变是关于我们世界观所持最根本前提的革命。法伊尔阿本德在自己的著作《反对方法》中提出了与传统不同的科学方法论,主张没有特定的方法,总结起来就是"怎么都对"。他在书中以中医、中草药为具体的案例，认为它们能治病，但不是特定的方法，他的科学观认为科学没有统一的标准。其实文艺复兴时期也有类似的讨论，有关于"隐秘科学"（occult sciences）的内容，比如自然魔法、炼金术、占星术。如果按照其师波普尔的"证伪主义"，凡是科学的都是可以证伪的，占星术这些"隐秘科学"无法证伪或难以证伪，那就不是波普尔意义上的"科学"。如果按照法伊尔阿本德这种"怎么都对"的科学观，中医显然是"科学"的。法伊尔阿本德批判一种固定的科学观，认为在固定科学观的语境下，"科学"不仅指一种特定的方法，也指该方法迄今所产生的结果，那么同这些结果不相容的东西就会被排除出去——这样就会导致"草药、针灸、艾灸和作为其基础的哲学都成了过时的东西"[①]。他批判说，这会使科学的各部分变得僵硬、偏狭。他认为中医具有一些"现代医学"无法重复的治疗方法，也是现代医学尚不能解释的，这说明传统的西方医学还有很大空缺，惯常的"科学方法"未必能找到针对一切疾病的答案。

二　哲学的人文科学方法

王希佳：下面请老师谈一下刚才讲到的第二种方法——人文科学的方法，通常是"从文本到文本"的。以哲学文本的翻译为例，最近德国学者策勒（Eduard Gottlob Zeller）的六卷八册本《古希腊哲学史》中译本发行，这套著作特别体现了德国古希腊哲学的研究特色，可以说是精工细作，体现了学术研究的"匠人精神"，它的页下注都需要当作正文来读的。其中涉及的一些专业的代数学、几何学知识既能帮助读者理解原文，亦增加了翻译的困难。请问您认同怎样的翻译原则，您对学术著作的翻译有什么建议吗？

赵敦华：人文学科不同于自然科学的实验的性质，一般没有实验室，主要面对的是文本，通过对文本进行整理、考证和解读，讲究文本的证据。对文本的整理和考证需要语文学的功夫，对于古代经典文本则需要古典语文学的功夫，对古典语言需要熟练掌握。尼采就曾说过，古

---

① ［美］法伊尔阿本德：《反对方法：无政府主义知识论纲要》，周昌忠译，上海译文出版社2007年版，第28页。

典语文学需要经过科学的训练，在文科中学就开设古典语言，如古希腊语、拉丁语的课程，进行对古典文本严谨、细致的解读训练。做古典学的研究，有时需要对某位哲学家的全集进行翻译。比如在 15 世纪的文艺复兴时期，斐奇诺曾将古希腊文的柏拉图对话全集翻译成拉丁文。到了 18 世纪，德语、法语、英语这些民族国家的语言都比较成熟了，各国掀起了翻译古典文献的高潮，到 19、20 世纪之交正是德国古典学丰收的时期，策勒的那一套《古希腊哲学史》就是在这种背景下诞生的。六卷本的皇皇巨著确实是一个典范，他的思辨非常精深，辩证也很周全，在历史环境中对经验的事实来做解释的论证、辨别、选择，最后进行综合，做得非常细致，阅读时你就能感受到注释的力量。比如有关于柏拉图《理想国》第八卷"生育之数"这一难题的探讨，单是策勒的页下注就有 3 页多，他给出了不同的算法。现在我们再把策勒这部巨著翻译成汉语，也是可喜可贺。这些青年译者所做的都是研究性的翻译，每个人在他翻译的内容上做过很多的研究。有的文献从文字功夫上就很难，甚至有些文献都难于辨认。我记得 1993 年的时候我眼睛还可以，就写一部中世纪哲学的书，中世纪的专著很多注释字都很小，写完以后我的眼睛从 600 度升到了 1300 度，他们讲我当时戴的眼镜"像酒瓶底一样厚"。所以这不仅仅是技术活，更重要的是一种功底。至于说到翻译本身，我们以前讲翻译的主要原则还是"信达雅"，王太庆先生有一个观点，就是认为中西文不同，有时候为了达到"信"，翻译英文就要先断句，英文太多长句、从句，要给它断成短句，分清重点，为了译文的"信"而改变句型、句式。具体而言，他讲用现代汉语翻译印欧语系的哲学著作难度很大，因为印欧语的分析性强，汉语比较笼统，这就要想办法使汉语的表达精密起来。现代汉语表现能力强，词汇丰富，给西方哲学文本的翻译带来了一些便利。比方说有新词的创立，语法的精确化，复合句的灵活处理。王太庆先生讲同印度人和西方人的语言相比，古代汉语的逻辑和语法是容易被忽视的，这提醒我们提高汉语语法表达的严谨，但在翻译的时候也不是说只管逻辑规律，不顾具体语法、语境，那样会造成不"达"。因此他讲就外国哲学的翻译而言，既要深入研究外国哲学史，学好专业外语，又要大力提高汉语水平，汉语不通的人也是做不好翻译的。再就是也要重视语言的逻辑本身。译者必须头脑清楚，不能似是而非、含糊其词，不能缺斤少两或画蛇添足、张冠李戴。

王希佳：向赵老师的眼睛致敬。同时也能理解翻译是一项心平气和能磨平人脾气的工作，如您所言"只有较好，没有最好"。"翻译"的问题也引出"格义"的问题。在中西比较哲学研究的方法论上，您曾写过《中西哲学术语的双向格义——以〈论语〉为例》①；您的《西方哲学简史》《现代西方哲学史》都是非常好的教材，有青年学者对您这两本书的评价是"语言流畅、富有文采"；我读您的《西方哲学的中国式解读》《基督教哲学1500年》也能感觉到是让外国哲学、基督教哲学讲中国话。老师能否再谈谈"双向格义"的问题？

赵敦华：格义其实就是一种解读，因为每种语言都有自身的逻辑，对应着一种自身的思维方式。"格义"与"翻译"是连着的，翻译的过程中自然会涉及格义、诠释，真正的翻译只能是格义，这就涉及中西哲学的比较。追根溯源地讲，"格义"这个概念原本是魏晋时期流行的解释佛经的方法，《哲学大辞典》里有专门的解释，冯友兰先生说"格义"就是"用类比来解释"。我认为确切的翻译离不开两种语言之间的类比，近代西学传入以来，格义曾经在佛经翻译中起到的作用引发的讨论，现在是以另外的形式出现的。现代汉语中已然吸纳了大量的西方哲学、学术术语，对于一个哲学术语，如果只是用西方哲学的语境和用法来类比它在中国传统哲学中的意义，那可能会导致片面与狭隘；但如果与此同时，我们也用中国传统哲学的语境和用法来类比它在西方哲学中的意义，就可以对这一术语在西方哲学和中国传统哲学中的意义有比较全面的理解，也就是我所谓"双向格义"——不但用西语格汉语，更要用汉语格西语，努力用中国传统哲学的术语来类比西方哲学概念的意义。用西语格汉语最初表现为西译汉，用汉语格西语也表现为汉译西。"双向格义"不仅仅是西语与汉语之间的双向翻译，更重要的是涉及对中国传统哲学性质的基本理解和现代表述。"汉语哲学"怎样才算是成功？你像刚刚提到的策勒，可以说他是德国古希腊哲学研究绕不过去的学者。陈康先生就说，什么时候外国研究古希腊哲学的学者都要参考中

---

① 参见赵敦华《中西哲学术语的双向格义——以〈论语〉为例》，《中国哲学史》2003第3期。

国学者的古希腊哲学研究著作,都以不懂汉语为憾,那也就标志着我们的古希腊哲学研究成功了——其他哲学领域也是一样。黑格尔在他的一个书信集或者早期的笔记中(我发现黑格尔也很喜欢记笔记!)说他要"让哲学说德语",他做到了,那现在哲学系的学生没有不学德国哲学的,德国哲学在国内外主要高校的哲学系里都是必修课。费希特说德语具有优越性,德语中的很多词汇保留了拉丁语的词根或语义,具有思想上的连续性。现在说研究哲学,不能没有德语哲学的参与。汉语哲学也是一样,就是让哲学说汉语。一些海外汉学家或者说"海外中国学家"也注意到这个问题,中西文化之间不是"替代"的关系,而是需要格义的。我举个例子,比如安乐哲(Roger T. Ames)教授,当然他是"以中格西"地把汉语典籍译回英文,他的翻译其实也有一个原则,那就是实用主义,能体现杜威精神。他讲"阐释域境"(interpretive context),翻译不是字字对字的替换,而是以同义词替换。比如对"中庸"一词的翻译,他讲这一术语的众多英文翻译中,最为人熟知的是"The Doctrine of Mean",但他认为这种翻译是不恰当的,而应在"focusing the familiar affairs of the day"(切中日用伦常)这一只言片语中把握"中庸"的真实含义。① 这就是一种格义式的翻译,以西格中。

王希佳: 格义太重要了。但是学习古典语言、经卷语言是功夫活儿,很花时间的。我想起剑桥大学《圣经》学者大卫·福特(David F. Ford)教授在探讨《圣经》研究学者掌握《圣经》语言的问题时曾提到,有人认为掌握一门古典语言对大多数人的时间和精力都是一个巨大挑战,而在神学研究中还有其他重要任务,没有人能面面俱到,由此似乎能得出结论,即各门语言固然必要,但只是对众多领域中的某一专业领域而言才如此。福特教授认为这一"歧见"可供探讨,同时给出可作为补偿方法的建议,即"通过评论和其他书面的辅助,但最重要的是通过群体之中对某一文本活生生的阐释,这样的群体中应该有一些能够读懂源语的学者同好"②。古典学研究都面临这样的问题,比如研究佛教最好通晓梵文、巴利文等。您认为有志于学术的青年学子是否需要明

---

① 参见安乐哲、郝大维、彭国翔《〈中庸〉新论:哲学与宗教性的诠释》,《中国哲学史》2002年第3期。
② [英]福特:《基督教神学》,吴周放译,译林出版社2014年版,第130—131页。

确自己的才干与追求，如以思想建构为目标的学子可以采用一种语言上间接的方式，而专业研究古典学的必须"亲自"接受古典语言的"折磨"，体味古典语言的魅力？文献语言本身是否具有可替代性？

赵敦华：刚才我提到的王太庆先生，他精通英、法、德、俄文和希腊、拉丁古典语言，还熟悉中国佛典和相应的梵语表达。我的老师陈修斋先生则要我懂5门外语，从外国哲学和古典学的方法上讲，读原文原著还是重要的，至少你在一些核心证据上要有能力去核对原著原文。真正理解西学经典，除了外语基础也需要一定的哲学训练，及对思想文化背景的理解，即前面讲到的"格义"的"义"的层次。从现在的大方向上说，对语言的翻译不是不可替代的，专业语言本身是一种特殊的"日常语言"，有自身的逻辑和语义。你看现在的谷歌翻译，水平很高，技术上越来越先进了。就机器翻译而言，我想关键在于翻译规则的确定，根据一种语言的语义、语句、语法，对语言进行正确分析，一旦翻译规则确定了，机器翻译的水平一定是可以越来越好的。21世纪初的时候图宾根大学的校长来北京大学访问，当然他不是哲学学者而是一位经济学家，他讲他们那儿的学者现在也更愿意读英文的康德著作，英文版的《纯粹理性批判》更方便阅读。就康德著作而言，剑桥出了一个康德（黑格尔的也有）评注系列，非常好，非常详尽。因为德语语句的复杂，有时候英译本反而更清楚，而且它的注释非常详细，甚至超过原著本身的详尽程度。像我之前留学的时候，其实出国之前就有哲学基本知识了，所以出去以后可以比较顺利地进行"格义"。我在硕士学位论文中对康德范畴先验演绎结构整体上的处理是化繁为简，但对其中一个注释的处理是化简为繁。当时读到贝克翻译的康德《实践理性批判》中有一段话①，我觉得意思不对，后来找到原文，发现是一个双重否定。我在

---

① "用主观必然性即习惯来代替只发生于先天判断之中的客观必然性，就是否认理性有判断对象的能力，亦即否认理性有认识对象以及属于对象的东西的能力……有人为了补救客观的和由此而来的普遍的有效性的这种缺乏，就说：人们并没有看到给另外一种理性存在者赋予另外一种表象方式的根据；如果这个推理是有效的话，那么我们的无知就会比所有的沉思更有助于拓展我们的知识了。正是因为我们除了人类之外不再认识其他种类的理性存在者，所以我们有权利假定我们在自己身上认识到的那种性质，这就是说，我们会现实地认识他们。"（译文引自［德］康德《实践理性批判》，韩水法译，商务印书馆2009年版，第10—11页），参见赵敦华《我思故我道》，江苏人民出版社2020年版。

这段引文中加了注释：贝克把"dass man doch keinen Grund sähe, andern vernünftigen Wesen eine andere Vorstellungsart beizulegen"错误地译作"that there is no reason not to attribute to other reasonable being a different type of ideation"（Critique of Practical Reason, translated by L. Beck, Bobbs-Merrill, Indianapolis, p. 13）。贝克英译的错误非常明显，他在译文中多加了一个"not"，把德文原文的否定句式（"没有理由赋予另外一种理性存在者以另外一种表象方式"）变成了双重否定句（"没有理由不赋予另外一种理性存在者以另外一种表象式"），这样就解释通了。这就是不以辞害意，如果格义的"义"通了，就不会受文辞的干扰了。总之从技术前景上讲，源语言不是不可替代的。实际上英语现在已经起到这个作用，之前有人发明使用"世界语"，实际上英语早已经取代了"世界语"，英语已经是一门国际通用的工作语言了。

三　哲学的社会科学方法

王希佳：我想起三十多年前就有人编制了"计算机诗词创作"程序，如今的"机器写诗"程序已经更加成熟，足以乱"真"了，当然对诗歌意境的感悟还是属于人的，对经典文献原著的理解也是属于人的。最后请老师谈谈科学理论的第三种方法，即社会科学的方法。

赵敦华：社会科学的研究会受到时代和社会思潮的影响。以人类学的研究为例，它在社会科学研究中注重田野作业的"参与观察"。比如马林诺夫斯基（Bronislaw Malinowski），他是一位生活在英格兰和美国的波兰人，早期功能学派主义举足轻重的人物。第一次世界大战使他在1915年和1917年在特罗布里恩群岛（Trobriand Inseln）成为一个实习生和战俘，让他方便对当地的原住民进行密集研究。他在著作《科学的文化理论》中阐述了功能主义，主张有机地、整体地把握文化诸要素的功能，把文化作为一个合成体来理解，文化诸要素的动态性质指示了人类学的重要工作在于研究文化的功能。他关注未"开化"社会的社会形态，以大洋洲为对象做了大量的田野调查，把其经历写进了《西太平洋上的航海者》。在《野蛮人的性生活》一书中，他也以"关于乱伦的原始神话"为样本，对他在特罗布里恩群岛发现的乱伦现象做出解释，他认为这些现象今天仍然存在是因为它们与婚姻、家庭各自分工合作得很融洽。他记载了一个发生在库米拉伯瓦格（Kumilabwaga）的故事，其中有兄妹两人因为"爱情巫术"的作用发生乱伦行为，马林诺夫斯基解释说库米拉伯瓦格神话的功能是"提出爱情巫术的宪章，证明通过咒语和仪式的力量连强烈的乱伦感都能打破"①，这一解释也服务于他的功能主义民族志研究的理论。后来人类学家和社会学家还有对"外婚制度"和"内婚制度"的讨论，甚至罗德尼·尼达姆（Rodney Needham）认为"乱伦"本身就是一个错误的社会学概念。不同时代的社会思潮也会对社会科学的理论产生影响，比如种族主义思潮等。

王希佳： 而且像社会学、人类学这些社会科学的一些理论成果，也能为古代经典的解读提供新观点。我印象中您在《圣经历史哲学》论著中对此也有涉及。

赵敦华： 对。类似的还有曾任北京大学哲学系主任的徐旭生教授著有《中国古史的传说时代》，他做的考证就很好，我在向学生推荐泛读书籍时也会推荐这本书。我的《圣经历史哲学》②中对《创世记》的研究涉及许多对《圣经》考古学、文化人类学研究结论的借鉴。我主张研究《圣经》要用"历史批评"的方法，具体而言，《创世记》第12—60章成书之前，在很长时间内是口头传说，如同北欧古代的传奇（Saga），来自不同的原始部落，后来才由祭司编辑在一起，组合成关于族父的传奇故事。不能把《创世记》成书之前所有的口传历史都等同于传奇，其中的"族父史"也不能归结为传奇。"族父史"与"传奇"的一个根本区别在于它有一个连续主题，即从亚伯拉罕到以色列大家族的繁衍。这不是自然繁殖过程，其间历经三代家族，是"三代亚伯拉罕"，耶和华的祝福或诅咒之言都可以在族父史找到原型。这里其实有一个族父谱系的问题。"这是某某的后代"的句式是《创世记》的纲要，共出现十次，其中五次与族父谱系相关。批评者否认《圣经》历史记载是信史的一个重要理由是族父的年龄不可信：亚伯拉罕活到175岁，他100岁时

---

① [英]马林诺夫斯基：《野蛮人的性生活》，刘文远等译，团结出版社1991年版，第30页。书名全译为"西北美拉尼西亚野蛮人的性生活"，参见 Malinowski, B., 1931, *Das Geschlechtsleben der Wilden in Nord-west-melanesien*. Leipzig: Grethlein, 1931。

② 参见赵敦华《圣经历史哲学》，江苏人民出版社2016年版。

还能与 90 岁的撒拉生以撒，让人难以置信——但这不是反对的充分理由。"圣经年代学"的观点认为，谱系中的名称不是祖先的个人专名，而是以他为始祖的氏族的公名。一个家族的家主名号不变，但世代不同。口传历史的家族年龄采取几代家主实际年龄的累加。比如第一代家主在 70 岁去世，不管第二代家主的实际年龄多大，他在继承家族名号时的年龄是 71 岁，假如他当时的实际年龄是 40 岁，而他在实际年龄的 80 岁去世时，家族年龄是 110 岁；如此累加，直到这一家族名号不复存在，就说享有这一名号的家主共活了一二百岁；"某某生某某"的句式也不是在说生育，而是在说父子两个部落的分离。所以亚伯拉罕、以撒和雅各的年龄都是以他们名字命名的家族的年龄，而不是个人的实际年龄。闪族有"长孙过继制"，即儿子要把头生子过继给父亲当儿子。现在的新疆哈萨克人似乎还保留着这个古俗，称作"还子"，一般情况下，爷爷不让孙子知道自己的亲生父母，让孩子称爷爷、奶奶为"爸爸、妈妈"，他们对待孙子就像父母对待儿子一样地关心和爱护。比如讲到乱伦禁忌，是有生理学的科学依据，20 世纪 60 年代有两项研究结果表明，从小密切生活在一起的男女其实有"性排斥"的现象。一项研究考察了中国台湾地区的童养媳习俗。童养媳和她的未来丈夫之间普遍缺乏特殊的吸引力，他们长大后成婚的比例较低，结婚后离婚的比例也较高。另一项是在以色列基布兹集体农庄进行的调查，农庄中的儿童生活在一起，长期的朝夕相处并没有增进特殊的吸引力，这些农庄中的儿童（共 125 人）长大后没有一对结为夫妻。有些古代风俗与历史遗存已很难追踪，但是根据考古学家、文化人类学家、社会生物学家所做的田野调查、实地研究以及基因组学等，还能够捕捉到一些痕迹，反向促进对古籍原文历史文化背景的理解。总体来说，社会科学的研究方法要做大量的田野调查，要参与观察，有些是长期跟踪式的观察、调研，以提出对相关社会、文化现象的解释理论并不断完善，结合具体实例，展现理论的解释力。

王希佳：您对《创世记》的这个研究很有启发，很多问题都是《圣经》研究学者、《圣经》考古学者共同关注的，即连当代德国社会学家也多有关注。慕尼黑大学社会学系荣休教授 Horst Helle 就写过，希腊神话中的生育女神大地母亲盖亚（Gaia）或其他不同时期未被经文记述的女性形象，可以作为《圣经》中"撒拉"这一形象的回响；大卫·贝肯（David Bakan）还以希伯来语文本抄写时混用字母"ר"（resh）和"ד"（daleth）来说明词语"שָׂרָה"（撒拉）和"שָׂדֶה"（土地）的联系。① Helle 教授也提到马林诺夫斯基对特罗布里恩人（Trobriander）的研究，认为他们相信只有母亲筑成了孩子的身体，而父亲没有作出任何贡献，父性作为亲缘关系的观念在母系文化中也是完全缺位的，最多可以想象出一位"舅父神"②。母系文化给予个体在其母亲家族内终生的、不可剥夺的成员身份，财产及酋长头衔或其他领导角色的继承也是"外甥"优先。Helle 教授认为这与《创世记》（第20章第12节）亚伯拉罕谈到撒拉时所说的情况完全一致："她是我真正的姐妹，是我父亲的女儿，而不是我母亲的女儿。因此她可以成为我的妻子"——因为"母亲的女儿"比"父亲的女儿"关系更近，"表妹"比"堂妹"近——他是以此反证古代社会存在"乱伦"禁忌和曾经有过的母系时代，当然很多问题仍是有争议的。

赵敦华：你这个对《圣经》研究的补充很有意思。

王希佳：这样看来，使用社会科学的方法所达成的研究成果，实际上也在加深我们对人文经典的历史文化处境的理解；自然科学理论方法也刺激着人文学者对经典做出科学视域下的新的诠释，可以说三种科学方法之间是互动的、是互相促进而非截然对立互斥的。

赵敦华：对。

王希佳：我想起爱因斯坦说过，哲学可以被认为是全部科学之母。一个时代不论何种哲学观占据上风，科学知识最终还是要服务于人的。

---

① 在希伯来语中，撒拉的名字是"שָׂרָה"，"土地"一词写作"שָׂדֶה"，两个单词非常相似，然而"שָׂרָה"（撒拉）中间的字母是"ר"（读作：resh），而"שָׂדֶה"（土地）中间的字母是"ד"（读作：daleth），感谢王强伟博士、蒋焱博士对此处希伯来文词汇注音的校正。参见 Bakan, D., *And They Took Themselves Wives*. San Francisco: Harper & Row., 1979；转引自 Horst J. Helle, *Was verdankt die Menschheit ihren Religionen? Religionssoziologie als Kulturvergleich*, München, 2018。

② "舅父神"是笔者对原文"Onkelgottheit"的翻译，根据前后文可知，在有着猎首习俗的巴布亚新几内亚人那里，男子接受与男子气概有关的教育主要通过其母亲的亲兄弟，即其舅舅；而在特罗布里恩人这里，男性部族酋长的合"法"继承人是他姐妹的儿子，而非他自己的亲生儿子。因此这里的"Onkel"应对应于汉语关系中的"舅舅"，该词可译作"舅父神"或"舅爷神"，而非父系关系中的叔父神、伯父神等。

每当这个环节出了问题,哲学的反思精神总会再度醒来。我们就以康德的"人是目的"来作为结束语吧。今天真的收获颇丰,非常感谢赵老师对科学概念、哲学的科学方法的细致精深的阐释,视野恢宏,富有知识积淀和理性洞见!

赵敦华:这种对话的形式也很好。感谢你的提问!

知识形态演进的历史逻辑及其对世界的影响
——韩震教授访谈录

韩　震　张清俐

受访者： 韩震教授（北京师范大学哲学学院教授）
访谈者： 张清俐博士（中国社会科学杂志社记者）
时　间： 2021年9月16日
地　点： 北京师范大学

摘　要： 本次访谈以分析人类知识形态的演进为主题，从人活动的知识内涵出发，总结和分析了世界知识演进过程中先后经历的三类知识形态：经验形态的知识、原理形态的知识，以及信息技术支撑的交叠形态的知识。并将三种形态的知识放在人类历史发展的过程中理解，分析知识形态演进的历史逻辑，及在不同的社会历史条件下发挥的影响。借此研究，通过对新知识形态的新特征的分析，在访谈中，韩教授进一步谈到了置身于正到来的信息技术支撑的交叠形态知识时代，对教育和人才培养的新要求，并探讨了我国在此变局中的优势和困难，对我国当代教育的前景进行了展望。

关键词： 知识形态　历史逻辑　教育

受访者简介： 韩震，北京师范大学学术委员会主任、教授、博士生导师，国家教材委员会委员，教育部社会科学委员会哲学学部委员，曾任北京外国语大学校长、党委书记。主要研究方向为近现代欧美哲学、西方历史哲学，多次获国家级科研、教学成果奖，出版学术著作多部，发表论文数百篇。

张清俐：马克思有一句著名的论断："整个所谓世界历史不外是人通过人的劳动而诞生的过程，是自然界对人来说的生成过程。"① 而劳动之为属人的活动，则在于其体现了"知识的内涵"。请您谈一谈，人类的知识创造是如何通过人类的劳动与生产力变革在推动历史进步中发挥作用的？

韩震：人是动物界中的一个物种，但却是一种非常独特的物种，人作为一种有思想的动物可以依靠使用工具的劳动，让自然界的客观事物改变形态，以符合人自觉的有目的的需要。动物也通过改变自然而生存，如鸟筑巢、兽挖洞，但它们千百万年都是如此，在活动方式上几乎看不到改变。只有人才会尝试不同的"筑巢"方式，从茅屋到楼房、从陋室到宫殿。在这里，仅仅有目的的需要还不是知识，懂得如何让自然按照其规律改变形态以满足人们的需要，这就属于知识的范畴了。

当然，从动物的有意识的活动到人的有目的的实践活动，肯定不存在完全断裂的鸿沟。人类永远是动物中的一个物种，人类的进化是建立在动物性基础之上的，而且无论人类进化到什么程度，恐怕也永远无法超越这个基础。但是，在漫长的进化史中，是什么让人逐渐远离了一般动物的层次。我个人认为，这可能是基于人类运用符号语言的缘故。人类的语言能力让人的意识可以借助符号中介来运思，从而把零碎的、分散的意识形成某种系统的、连贯的知识。

显而易见，人的活动越是具有知识的内涵，也就越是具有"属人"的特征。人类因获得了具有知识内涵的劳动能力而与动物区别开来，而实践中有意识的知识内涵越是增长就越是"属人"的活动，而一个民族、一个国家越是在生产技术活动中所具备的知识生产处于领先地位，那么这个民族、这个国家就越是走在世界历史的前列。人类历史的发展进程不仅是物质样态的变化，而且也是人类意识中把握了的知识状态的变化，因为知识水平提升人们认识世界、改造世界的实践能力。尽管人类社会的变化是知识状态变化的基础和原因，然而意识中知识发展往往是人类社会发展最积极、最能动的力量。

张清俐：学界不乏对世界社会历史进程的比较研究，在您的研究

---

① 《马克思恩格斯全集》第 3 卷，人民出版社 2002 年版，第 310 页。

中，世界知识演进过程先后经历经验形态的知识、原理形态的知识和信息技术支撑的交叠形态的知识。您能否谈谈经验形态的知识、原理形态的知识的特点，以及信息技术支撑的交叠形态知识的主要特征？

韩震：经验形态的知识有三个明显的特点：一是基于感觉经验所限学习效率低，必须靠岁月的积累来发展，人必须在日常的生活或劳动中摸索生产技能和相关知识；二是基于特殊的生活境遇而体现为普遍性不足，耕种田地的，不了解捕鱼技术，学木工的不熟悉铁匠的路数，如此等等；三是经验知识的传递往往是分散的，不具有规模效应，也缺乏聚集效应。过去，中国的技术也被某些学者概括为"意会而难言的技术"，只能以"看火候"来把握分寸，是很难明确用量化方法加以规定的。经验形态的知识既然是经验的和特殊的，因此必须靠特殊的生活和实践活动的经历来获得。过去，人们往往穷其一生学门手艺或技艺，并且靠此安身立命、养家糊口。鉴于古代社会发展相对缓慢，人们只要学到一门手艺也就能够在有生之年获得自己在社会职场上的地位，并且以此立本、以此为生、以此为荣。在古代，很少有人体验到现代社会的结构性失业现象。

在经验形态的知识中，不是没有理论，而是这种理论是建立在经验基础上的直觉或猜测而已。经验形态的知识也不是没有量的规定，木工、瓦工显然都有自己有关"绳墨""尺寸"的规定，但是这种量化往往局限在自己的独特行业之中，而不是可以应用在不同物体上量的规定性，往往无法进行普遍的量化；而且每个匠人都有自己的体会和把握，从而形成自己独特的风格或"绝招"。由此，经验形态的知识往往无法标准化，因而也就无法系统化。譬如，中医就是如此，中医也有一套理论，但这种理论仍然在总体上处于哲学层面，而没有达到现代科学的范式要求。中医在本质上是经验形态的知识，因而我们就可以理解为什么唯有"老中医"才有权威性，原因就是必须有足够的"岁月"历练才能让其积累起足够的经验。中医的权威性显然是基于经验积累而形成的，而不是基于对普遍知识的系统建构。

相比经验形态的知识，原理形态的知识有三个特点。一是学习效率高，教育变得系统化、制度化了，师父带徒弟的经验传递变成常规性、规模性的学校教育。二是具有普遍性，科学原理可以应用在各种不同的生产和生活领域。因此，人们常说，"学会数理化，走遍天下也不怕"。三是知识共性凸显了基础研究的作用，一方面科学研究或知识生产越来越从偶然的发现而成为有意识、有目的的追求，另一方面知识方面的新突破往往很快就能在生产领域造成颠覆性效应。

原理形态的知识并不是反经验的，而是在知识体系和知识形式上超越经验的，这种知识打破或超出了特殊生活境遇的限制，让观念与世界的同一性扩展到不同境遇下的事物。无论北方还是南方的物体都要服从同样的力学原理，无论是什么不同的植物都符合同样的光合作用。原理超出了生活境遇，具有了超越特殊境遇的普遍性。经验形态的知识基于经验且体现为经验，而现代西方发展起来的原理形态的知识是基于经验却要超越经验。基于原理形态的知识支撑的大规模工业化生产，不断侵蚀着基于经验形态知识的自然经济地盘，这就是西方支配世界、中心支配边缘世界体系的知识逻辑。过去，好不容易学到的某种手艺用来养家糊口，在规模化生产的产品面前已经无力支撑下去，许多产业被新的产业结构性替代。西方文化基于这种知识生产的优势一跃而成为现代社会的强势文化。

信息技术支撑的交叠形态知识，主要特征表现为基于信息技术才能处理的各种层次知识交叉交叠，如航天技术，需要考虑机械、材料、生物、化学等学科的知识。其特点我后边再说。

张清俐：那么应该如何理解这三种形态的知识与人类历史发展规律的关系？

韩震：知识生产的变化史，归根结底也是生产方式的变化史。具有知识内涵的劳动代表着社会生产力发展的水平。不同的社会形态往往对应着不同的知识形态。如果说农业时代是经验形态的知识占据统治地位，那么工业社会则是学科化原理式知识的天下，而在知识经济的时代，知识形态似乎已经变成信息技术介入下的差异化交叠知识。

在过去的农业时代，知识是在漫长岁月的经验中积累起来的。就经验形态的知识，可以说是知其然而不知其所以然。知识的特殊性让知识传递也须靠特定经验的方式，靠模仿，靠言传身教，因此社会生产力发展比较慢也就可以理解了。产业革命之后，人们在产品的统一性、规格化基础上进行大规模生产，这样把握规律的数理化原理就成为必然的要求，普遍有效的知识可以进行同一化的教学。知识的传播和生产的扩大都被标准化、同一化了。从文艺复兴开始，在发现新大陆的推动下，西方知识生产的中心逐渐从地中海和南欧向大西洋和北欧转移。在这个历史进程中，由于英美两国连续几百年的霸权，英语也从一种边缘性岛国的语言一跃而成为最具世界性的"工作"语言。近些年来，随着信息技术的发展，工业化带来的同一性要求被改变了，不同的技术介入可能就有不同的知识组合方式。计算机的运用使大规模的知识组合成为可能，也让不同层次的知识（如机械的、化学的、生物学的）协作成为可能，航空航天的课题都不是单一学科能够解决的了，知识已经交叠化了。知识结构的差异化成为当下创新型人才的特征。

张清俐：您能否谈谈，是什么时候、什么样的机缘引起您思考这个具有原创性意义的问题？

韩震：我最早思考这个问题，缘起于2006年初开始担任北京师范大学分管教学工作的副校长时，后来我又先后在北京外国语大学任校长、党委书记，继续面对这个问题。既然负责学校的教育教学，既然要主持教育教学改革，就要探索提高教学成效的教育教学改革，这就遇到不同时期对知识的理解以及教学理念的发展变化问题，需要研究信息技术发展对教育和知识学习带来的新变化。我必须思考中国传统教育理念的长处及其适用范围，必须了解西方高等教育理念对中国大学教学的影响，必须研究信息技术发展为教育和知识学习带来的变化。

在对其他院校的考察、评估等过程中，我会碰到这样的问题：为什么最具中国特色的专业或学科——中医、中国戏曲等专业——的教育特别强调言传身教、"口传心授"？为什么信息技术的学科知识更新如此之快？为什么人们越来越不敢说"学会数理化，走遍天下也不怕"了？另外，也许因为特殊的人生经历，也强化了我对社会变化与知识形态变化规律之间关联性的感受。我个人在17岁高中毕业之后曾经作为"知识青年"下乡插队，后来又"回城"当工人，现在回想起来我个人从一开始就经历过这三种教育方式。在农村，我们首先要"虚心"向有经验的"老农"学习农业生产的技能和知识，但也往往与在学校学习到的"原理"进行比较，甚至也有把两种知识进行互相质疑的情况。上大学之后，又赶上要在工业化中实现对西方的追赶，因而大学的学科往往提倡专门化、标准化，专业课程设计就像一个"模具"来塑造人才，希望所有这个专业的学生都符合同样的规格。而当我成为教师尤其大学管理者之后，对待知识和教育的理解却发生了重大的变化，教育目标的"规格"要求逐渐转向尊重学生个性、培育多样性知识结构的创新型人才上。现代教育越来越强调学生知识结构的自主建构，越来越强调跨学科知识的综合运用，越来越强调不同学科之间的知识转移与方法转移。

张清俐：基于历史唯物主义的观察，人类社会生产力与生产关系的相互作用，如同齿轮的嵌合，推动着历史的发展。原理形态的知识肇始于欧洲资本主义的萌芽，而在近代全球化的传播中，也开启了亚非发展中国家的现代化进程。应该如何认识原理形态的知识在资本主义、社会主义不同生产关系下的作用？应该如何理解这三种形态的知识与世界历史发展规律的关系？

韩震：在任何时代，知识都是力量。中国曾经是文明古国，在人类文明史上作出过重大贡献，那是因为过去的中国在知识上处于领先地位。近代中国落伍了。外敌入侵当然是中国衰落的原因之一。但是，从根本上说，中国的衰落是知识生产方面的落后造成的。

西方的崛起是一个非常晚近的历史进程，这与原理形态的知识是密切相关的。在一定意义上，原理形态的知识的兴起与航海、殖民主义和资本主义生产方式的兴起是相互促进的过程。我们甚至可以说，明朝政府没有延续郑和下西洋的进程，让中国错失了发展原理形态知识的历史机遇，因为航海需要天文、地理、水文等方面的知识，且航海对人类交往和贸易的扩大也促进着知识的交流与发展。西方凭借航海、殖民和资本主义生产方式，推进了原理形态知识的产生与发展。但是，在资本主义生产方式下，知识的普遍化成为把世界西方化的压制性力量。伴随着殖民主义和资本主义的相互促进，西方的崛起让原来大多孤立、分散的民族演化的历史变成了世界历史，而这种将所有民族纳入世界历史的进程却是建立在"支配—从属"或"中心—边缘"的关系之上的。正如马克思恩格斯在《共产党宣言》中指出的，"资产阶级使农村屈服于城市的统治"，它也"使未开化和半开化的国家从属于文明的国家，使农

◎ 哲学中国 . 第一辑

民的民族从属于资产阶级的民族，使东方从属于西方"。① 直到现在，西方人仍然习惯于认为，西方是科学的、理性的，而其他民族是迷信的、非理性的，西方对其他民族的干预是所谓知识启蒙或"开化"的进程。

与之不同，社会主义生产关系要求人与人之间的平等。马克思早就设想，应该在知识和生产都高度发展的基础上建立人人都能够全面发展的社会。中国强调和平发展、合作共赢，倡导构建人类命运共同体就是马克思主义这种社会理想的时代体现。中华人民共和国成立以来，经过几十年的奋斗，中国取得了举世瞩目的成就，迅速赶上了世界发展的潮流。中国在短短几十年取得的成就是多方面的，其中在工业生产和知识生产方面的追赶也是非常突出的。在短短几十年的时间内，中国已经从一个相对比较落后的国家成长为第一大制造业和第一大货物贸易国。与此同时，中国的科学技术和学术研究也进入了一个崭新的阶段。中国在知识生产方面的成就，对美国的霸权、对西方中心主义，都形成了挑战。美国人能够容忍中国成为付出体力的"世界工厂"，但不能容忍中国居然成为运用智慧的"知识创新中心"。由此，美国试图在知识生产方面对中国采取"卡脖子"的战略，以扼杀中国的产业发展；而对中国已经取得领先地位的技术则采取围堵，以窒息中国进一步创新的活力，其目就是依靠知识领先，保证其世界霸主的地位。美国对中国的打压，实际上不仅是资本主义对社会主义的打压，而且也是为了保住其任意欺凌其他民族的霸权而已。我们绝对不能按照霸权国指给中国的路径退出知识生产竞争者的行列，反而要在知识创新方面有更进一步的斩获。在这方面，我们相信，中国的知识发展是卡不住的。正可谓："两岸猿声啼不住，轻舟已过万重山。"

另外，我们也可以从知识形态的变化看到知识生产朝公正、平等方向发展的取向。可以预期，信息技术介入的交叠形态知识将重塑当今世界的国际关系，因为地方知识和所谓普遍知识的交叠存在，一种更加理解各国不同需要的信息或知识整合方式，有利于各种不同意见的表达，而不是当下霸权话语粗暴的整齐划一，这也会成为塑造未来信息基础设

---

① 《马克思恩格斯选集》第 1 卷，人民出版社 2012 年版，第 405 页。

施的理念。

张清俐：人类进入 21 世纪，信息技术给世界带来新的革命性机遇，催生了信息技术支撑的交叠形态的知识。这种新形态的知识，较之经验形态的知识和原理形态的知识，有哪些适应时代发展的新特征？

韩震：现代信息技术和互联网已经且正在大大改变知识生产的背景条件：柔性电子、智能感知、先进材料、泛物联网、大数据和人工智能科学等信息技术的代际跃迁，不断冲击当下的知识和技术格局，加速孕育颠覆性重大技术变革，而电子系统的微型化、柔性化、泛在化，实现"人—机—物"的高度融合。特别是以 5G 技术引领的信息革命，改变了人与自然环境的互动关系，形成了"人机共生"和"万物一体"的全链接状态。原来许多在神话中传说的东西，却在当代科技的支撑下变成了现实。这些变化都改变了知识生产的条件和方法。譬如，互联网就是一个促进思想观念不断更新、不断增殖的技术平台，可能因知识的快速而频繁的传播催生新形态知识的出现。另外，作为现代科学发展的"大科学"概念，如果没有超级计算机技术，是很难解决多学科极为复杂的交叉以及巨量数据的处理的。在一定的意义上，信息技术已经成为当代"大科学"发展的平台。因此，在我看来，当代这种新形态的知识是"信息技术介入状态的差异化知识"。也就是说，信息技术不仅是信息技术，它日益与其他学科的知识相互融会贯通，从而让科学知识呈现许多新的特征。尤其是量子信息，更是改变着世界的面貌和知识的形态。有学者指出：量子计算利用的是量子论里独特的"量子叠加态"。这种叠加状态让经验形态的知识，或者说"地方性知识""个体知识"，在原理形态知识的基础上或在与原理形态的知识的相互嵌入中获得了某种新的生机。

信息技术支撑的交叠形态的知识有三个新的特点。一是交叠形态的知识很难在一种学科原理下加以表达，往往体现为跨学科综合性知识，即所谓"大科学"；因此，现在成功的知识生产往往都是跨学科研究团队协作的结果。二是往往体现为普遍原理知识和特殊的经验知识的结合，譬如，不同的 APP 就会有不同的应用平台，从而产生不同的技术路线或知识生态。三是体现在教育或学习方式的变化上，人们越来越注意根据学生的个性和兴趣来进行教育，鼓励他们根据自己的特点和需要构建不同的知识结构。新的教育的理念不仅鼓励孩子学会已经有的知识，而且也鼓励人们构建自己不同的、独特的差异化、个性化的知识结构，这与工业化时代的教育是有很大差别的。

张清俐：进入新形态的知识时代，知识生产也呈现新的样态。比如对跨学科多学科人才以及平台的要求。请您谈一谈，信息技术支撑的交叠形态的知识对所谓"大科学"生产机制的变革要求。

韩震：从知识生产的角度看，互联网就是一个促进知识、思想观念交流，信息价值增殖的技术平台，实际上恰恰是因为知识快速而频繁地传播催生了新形态知识的出现。作为现代科学发展的"大科学"概念，如果没有超级计算机技术，是很难解决多学科极为复杂的交叉以及巨量数据的处理的。例如，没有计算机、人工智能，祝融号在火星上的活动是难以想象的。在这个意义上，信息技术已经成为当代"大科学"发展的平台，而这个平台反过来又推动着"大科学"知识生产方式的变革。首先，与过去分散的经验知识的生产、分学科的知识生产相比，当代科学特别是"大科学"都需要巨大财力支撑的科学平台和人力调配。其次，"大科学"不是一个或几个头脑聪明的人就可以解决的了，也不是单一学科可以平行发展的情况了，"大科学"必须进行不同学科的协同推进，必须具有不同知识结构的人在一起磨合。最后，这种知识形态对教育提出了新的变革要求，那就是学科之间的融合性发展，人的知识结构的多样化、差异化发展。

张清俐：如何认识这三种形态的知识之间的差异和连续性，它们之间的关系是怎么样的？

韩震：根据我的分析框架，知识形态可以分三个层次：经验形态的知识主要面对的是宏观物体的机械运动，主要靠初等数学并且通过日常经验来验证；原理形态的知识是微观物理运动、化学过程和生命机理的认识，主要靠理论假设和模型来表达并且通过实验加以验证；第三个层次是信息技术介入的复杂科学或"大科学"，需要利用计算机进行大量的模拟计算，并且以一定的算法阐释人的行为科学，包括经济学类、管理学类等，这就需要人们通过大量的数据挖掘、计算和分析，来处理各种自然或社会的复杂问题。知识形态的演进是一个既有连续性也有断裂性的过程。后来的知识形态都以原有的形态为基础，并且在自身中包含着原来形态的知识。譬如，在经验形态的知识基础上发展出原理形态的知识，原理形态的知识是对经验知识形式上的抽象化超越；同样地，在原理形态的知识基础上发展出信息技术支撑的交叠形态的知识，没有各种形式的原理式知识，就不可能有交叠形态的知识；在某种意义上，也许第三种形态的知识是前两种形态知识的合体，在新形态的知识中，多样性的经验和形式上同一的原理都以某种方式起着作用。

张清俐：人类不同地区和民族的历史发展既有共性，也有个性。知识形态的变革与演进也是如此。历史上的中国曾有发达的经验形态知识，并经历近代在原理形态知识上的赶超，近年来，我国科技知识领域置身于正到来的信息技术支撑的交叠形态知识时代，在哪些方面展现了后发赶超的势头？

韩震：就后发优势而言，在知识形态发展的最新趋势下，中国是带着经验形态知识的"前理解结构"，在快速有效地学习原理形态的知识精髓时，赶上了这一轮信息化的浪潮，而且在独立自主地开展改革开放的思想文化氛围中，形成了某种更加灵活地综合理解知识的可能性或思想"场域"。例如，中国在信息技术的"算法"及"超级APP"等方面取得的突破，给我们带来某种可能实现突破的希望。从知识生产的逻辑看，中国某些方面的突破，主要是中国在短时间之内从经验形态的知识逐渐经历了原理形态的知识和信息技术支撑的交叠形态的知识的洗礼。中国人似乎获得了更灵活、更综合地理解各种形态知识的优势。

就规模优势或巨国效应而言，信息时代的创新和知识生产很大程度上是算法和规模的双重竞争，中国的超级APP的特点在于海量用户数据的涌入和基于数据积累的算法更新速度；去中心化的信息和数据生产的根本价值在于创造生态，就像信息产业那样，现在要用代码开发一个应用系统和应用程序并不困难，困难在于用户的规模和活跃度，包括数据量和算法更新的资源供应。这就引出了数据的资产化，数据资产的生产能力是基于用户数和市场规模的，中国的核心优势在现阶段是这个。

就制度优势或新形态文明而言，作为社会主义制度的中国，其价值取向是面向共同体的，是以人民为中心的，中国制度价值追求的是为人民谋幸福、为民族谋复兴、为人类谋大同。这种把命运共同体作为价值取向的文化，是有利于交叠形态知识发展的。譬如，与过去分散的经验知识的生产、分学科的知识生产相比,当代科学特别是"大科学"都需要巨大财力支撑的科学平台和人力调配。中国制度可以"集中力量办大事"的优势,可以说对当代科学发展是恰逢其时。

张清俐：世界百年未有之大变局,实际上就是中国等发展中国家在工业生产和知识生产上逐渐赶上了西方发达国家的步伐。科技创新在全球发展与世界经济竞争中的重要性不断凸显。我国"十四五"规划《建议》提出,要坚持创新在我国现代化建设全局中的核心地位,把科技自立自强作为国家发展的战略支撑。请您谈一谈,提升我国知识创新能力对于实现中华民族伟大复兴中国梦的重要意义,以及未来应如何发挥我们自身的优势,实现在新形态知识与科技强国领域的世界领跑地位?

韩震：虽然原理形态的知识是在西方首先获得突破的,但这并不是说原理形态的知识就是西方知识,只是因为某些社会历史原因首先出现在欧洲而已。这正如中国过去在经验形态的知识上领先,并不意味着是经验形态的知识就是中国的知识形态。人类文明的进步往往基于知识形态的进步。知识生产在世界范围内是不平衡的,往往在某些地域实现突破,然后传播开来。正像过去中国、印度、阿拉伯等东方的知识传播到欧洲,促进了欧洲社会的发展,原理形态的知识也必将从西方逐渐传播到全世界,开启亚非发展中国家的现代化进程。

发展中国家要复兴,首先仍然要学习原理式知识进行工业化进程。日本、东亚"四小龙"走这条路,而中国大陆和印度当然也必须走工业化的道路。因而我们就必须超越原来的知识形态,掌握学科化原理式的知识。发展中国家的学生纷纷到欧美学习,就是从经验形态的知识向原理式知识形态过渡的重要途径和方法。当发展中国家学到了现代知识之后,世界的知识地图就必然发生变动。当中国在知识生产方面赶上西方的时候,世界竞争力格局也就必然发生变动。这就是从跟跑向并跑甚至个别领域领跑的变化。中国制造业的成功,是中国在知识生产方面进步的具体表现之一。譬如,信息技术是西方的发明,但现在的应用方面在中国却更加自如。像移动支付、微信、抖音等,不仅风靡中国,而且也引起欧美年轻人的青睐。

当下,人们都讲世界面临百年未有之大变局。其中最大的变局恐怕是知识形态的改变。中美之间的摩擦与其说是贸易不平衡，倒不如说是谁掌握产业链或知识生产的主导权之争。无论如何，新形态的知识创新本身已经成为社会发展最重要的动力，我们必须把关键技术掌握在自己手里，才不被别人"卡脖子"。民族复兴的前景要看中国在知识创新方面的能力，这就要求我们培养在知识创新方面走在世界前列的人才。为了应对科学技术的发展和知识经济的浪潮，我们必须强化创新意识和创新精神的教育。另外，科技创新是具备了现代科学知识的智慧头脑思想碰撞的产物，只有在思想观念的交流和相互激荡中才能激发出创新的活力。因此，科技创新中心往往因世界交流枢纽地位的变化而变化，唯有保持开放才能有创新的可能空间。要建立创新国家，不仅要坚持自主创新是第一动力，而且还必须坚持全方位对外开放，推进更高水平的开放，不断提高"引进来"的吸引力和"走出去"的竞争力。只有在开放的环境中，才能有科技人员的合作、科技观念的交流、科技视野的扩展；只有在开放的条件下，通过激烈的竞争和磨砺，科技创新能力才能真正得到提升，才能在全球科技革命和产业变革中赢得主动权。

张清俐：在促进新形态知识生产和推进科技强国建设方面，我们还有什么样的困难，这也许可以理解为中国在知识生产力所处的劣势有哪些呢？

韩震：看不到影响知识发展的不利因素，就容易在知识创新上犯盲目乐观的错误，似乎知识发展是自然而然的进程；看不到影响知识发展的有利因素，就容易失去知识自主创新的信心，犯悲观主义的错误。正确的做法是，应该尽可能发挥自己的长处，而消除自己的弱点。例如，我们在发挥国家整体规划和推进的制度优势的时候，仍然要考虑增进科学研究的自由氛围，不要给研究者划定过多的条条框框，因为"新的东西"往往就在条条框框之外。再如，我们应该发挥中国制造业链条比较完整的优势，不断加强科学技术研究与产业之间的联系，但是我们还是不能完全陷于"有用才是真理"的实用主义陷阱之中，而必须花更大的力气加强基础研究。这就是说，我们不仅要重视应用研究，也要重视看似"没有实际用处"的"纯研究"。基础研究是知识创新的最深厚的根基，只有往基础研究深度扎根，不断有科学原理的新"发现"，才能不断涌现能够"捅破天"的技术"发明"。我们必须坚定文化自信，不能在思想意识上把自己限制在更高水平创新的尺度之下。这正如一起毕业的学生,本来水平差别是不大的,但是由于在不同层次的工作岗位上长期养成的习惯和思维方式,多年之后就真的有层次上明显的差别了。实际上,任何国家都不是一开始就走在科学研究的前列的,走在前列的国家也不是总保持着领先地位。文艺复兴时期,欧洲的创新中心经历了从意大利转向荷兰、英国的过程;19世纪,统一起来的德国越来越夺得了欧洲创新中心的地位;美国科学的崛起也是第二次世界大战之后的事情,在这之前美国许多学者赴欧洲大学学习获得博士学位后才能获得从事学术研究的自信心。根据历史学家的说法,"1939年,'物理学家'这个词并不常见,很多美国人甚至不会念这个词。……1937年,全国只招聘了4位科学研究人员,并且政府多数经费都拨给了农业部,提供的科研经费少之又少"①。由此可见,伴随着国家对科技创新的激励,加上中国接受高等教育的人群的扩大,中国在不久的将来成为世界科技创新中心的目标是完全可能的。

为了在知识生产上走在前列,就必须保持和不断扩大开放,并且为科学技术人才的探索活动创造更加自由的文化氛围。科技创新是具备了现代科学知识的智慧头脑思想碰撞的产物,只有在思想观念的交流和相互激荡中才能激发出创新的活力。如果说明朝政府的"禁海"导致中国知识生产力的衰退,那么美国现在限制中国等国家科技人员与美国的交流与合作,则反映了美国人自信心的崩塌。如果说清朝时有人担忧破坏"风水"而把建好的铁路拆掉,那么现在有的英国人竟然因5G可能传播新冠肺炎病毒而火烧5G站,这让人感觉有些历史的颠倒感。由此,我们也就能够更加深切地理解改革开放的重要性。要建立创新国家,不仅要坚持自主创新是第一动力,而且还必须坚持全方位对外开放,推进更高水平的开放,不断提高"引进来"的吸引力和"走出去"的竞争力。美国多年来的科技优势是建立在从全世界招揽人才上,封闭的结局只能是精神上停滞不前和社会发展的落后。只有在开放的环境中,才能有科技人员的合作、科技观念的交流、科技视野的扩展;只有在开放的条件下,通过激烈的竞争和磨砺,科技创新能力才能真正得到提升,才

---

① [美]威廉·曼彻斯特:《光荣与梦想:1932—1972年美国叙事史》第1卷,中信出版集团2015年版,第297页。

能在全球科技革命和产业变革中赢得主动权。

张清俐： 要在知识形态的演进过程抓住激活知识生产的活力和创造力，教育应该发挥什么样的作用？

韩震： 科技越是发展，对从事科学技术研究的人才的素质要求就越高，因此能够进行知识创新的素质门槛就越高。尽管任何时代，创新都是人类弥足珍贵的品质，但是在不同的时代其发挥作用的方式还是有很大差异的。在古代生产力低下的情况下，能够发明并且掌握新工具的群体就可能获得优势，但身强力壮即力气大的人仍然发挥重要的引领作用。随着科学技术的发展，人的科技素养和创新能力越来越成为最为关键的竞争力。产业自动化、智能化进程的逻辑是重复性的体力和智力活动都会被机器取代，而所需要的人力资源的素质更高。一个国家的综合实力和竞争力更多地体现在科技实力方面，而科技实力则表现为人才的科技素质和创新能力上。因此，要提高国家综合实力和竞争力，就必须落实到培养更高科技素质和更有创新能力的青年一代身上。由此，我们就能够理解教育优先发展战略的重要性，因为只有在教育上下先手棋，中国的未来才有希望。民族复兴的前景需要中国青年在知识创新方面的能力，这就要求我们培养在知识创新方面走在世界前列的人才。中国是一个人口大国，也是一个教育大国，受过高等教育的人数是巨量的，如此巨量的人才基数，就更有可能涌现出大批的创新型人才。不过，在知识创新的时代，人数本身并不一定就是优势，要把人数转化成优势，就需要教育对人的思想淬炼。这就需要我们实现教育现代化，让教育水平真正实现脱胎换骨般的飞跃。为了应对科学技术的发展和知识经济的浪潮，我们必须强化创新意识和创新精神的教育。

哲学的未来转向
——访浙江大学孙周兴教授

孙周兴　张振华

受访者：孙周兴（浙江大学哲学学院教授）
访谈者：张振华（同济大学人文学院副教授）
时　间：2021 年 9 月 21 日（中秋节）
地　点：线上

摘　要：本次访谈围绕作者近几年提出的"未来哲学"主题展开。作者阐述了"未来哲学"的总任务及其基本主题。在分析具有"未来哲学"之思的三位哲学家马克思、尼采与海德格尔思想的基础上，作者指出三位大哲都意识到了人类文明从自然人类文明向技术人类文明的转换，虽然如今科技迭代，但他们所揭示的时代背后的"技术—资本"逻辑对于我们今天的技术世界依然成立，这其实也是"未来哲学"所面对的重要思想背景。与此相关，作者在访谈中还探讨了"人类世"概念、"未来哲学"在面对当代问题时的思想可能性，以及艺术与哲学的关系等问题。面对现代技术，作者总体赞同一种"积极的虚无主义"的思想姿态。

关键词：未来哲学　人类世　马克思　尼采　海德格尔　技术哲学

受访者简介：孙周兴，浙江大学哲学学院教授，同济大学、中国美术学院兼职教授，教育部长江学者特聘教授，国务院学位委员会哲学学科评议组成员。曾任同济大学人文学院院长。主要研究领域：德国哲学、艺术哲学和技术哲学等，尤以海德格尔研究、尼采研究和艺术哲学为重点。出版学术著作多部，亦热心于推动中国当代艺术活动与学术探讨的结合。近年来主持国家社会科学基金重大项目"海德格尔著作集编译"（30 卷）和《尼采著作全集》（14 卷）等。

张振华：您常常提到一件事的时机（kairos），即众多因素的集合而在某个恰当的瞬间突然发生的想法或事情，典型如尼采的"相同者的永恒轮回"思想的获得。那么您近几年提出的"未来哲学"是否有特殊的时机和契机？或者说，提出这一思想的背景是什么？

孙周兴：我在讨论尼采的"相同者的永恒轮回"思想时，提到过希腊的时间概念"kairos"，可以把它译为"时机、契机"，其实是"做事"的时间、"行动"的时间。古希腊人十分聪明，他们区分了"物的时间"与"事的时间"，前者是物理的时间观，即亚里士多德所讲的"运动的计量"，而后者则是人类行动的时间、做事的时间、创造的时间，也可以说是艺术的时间。这是完全不同的两种时间经验。我们在世上生活，我们行动，我们做事，我们创造，都有一个"契机"（kairos），就像你说的尼采"相同者的永恒轮回"思想的获得，就是有一个莫名其妙的"契机"。当时尼采在阿尔卑斯山上的一个湖边散步，突然脑海中产生一个"伟大的思想"，即"相同者的永恒轮回"，极为兴奋，赶紧把它记了下来。

我们平常做事、创造也会有这样的经验。你说得对，"未来哲学"概念对我来说也有一个"契机"。几年前我承担一个科研项目"晚期尼采哲学研究"，需要完成的任务有两项：一是翻译尼采后期未完成的"代表作"《权力意志》，上下卷，约100万字；二是写一本关于尼采后期哲学的著作。第一项任务早就完成了，在商务印书馆出版了，第二项任务经过多年准备，也写了十几万字，却迟迟不能提交，主要是没有令自己十分满意的"主旨"和"结构"，而且关键在于"主旨"缺失，因为没有"主旨"，自然也难以"结构"。有一天，记得当时住在绍兴老家的永和庄园酒店，吃了早餐在外面山边走，突然冒出一个书名"未来哲学序曲"以及三个概念"虚无""谎言""生命"，回到房间就把一本书"结构"起来了。这本书写得不够精致，但我做了一个"结构"，或者说，对尼采哲学做了一个结构性的理解和阐释。这估计是这本书唯一的优长了。

这大概是我重提"未来哲学"的"契机"。其实它也不是我原创的概念。我们知道康德就有"未来形而上学"的说法，虽然不是在现代哲学意义上提的；费尔巴哈则明确地提出"未来哲学"；而尼采本人把

"一种未来哲学的序曲"设为晚期重要著作《善恶的彼岸》的副标题。所以,我这本所谓尼采研究著作的书名,本来就是直接引自尼采的。在翻译《权力意志》遗稿的过程中,我也注意到尼采本人经常使用"未来哲学"概念,但他是不免犹豫的,他这时候想写一本严肃的"哲学大书",但在好几个题目(书名)之间拿不定主意,其中就有"未来哲学"这个标题。

张振华:您如何界定"未来哲学"的主要任务,又对"未来哲学"有何展望?

孙周兴:海德格尔在20世纪60年代去法国做过一个著名演讲,题为"哲学的终结与思想的任务"。在此演讲中,海德格尔对"哲学"与"思想"做了一次切割,"哲学"的本质是形而上学,是由传统存在学/本体论(ontologia)与"神学"(theologia)组成的超越性机制;而"思想"则是后形而上学的或非形而上学的。海德格尔说"哲学的终结"不是哲学不起作用了,而是哲学"完成"了,哲学发挥出它的极端可能性了,即哲学通过"科学—技术—工业—商业"体系在全球范围内得到了实现。且不论海德格尔说的"哲学—科学—技术—工业—商业"逻辑是不是成立,我们不得不承认他做的这种切割是十分机智的。至于"技术统治"时代后形而上学的"思想"的任务,海德格尔在此报告中以隐晦的方式把它与古希腊的"真理/无蔽"(Aletheia)联系起来,似乎含有一个意图,就是要拓宽"真理"概念,并且在"二重性"(Zwiefalt)意义上设想思想的策略。

我在去年出版的《人类世的哲学》中把"未来哲学"的总任务设定为"新生活世界经验的重建"。这个表述当然是比较含糊的,在"如何重建生活世界经验?"一章中,我也进行了细分,列出四点:一是重建世界信念;二是重建世界理解;三是重新理解生活的意义;四是发动一种新的时空经验。[①] 我这里就不再重述了。需要说明的是,所谓"新生活世界",我指的是技术统治的新文明世界,也可称为"技术人类生活世界",区别于传统的"自然人类生活世界"。已经生成或者说还在生成中的"技术人类生活世界"当然需要新的经验,也需要有新的经验

---

① 参见孙周兴《人类世的哲学》,商务印书馆2020年版。

尺度，而传统人文科学（宗教、哲学和艺术）对此的贡献是越来越贫弱了。

我们也可以从主题角度来了解"未来哲学"的任务。我认为"未来哲学"的第一个主题无疑是技术，因为现代技术已成为新文明世界的最大势力，人类已经进入"技术统治"之中。地质学上之所以把1945年设为地质新世代"人类世"的开端，是因为原子弹的爆炸把近两个世纪技术工业成果的累积效应彰显出来了，人类通过技术工业已经可以改变地球了；而哲学家安德尔斯就可以把核弹爆炸说成"绝对虚无主义"的开端。技术成为"未来哲学"的头等大事。与此相关的是生命主题，"未来哲学"必须成为"生命哲学"，因为在技术工业的宰治下，自然人类无论在身体还是在精神两个方面都进入尼采所谓"颓废"状态，自然生命的衰败与技术化生命的进程，是"未来哲学"必须面对的课题。最后一个主题是自由，技术工业一方面为人类提供了前所未有的"可交往性"，即马克思所讲的"普遍交往"，从而大幅增加了个人自由，而另一方面，技术的同质化力量却又构成对个人自由的伤害，今天在制度层面上越来越严重的量化管理方式就是明证，更不用说互联网大数据对个体的全面监控，正在把人们逼入艺术家安瑟姆·基弗所说的"数码集中营"。如何保卫个体自由？恐怕是"未来哲学"和未来艺术的使命之一，尤其是战后兴起的当代艺术已经对此做出了反应。技术、生命、自由是"未来哲学"的基本主题，而技术哲学、生命哲学和艺术哲学，将成为"未来哲学"的基本表现方式。

张振华：在"未来哲学"的一系列思考中，您提到的思想资源有马克思、尼采和海德格尔，是否主要是这三位哲学家？为什么是这三位哲学家？

孙周兴：我在《人类世的哲学》第一编《未来哲学》中主要讨论了三位19世纪中期至20世纪的哲学家，即马克思、尼采、海德格尔，每位哲学家各有一章，分别论述他们的"未来哲学"之思。有未来之思的哲学家当然不止这三位，比如说比马克思更早些的费尔巴哈，著有《未来哲学原理》（1843年）；20世纪的未来哲学家就更多了，既有"现象学—实存哲学—阐释学"一线的哲人，也有法国当代理论的哲学家。但我为何只提这三位哲学家？因为这三位是19世纪中期以来最具全局意识，也最有全球影响力的现代性大哲。哲学史上有名有姓的哲学家太多了，我们不可能关注全部，而只需或者说首先要关注那些高峰哲人，特别是那些在思想史上具有重大转折意义的大思想家。如果这样来想，我认为在西方哲学史真正值得我们深入研讨的哲学家也就十人左右，而无论我们怎样排列，马克思、尼采和海德格尔这三位现代大哲都在其中。抓重点，轻装上阵，应该是当代哲思的正确姿态。

你知道我最初是从事海德格尔翻译和研究的，后来转向了尼采哲学，其实我在硕士研究生阶段还读了不少马克思的哲学著作。这三位大哲对传统有一致的看法，都开展了"柏拉图主义"批判，试图对欧洲主流哲学传统做一个切割，他们显然都意识到了一个文明大变局，即从自然人类文明向技术人类文明的转换，他们的哲思又是各有所重的，马克思主要侧重于政治经济批判，尼采主要侧重于文化批判，而海德格尔则重在思想批判，但显然，技术与文明的现代性主题都构成这三位哲学家的核心课题。

张振华：马克思、尼采和海德格尔并未遭遇数字化革命，对他们而言，互联网、虚拟化、大数据、人工智能等现代现象是陌生的，面对最新的技术迭代，他们的思想是否仍然有效？

孙周兴：对，上面讲的三位哲学家都没有经历过我们今天的技术世界，连1976年去世的海德格尔都没有经历过人工智能和生物技术，更不消说离开这个世界快一个半世纪的马克思和一个多世纪的尼采了。马克思还在大机器生产时期，尼采生前虽然电灯已经被发明出来，但他未必就用上了。20世纪日常技术三大件即飞机、电视、电脑互联网技术，马克思和尼采都没经历到，死于1976年的海德格尔也只经历了前两项。总之，按目前的分法，这三位德国哲学家都不是所谓"工业4.0"即"智能化时代"的人，马克思还在"工业1.0"即蒸汽机时代，尼采处于"工业1.0"至"工业2.0"即蒸汽机时代和电气化时代，而海德格尔则处于"工业2.0"到"工业3.0"即信息化时代。技术在推进，时代在变，那么，你的问题就来了：他们的思想对我们的时代以及未来时代还有效吗？

当然每个个体都是有局限的，大哲学家也不例外。比如马克思只是感受到了大机器生产以及当时的政治经济社会，他当然不可能知道信息化时代和智能化时代发生的事,他也未能预见 20 世纪以来技术工业的加速发展和物质财富的快速积累及其效应,使得"无产阶级"概念差不多有了某种虚假性。然而,马克思看到了技术工业——虽然在当年还是初级的技术工业——导致的自然人类精神价值体系的衰败,他第一个深入研讨了一个以技术和资本为基本逻辑的新文明、新社会机制。这些都是有先见之明的,而且是具有未来性的见解。我们也看到,尼采的"末人"与"超人"概念暗示着将在人类身上发生的技术与自然的二重纠缠,"末人"是被规划、被计算的人,而"超人"的意义在于"忠实于大地"。尼采是凭什么有此预感和猜度的?着实令人惊奇。海德格尔把文明大变局视为"存在历史"的"转向",对技术工业造成的生活世界变异深感忧戚,但不只是忧心忡忡,更是以沉稳哲思冷静面对技术对象,展开了广阔而幽深的探究。海德格尔看到了一个普遍计算和控制的时代已经到了,而在 20 世纪 50 年代就预言了生物技术特别是基因工程的必然性,认为一个人类自己制造自己、加工自己的时代快到了。所有这些,都是基于思想的力量形成的洞见。

总的来说,虽然技术工业在第二次世界大战后进入加速状态,似乎有一种赶顶之势,但马克思、尼采和海德格尔等哲人从不同角度对于现代技术对人类文明的整体改造及其效应的理解和预见,所揭示的现代文明的"技术—资本"逻辑,依然是成立的。

张振华:请您谈谈"人类世"这个概念。

孙周兴:"人类世"(anthropocene)概念首先纯粹是一个地质学概念,跟哲学和人文科学的讨论无关。在地质学上,"人类世"指的是新生代第四纪的一个新世代,在"人类世"之前是"全新世"。地质学的世代区分靠的是扎实可靠的地层证据,没有证据便不成立。地质学家已经发现了大量的证据,包括放射性元素激增、化工产品残留、巨量混凝土、生物大规模灭绝等,都表明人类技术性活动已经影响了地球本身的存在和活动。地质学家之所以把 1945 年设为"人类世"的开端之年,是因为经过技术工业近两个世纪的累积,地球表层已经被严重改变了,在地层上留下了明显变化的证据。有关地质学和地球环境方面的细部情况我就不展开说了。关于"人类世"的种种迹象,现在我们应该可以看得更清楚了;而且完全可以预计,特别最近几年全球气候紊乱异常的状况还会持续和加剧。

1945年8月,原子弹在日本爆炸,东亚战场就此打住。第二次世界大战是电气化时代的钢铁工业之战,但终结于威力绝对无比的原子弹。海德格尔的弟子安德尔斯被吓到了,从此不再做哲学研究。按照他的说法,原子弹爆炸意味着人类和历史的终结。我们知道尼采早就提出"虚无主义"命题,到安德尔斯这儿成了"绝对虚无主义"。原子弹的极端暴力和大规模灭杀作用已经完全超出了自然人类的想象和认知,让人类终于意识到一点:技术统治时代到了。

"人类世"由此进入哲学讨论的语境中。尤其是一些德法当代哲学家,比如斯罗德戴克、斯蒂格勒等,开始动用"人类世"这个原本属于地质学的概念。那么在哲学上,"人类世"意味着什么呢?我认为,"人类世"的哲学含义就是尼采所讲的"虚无主义",即自然人类精神表达体系的衰败与一种人类新文明、一个新世界诞生——我称之为"技术人类文明"和"技术人类生活世界"。

张振华:早期尼采有一种文化理想,即科学与艺术(神话)之间的平衡,前者让人冷静、清醒,后者从总体上令意义和视域不断发生。但世界的发展呈现出科技一家独大的态势。在这种形势下,艺术何为?人文何为?

孙周兴:这是个老课题了,也是一道难题。尼采在早期的《悲剧的诞生》中就发动了苏格拉底主义批判,或者叫科学乐观主义批判。"苏格拉底主义"是尼采早期的用法,后来被叫作"柏拉图主义",终成现代哲学的一般用法。《悲剧的诞生》把苏格拉底主义/科学乐观主义看作悲剧艺术猝死的主要原因,质言之,尼采认为是苏格拉底的"理论文化"杀死了伟大的悲剧。尼采这个断言大致不差,苏格拉底确实构成一个转折点,即从早期艺术文化向理论文化——哲学和科学文化——的转向,我们也可以表达为从早期说唱文化向书写文化的转变。按尼采之见,你所说的科技一家独大的态势早就开始了。在古希腊已经有了形式科学,而在欧洲近代的科学进程中,来自古希腊的形式科学成了"普遍数理"范式,进而与实验科学相结合,才生成现代技术工业。

在技术统治时代艺术何为?人文何为?17世纪意大利的维柯已经有了类似的发问了。大机器生产时代的尼采更有此追问。科技越强盛,这个问题越迫切。有关人文科学边缘化、空心化的讨论成了20世纪以来一个恒久的话题。在今天的高科技时代，人文科学的处境和形势更显颓势，已入绝境。但我以为，"绝处逢生"的说法对今天和未来的人文科学是合适的。我最近有个说法，"人的科学的时代到了"。为何这么说？今天的主要技术，人工智能和生物技术（基因工程），都已经成为"人的科学"，即关于人类自身的身心两方面的技术化处理。其实我更愿意把它们称为"人类技术工程"或"人类技术学"。这时候，人文科学——它同样也是"人的科学"，但也许更应该被称为"艺术人文学"——有了重振和勃兴的机会，我的一个说法是，两类（两门）"人的科学"即人类技术工程与艺术人文学，将构成"最后的斗争"。

简言之，在这场"最后的斗争"中，艺术人文学的使命是抵抗，要抵抗越来越加速的技术的"普遍同质化—同一化"进程，为保卫个体自由和自然人类的尊严作出贡献。

张振华：您这几年的工作重点之一是艺术哲学或者说当代艺术理论，在艺术领域里您主要关注哪些艺术家？他们有何特点？

孙周兴：我一直在中国美术学院兼任教职，开设有关艺术哲学和艺术现象学方面的课程，已经有好些年了。在我，这也是一个学习的过程。这些年我主要关注德国当代艺术，所谓"德国新表现主义"，即约瑟夫·博伊斯之后的几位德国艺术家，里希特、吕佩尔茨、伊门多夫、基弗等，特别是安瑟姆·基弗。我组织翻译了博伊斯的《什么是艺术？》和基弗的《艺术在没落中升起》，都收入我主编的"未来艺术丛书"里。这大概是我现在最关注的两位艺术家。博伊斯在我看来是当代艺术的真正开创者，因为他对不可规定的当代艺术做了一些指引性的规定，这就是他所谓"扩展的艺术概念"。德国在世艺术家基弗也是我特别感兴趣的，他是当代性和哲学性都很强的艺术家。这两位当代艺术家背后都有一种深厚的哲学，博伊斯背后有一位哲学史上无名，但现实事功方面极为成功的所谓"人智学家"——鲁道夫·斯泰纳，顾名思义，"人智学"是关于人的智慧学，但实际上在我看来就是一种"实存哲学"，而且具有神秘主义色彩。基弗的思想渊源更加深邃，主要在现象学一线上，既试图发扬胡塞尔的直接性，也继承了海德格尔的神秘之思。在博伊斯和基弗身上，我们看到了一种"哲学艺术"的可能性，作为"观念艺术"的当代艺术根本上就是一种"哲学化的艺术"。这就表明，主要在20世纪的文化语境中，过去势不两立的艺术与哲学的关系获得了一次深度重构。我自己正在完成一本关于德国当代艺术的著作，已经准备有好些年，也有十几万字了，但全部完工估计还得有一年光景。事太多，只好慢慢来。

对国内的当代艺术，我也有一些介入。十几年来，我主持的中国当代艺术家展览应该有二三十个了，尤其是疫情前一年，我和寒碧先生、严善錞先生组织了尚扬、王广义、向京等国内优秀当代艺术家的学术展，对他们这些年在创作和观念上的推进有了进一步的理解和体会。我们还编辑了一本名为"现象"的当代艺术辑刊，主要由寒碧在操持，第一辑最近就可以见书了。我们试图通过展览和学术研讨相结合，来推动中国当代艺术。

张振华：您这两年集中宣扬尼采的酒神精神，是否有特别的用意？

孙周兴：谈不上"宣扬"，不过我确实是对之做了一些强调和推广，我编了尼采的两本书，一是《酒神颂歌》，二是《酒神美学》，都已经由商务印书馆出版了，我甚至把尼采的两首诗改编成歌词了，就是《酒神颂歌》和《酒神女友》，前一首已经请两位歌手唱了，孙英男唱的版本已经上了QQ音乐。今年5月，我还在杭州的龙坞茶镇搞了一个酒神艺术节，内容有酒神颂歌艺术展、酒神颂歌实验音乐表演，也有有关酒神文化的学术报告，当然也有酒。只能说我做事比较随性，想到了就去做了，未必有多么远大的图谋和理想。

在学理上，我们知道"酒神精神"或者"狄奥尼索斯精神"是尼采哲学的核心要素，而且是贯穿他一生著述的。尼采第一本书《悲剧的诞生》说的是"狄奥尼索斯—阿波罗"，似乎要在两种势力之间搞平衡，但他真正要弘扬的是"酒神精神"；尼采最后一本书《瞧，这个人》的最后一句话是："狄奥尼索斯反对被钉十字架的上帝。"在写作上，尼采力推"酒神颂歌"（Dithyrambe），以之为抒情诗的顶峰，并且认为他的代表作《查拉图斯特拉如是说》中的若干篇章就是"酒神颂歌"。要问尼采为何要以毕生之力推崇"酒神精神"？我这里不能展开讨论，有兴趣的读者可以参看我的《未来哲学序曲——尼采与后形而上学》一书的相关章节。我只想指出一点：尼采的"酒神精神"基于他对技术工业主导的现代文明的反思，他试图以酒神这种生命暗势力来抵抗技术文明导致的自然人类的弱化和颓废。这一点无论如何是有先见之明的。

所以，所谓"酒神精神"不是喝酒、论酒那么简单，而毋宁说是一种实存哲学的创造精神，是一种艺术精神。我曾经对"酒神精神"做了四重规定：一种陶醉的冲动力和自然的迷狂状态；一种抵抗制度与否弃规则的解构精神；一种倾向和回归原始神秘的幽暗势力；一种纵情歌舞和万民同庆的狂欢游戏。集迷醉、解构、幽暗、狂欢于一体，便是"酒神精神"。在启蒙理性普照的技术时代里，这个意义上的"酒神精神"可能构成一种革命性的生命力量，可能正是未来之需。

张振华：海德格尔在《明镜访谈》中留下过一句著名的话，"只还有一个神能够拯救我们"。作为农民出身的思想家，海德格尔对现代技术在内心深处其实是怀有敌意的。您又如何看待技术的福与祸？

孙周兴：我们都知道一点海德格尔的生活境遇和事迹，他一生都生活在德国南部黑森林地区，他的大部分著作是在山上小木屋里写的，他城里的住房也在乡下，他老死在弗莱堡郊区别墅里，可以说他是远离城市生活的，是避世的、隐藏的。据他孙女陈述，海德格尔晚年也到邻居家看足球比赛直播，因为自己家里没有电视。他自己不开车，但他夫人开车，等等。总之，海德格尔对现代技术的日常态度是有两面性的，思想上也是，他的基本主张是，对现代技术世界，我们既要说"是"又要说"不"，这就是他所谓"泰然任之"（Gelassenheit）。这是一种中庸的思想态度，也是一种无法之法。我在一篇文章中把它阐发为"技术命运论"，以为这是一种试图超越"技术乐观主义"和"技术悲观主义"的姿态。

是的，海德格尔不时流露出对现代技术文明的不满，比如他有点无奈地说"只还有一个上帝能拯救我们"，类似的说法还有不少。尤其到了晚年，海德格尔的命运感越来越强，他把技术工业文明和技术生活世界的形成视为"存在历史""另一转向"的"天命"。他不否认人类的作用，但他认为，正是人类（近代欧洲人类）的不认命的意欲姿态导致了技术工业的兴起以及人类文明的大变局。不认命反而造成一种命。海德格尔的想法是有道理的，不然我们如何理解来自古希腊的形式科学与实验科学的神奇结合而导致现代技术工业产生这样一个莫名其妙的过程？我个人一直愿意接受海德格尔的大尺度解释，虽然有一些细部问题未及深究或者语焉不详，但总的说来是一种靠谱的解释。

技术的福与祸，也是两面的，按照海德格尔的说法就是"二重性"（Zwiefalt）。现代技术工业为人类带来了巨大的福祉，比如消灭饥饿、提高生活质量、延长人的寿命，等等，我们必须意识到这些，但同时我们也得认识到，技术工业同样也为人类带来了前所未有的巨大风险，甚至是灭顶之灾。斯蒂格勒的说法很好，技术既是毒药又是解药。海德格尔大概不会同意技术是解药，技术无可救药，但正如我前面讲的，他没有简单地、一味地反技术，恐怕没有到你讲的"怀有敌意"的地步。

我总体上倾向于海德格尔，但可能比他更积极些。这可能跟我这些年阅读和研究尼采有关，我认为，在这个后形而上学的、虚无主义的或者说"人类世"的时代里，尼采所谓"积极的虚无主义"是值得采取的思想姿态和生活姿态。根据我的解释，"积极的虚无主义"就是这样一种豪迈之气：无论世界好还是不好，我们都必须认为它是好的；或者也可以说，生命的终极虚无性不是消极生活的理由，而恰恰是积极生活的根据！

学科回顾与前瞻

新中国逻辑学研究 70 年

刘新文

摘　要：数理逻辑和哲学逻辑在哲学、数学、计算机科学以及理论语言学等诸多学科中得到研究；1949 年以来，中国逻辑学家在这些领域中都作出过许多贡献。本文首先概述了现代逻辑自莱布尼茨到弗雷格、皮尔士、哥德尔等以来的发展历程，以及哲学逻辑的发展概貌，然后以此为学术背景，按照年代方式，主要概述了国内哲学界在哲学逻辑领域所取得的成果，并力图把它们置于国际逻辑发展的背景之中，尽可能发掘其中的思想源流及其理论意义。本文以 1978 年为界分为基础时期（1949—1978 年）和发展时期（1978 年至今）两个时期，前者侧重概述前 17 年的成果，后者又分为 2000 年前后两个阶段但分三小节叙述——"现代逻辑教材建设""重回国际学术舞台（1978—1999 年）"和"融入国际前沿研究（2000 年至今）"。

关键词：现代逻辑　哲学逻辑　金岳霖　形式系统　现代逻辑教科书

作者简介：刘新文，中国社会科学院哲学研究所研究员，中国社会科学院哲学研究所逻辑室主任，中国社会科学院大学教授。主要研究领域包括哲学逻辑、逻辑哲学，最近从事皮尔士逻辑和金岳霖思想研究。主持国家社会科学基金项目"逻辑基础问题研究"等。

导　言

逻辑学是一门基础学科，肇始于古希腊的亚里士多德，而且古印度和中国先秦时期也有类似思想和实践出现；数理逻辑的思想则始于 17

世纪后半叶。哥德尔（K. Gödel，1906—1978 年）认为，"数理逻辑不外是形式逻辑的精确而又完满的塑述，它有两个很不同的方面。一方面，它不研究数、函数、几何图形等，而只研究类、关系、符号的组合等的一门科学。另一方面，它又是先于所有其他科学的一门科学，包括作为一切科学的基础的概念和原则。正是在第二种意义下，数理逻辑曾首先由莱布尼茨……所构思"①。莱布尼茨（G. W. Leibniz，1646—1716 年）雄心勃勃的逻辑数学化理想由"普遍语言"和"理性演算"两个部分组成，数理逻辑在 19 世纪中后期诞生，由布尔（G. Boole，1815—1864 年）、皮尔士（C. S. Peirce，1839—1914 年）年和弗雷格（G. Frege，1848—1925 年）等人的著作发展起来，沿着这两个部分形成了两个传统，即"数理逻辑传统"和"逻辑代数传统"②，也分别称为"弗雷格—皮亚诺—罗素传统"和"布尔—施罗德—皮尔士传统"，一般统称为符号逻辑、数理逻辑或经典逻辑。1928—1938 年这十年间，数理逻辑的大部分轮廓已经确定，达到发展的"黄金时期"③。1936 年，符号逻辑学会（Association for Symbolic Logic）创刊《符号逻辑杂志》（*The Journal of Symbolic Logic*），这是最主要的现代逻辑刊物，第一卷第四期发表了之前所有的符号逻辑文献目录。1977 年，第一部逻辑手册《数理逻辑手册》出版，涵盖了符号逻辑（数理逻辑、经典逻辑）作为数学一个部门所包含的公理集合论、证明论、递归论和模型论四个分支的发展成果④，逻辑演算是其基础。

20 世纪早期，现代模态逻辑、直觉主义逻辑、多值逻辑等非经典逻辑也出现并发展起来。模态逻辑是关于必然和可能的逻辑，经过句法阶段（1918—1959 年）、经典阶段（1959—1972 年），在 20 世纪 70 年代达到"黄金时期"，完全性理论、对应理论和对偶理论三大支柱理论在

---

① ［奥—美］哥德尔：《罗素的数理逻辑》，中国社会科学院哲学研究所逻辑研究室编：《数理哲学译文集》，商务印书馆 1988 年版，第 159 页。
② 参见（1）张家龙《数理逻辑发展史：从莱布尼茨到哥德尔》，社会科学文献出版社 1993 年版；（2）Jean van Heijenoort ed.，*From Frege to Gödel*，Harvard University Press，1967。
③ ［英］鲍德温编：《剑桥哲学史 1870—1945》，周晓亮等译，中国社会科学出版社 2011 年版，第 685 页。
④ 参见 Jon Barwise ed.，*Handbook of Mathematical Logic*，North-Holland Publishing Company，1977。

进入现代时期（1972年）①前后相继建立起来。直觉主义逻辑既可以被视为数学中一种哲学的、基础性的主张，也可以被视为数理逻辑内部的一个技术分支；多值逻辑大致开始于1920年前后，第一个已知的公理系统在1931年发表，代数方法在这一族逻辑中的使用特别自然，能够使人们更好地理解多值性问题。②逻辑支撑哲学，哲学哺育逻辑；二者结合便是哲学逻辑。哲学逻辑是运用逻辑方法对哲学概念进行分析而建立的逻辑理论，在20世纪70年代形成了分支数量庞大的领域，为此，符号逻辑学会在1972年创刊《哲学逻辑杂志》（*Journal of Philosophical Logic*）。1983—1989年，第二部逻辑手册《哲学逻辑手册》（四卷）出版，副标题分别为"经典逻辑基础""经典逻辑的扩充""经典逻辑的择代""语言哲学中的主题"③，体现出哲学逻辑发展到那时为止的理论范围以及与经典逻辑之间的关系。当此之时，也正是逻辑学在计算机科学和人工智能领域获得基础地位的时候④；计算机科学和人工智能以及计算语言学对哲学逻辑的持续需求也直接或间接地推动了这一学科的发展，新的逻辑领域得以建立、旧的领域得到丰富和扩展，第二版《哲学逻辑手册》从2001年开始出版，迄今已经出到第18卷⑤。2006年，《模态逻辑手册》出版。⑥这些综述文献的出版从主题上大致厘定了学科范围，既是学科过去发展成就的累积和总结，也为后续进一步研究工作积淀了基础。

数理逻辑和哲学逻辑在哲学、数学、计算机科学以及理论语言学等诸多学科中得到研究；1949年以来，中国逻辑学家在这些领域中都作出

---

① 参见 Patrick Blackburn, Maarten de Rijke and Yde Venema, *Modal Logic*, Cambridge University Press, 2001。

② 参见［美］格勃尔主编《哲学逻辑》，张清宇等译，中国人民大学出版社2008年版。

③ 参见 Dov Gabbay and Franz Guenthner, eds., *Handbook of Philosophical Logic*, volumes 1-4, D. Reidel Publishing Company, 1983-1989。

④ 参见 Dov Gabbay and Franz Guenthner, eds., *Handbook of Philosophical Logic*, volume 1, Springer, 2001。

⑤ 参见 Dov Gabbay and Franz Guenthner, eds., *Handbook of Philosophical Logic*, volumes 1-18, Springer, 2001-2018。

⑥ 参见 Patrick Blackburn, Johan van Benthem and Frank Wolter, eds., *Handbook of Modal Logic*, Elsevier, 2006。

过许多贡献。根据前述文献以及本书的主题和范围，按照年代方式，我们将主要概述国内哲学界在哲学逻辑领域所取得的成果，并力图把它们置于国际逻辑发展的背景之中，尽可能地发掘其中的思想源流及其理论意义。为了叙述便利，我们以1978年为界分为基础时期（1949—1978年）和发展时期（1978年至今）两个时期，前者侧重概述前17年的成果，后者又分为2000年前后两个阶段但分三小节叙述——"现代逻辑教材建设""重回国际学术舞台（1978—1999年）""融入国际前沿研究（2000年至今）"。囿于时间、篇幅和笔者能力，材料搜集可能存在疏漏，概述也可能存在疏漏，敬请读者批评指正！

一 基础时期

金岳霖（1895—1984年）是第一个在中国系统地传授数理逻辑的人，并且产生了深刻的影响，他要求数理逻辑成为一门独立的科学这一思想倾向，对于数理逻辑在我国的独立发展起了积极的作用。[①] 从1949年开始的17年中，从事现代逻辑研究的工作者很少，其中的哲学工作者更少，"数理逻辑工作的力量极其薄弱，所以具体的研究成果不可能很多。然而理论联系实际的、有生命力的工作已经开始着手了"[②]。在这一时期，金岳霖的逻辑研究主要反映在他发表的一系列逻辑论文之中[③]，其中的"客观事物的确实性和形式逻辑的头三条基本思维规律"被他认为是自己"比较得意的"[④]三篇论文之一。这些工作在当时不仅"以哲学作为一项思想上的武器，为当前国家的需要直接服务"[⑤]，而且

[①] 参见（1）中国科学院编译出版委员会主编《十年来的中国科学·数学：1949—1959》，科学出版社1959年版；（2）林夏水、张尚水《数理逻辑在中国》，《自然科学史研究》1983年第2期；（3）宋文坚《逻辑学的传入与研究》，福建人民出版社2005年版。

[②] 中国科学院编译出版委员会主编：《十年来的中国科学·数学：1949—1959》，科学出版社1959年版，第33页。

[③] 参见（1）金岳霖《论真实性与正确性底统一》，《哲学研究》1959年第3期；（2）金岳霖《论"所以"》，《哲学研究》1960年第1期；（3）金岳霖《客观事物的确实性和形式逻辑的头三条基本思维规律》，《哲学研究》1962年第3期。

[④] 金岳霖：《金岳霖全集》第4卷（下），人民出版社2013年版，第898页。

[⑤] 王浩：《金岳霖先生的道路》，《金岳霖学术思想研究》，四川人民出版社1987年版，第48页。

深入研究了诸如蕴涵、推论、证明①、逻辑的客观基础以及逻辑中心困境②等基本问题。

这一时期，现代逻辑作为我国哲学工作者的一个研究领域，所取得的成就主要在于集合论、逻辑演算、模态逻辑、直觉主义逻辑等方面所建立的演算系统，代表人物为沈有鼎（1908—1989 年）；作为我国数学工作者的一个研究领域，主要成就则在于递归论、逻辑演算、模态逻辑、直觉主义逻辑、多值逻辑等方面，代表人物是胡世华（1912—1998 年）、莫绍揆（1917—2011 年）和王湘浩（1915—1993 年）以及他们的学术研究团队③；而对于数理逻辑在新技术中的应用，主要成就在于自动机理论研究和程序自动化研究等方面。当然，这只是一个大致的分类，实际上，各个学科的从业者所取得的成就在上述方向中存在着一些重叠。长期以来，逻辑研究有效推理形式，并最终形成了逻辑演算的概念。国内逻辑演算领域的成果在这一时期涉及经典命题演算、经典谓词演算、模态逻辑和直觉主义逻辑等方面；接下来，我们大致按照时间顺序梳理这一时期的重要成就，然后在本节后面集中梳理多值逻辑领域中的成就。

1950 年，莫绍揆发表《演绎定理和两个新的逻辑系统》④，从演绎定理角度建立起避免蕴涵怪论的新逻辑系统。这是莫绍揆的第一篇论文，讨论了逻辑系统中的"蕴涵"与日常生活中的"推理"是否相符的问题，提出可以用一系统中有无"演绎定理"作为相符与否的标准，讨论了三种形式的演绎定理，即，如果由假定公式 s_1, s_2, …, s_n 可在系统 S 中推出公式 p，那么在 S 内可以推出：（1）$s_1 \to (s_2 \to \cdots (s_n \to p) \cdots)$，第一型演绎定理；（2）$s_1 \wedge \cdots \wedge s_n \to p$，第二型演绎定理；（3）$s \wedge t \to p$，第三型演绎定理（这里的 s 为 $s_1 \wedge \cdots \wedge s_n$，t 为证明

---

① 参见诸葛殷同《试谈金岳霖先生解放后的逻辑思想》，《金岳霖学术思想研究》，四川人民出版社 1987 年版。

② 参见刘新文《金岳霖论题——一个逻辑的形而上学问题》，《清华大学学报》（哲学社会科学版）2016 年第 1 期。

③ 这一时期在递归论、数理逻辑应用方面的成果，参见宋文坚《逻辑学的传入与研究》，福建人民出版社 2005 年版。

④ 参见 Shaw-Kwei Moh, "The Deduction Theorems and Two New Logical Systems", *Methodos* 2, 1950。

· 231 ·

中使用到的系统 S 内的公理的合取）。依据这些演绎定理，莫绍揆讨论了几个蕴涵系统，其中一个系统等价于相干逻辑中后来建立的 R→演算。①

经典命题演算和谓词演算方面的成就主要由王世强（1927—2018年）和莫绍揆分别在 1952 年发表。在《命题演算的一系公理》② 中，王世强指出格托林特（E. Götlind）在 1950 年提出的命题演算的一组公理不是独立的，该系统包括（1）p∨p→p；（2）p→p∨q；（3）p→p；（4）(p→r) → (q∨p→r∨q) 四条够用的公理，但（1）（2）（4）可推出（3），因此（3）可以省去，其他三条公理是互相独立的，构成一个完全的公理系统。波兰著名逻辑学家拉雪奥娃（H. Rasiowa, 1917—1994 年）也得到了同样的结果。莫绍揆发表在《符号逻辑杂志》的短文《量化理论笔记》③ 改进了奎因（W. V. O. Quine, 1908—2000 年）关于谓词演算的一个论断。奎因曾经指出，如果我们从命题演算及一元谓词演算的形式定理出发，应用广义的蕴涵规则，即由 $(x_1)\cdots(x_n)$ A→B 和 A 推出 B，可以推出全部谓词演算。莫绍揆指出，只使用通常的蕴涵规则甚至弱化的蕴涵规则，即 A→B 和 A 推出 B，也可以得出同样的结果。

1953 年 6 月和 1955 年 6 月，沈有鼎在《符号逻辑杂志》发表《所有有根类的类的悖论》和《两个语义悖论》。④ 前者是说，对于类 A 而言，有一个由类组成的无穷序列 A_1, A_2 ……（不一定都不相同）使

---

① 1975 年，相干逻辑创始人安德森和贝尔纳普在《衍推》第 1 卷中认为莫绍揆这篇论文和丘齐（A. Church）发表于 1951 年的论文首先考虑了相干蕴涵，从而把相干逻辑的起源追溯到这两篇论文（参见 Alan Ross Anderson and Nuel D. Belnap, Jr. , *Entailment*：*The Logic of Relevance and Necessity*, vol. I, Princeton University Press, 1975），但在 1992 年出版的第 2 卷中做了修正，把相干逻辑的历史追溯到 1928 年（参见 Alan Ross Anderson, Nuel D. Belnap, Jr. , and J. Michael Dunn, *Entailment*：*The Logic of Relevance and Necessity*, vol. II, Princeton University Press, 1992）。
② 参见王世强《命题演算的一系公理》，《数学学报》1952 年第 2 期。
③ 参见 Shaw-Kwei Moh, "A Note on the Theory of Quantification", *Journal of Symbolic Logic* 17 (4), 1952。
④ 参见 (1) Shen Yuting, "Paradox of the Class of All Grounded Classes", *Journal of Symbolic Logic* 18 (2), 1953；(2) Shen Yuting, "Two Semantical Paradoxes", *Journal of Symbolic Logic* 20 (2), 1955。

得…$\in A_2 \in A_1 \in A$，则称 A 为无根的。并非无根的类，被称为有根的。令 K 是由所有有根类组成的类。假定 K 是无根的。那么有一个由类组成的无穷序列 $A_1, A_2 \cdots$ 使得…$\in A_2 \in A_1 \in K$。由于 $A_1 \in K$，A_1 就是一个有根类；由于…$\in A_3 \in A_2 \in A_1$，因而 A_1 又是一个无根类，但这是不可能的。所以，K 是有根类。因而 $K \in K$，并且我们有…$\in K \in K \in K$。因此，K 又是无根类。此外，一个类 A_1 是循环的，仅当存在某个正整数 n 和类 $A_2, A_3, \cdots, A_n$，使得 $A_1 \in A_n \in A_{n-1} \in \cdots \in A_1$。对于任一个给定的正整数 n 而言，一个类 A_1 是 n 循环的，仅当有类 $A_2, A_3, \cdots, A_n$ 使得 $A_1 \in A_n \in \cdots \in A_2 \in A_1$。通过类似的论证可以得到"所有非循环类的类的悖论"和"所有非 n 循环类的类的悖论"（n 是一个给定的正整数）。沈有鼎称这三个悖论是一个"三体联合"，而罗素悖论（所有不是自身分子的类的悖论）就是第三个悖论在 n = 1 时的特例。由此可见，非循环类和非 n 循环类本质上就是有根类，而循环类和 n 循环类则是无根类。蒙塔古（R. Montague，1930—1968 年）、张清宇（1944—2011 年）等人沿着这一方向做了进一步研究。①

两个语义悖论分别简介如下：（1）我正在讲的不可证明。假定这个命题可以证明，那么它一定是真的，用它自己的话说，也就是它不可证明，与假定矛盾。假定它可以证明将引出矛盾，因此这个命题不可证明。换句话说，这个命题是真的。这样，我们也就证明了这个命题。所以，这个命题既可证明又不可证明。（1）的对偶命题是（2）：我正在讲的可以反驳。假定这个命题是真的，或者用它本身的话来讲，它可以反驳。那么它一定是假的，这就跟假定矛盾。假定它可以反驳将引出矛盾，因此这个命题是假的。这样，我们也就反驳了这个命题。弄清这个命题可以反驳，也就是说它是真的。所以，这个命题既真又假。②

沈有鼎提出的这些悖论深刻地揭示了直观集合论的缺陷，有助于深化对公理集合论特别是正则公理和分离公理的认识，加强对哥德尔不完

---

① 参见（1）Richard Montague, "On the Paradox of Grounded Classes", *Journal of Symbolic Logic* 18（2），1955；（2）张清宇《所有非 Z 类的类的悖论》，《哲学研究》1993 年第 10 期。

② 参见沈有鼎《沈有鼎文集》，中国社会科学出版社 2006 年版。

全性定理特别是对不可判定命题的理解。[1]

1955年,莫绍揆改进了[2]希尔伯特(D. Hilbert,1862—1943年)和贝尔奈斯(P. Bernays,1888—1977年)的命题演算系统M,M包括五组共十五条公理,对各个逻辑联结词的特性表现得很明显,使得推演比较直接,而且可以简明地表现M系统与海廷(A. Heyting,1898—1980年)的直觉主义系统H、约翰逊(I. Johansson,1904—1987年)的极小演算J之间的关系。但是,M系统的五组公理中除否定公理外其余各组公理都不是足够的;一组公理对一个系统而言是"足够的",是说如果只包含某些联结词的命题是该系统的定理,那么在推演时,除了蕴涵公理外,可限于只用相应于这些联结词的各组公理。瓦伊斯伯格(M. Wajsberg,1902—?)证明过H和J的各组公理都是足够的。亨金(L. Henkin,1915—2003年)在1949年对M系统有过改进,但满足公理足够这个要求的代价却是丢失M系统原有的优点。莫绍揆的改进则既使各组公理都是足够的又保存了原先的优点,所提出的五个改进系统都具备上述三个优点。

沈有鼎是从事数理逻辑工作的哲学工作者。1957年,他在《初基演算》[3]的论文中认为,命题演算的构成,通常有三步骤的说法,即从约翰逊发表于1936年的《极小演算》到海廷发表于1930年的构造论命题演算再到二值演算。此外,刘易斯(C. I. Lewis,1883—1964年)在1932年的工作中从模态或严格蕴涵出发,也分别了许多步骤,以达到二值演算为终极;特别值得注意的是最后三个步骤,即从S4到S5到二值演算。这两个三步骤就某种意义说是通常命题演算的构成中最本质的步骤。综合这两个三步骤,会带来许多便利,而沈有鼎所提出的也就是作为二者共同基础的初基演算。这个"初基演算"是比约翰逊的极小演算还小的演算。初基演算可以看作极小演算和刘易斯的S1的"交"的一部分,它有两个基本推理模式:(Ⅰ)从A和A→B推出B;(Ⅱ)从A

---

[1] 对这些工作的详细评价,参见(1)Gert Heinz Müller,"Paradox of the Class of All Grounded Classes by Yuting Shen",*Journal of Symbolic Logic* 20(1),1955;(2)Gert Heinz Müller,"Shen Yuting. Two Semantical Paradoxes",*Journal of Symbolic Logic* 21(4),1956;(3)张家龙《论沈有鼎悖论在数理逻辑史上的地位》,《哲学研究》2008年第9期。

[2] 参见莫绍揆《命题演算的公理系统》,《数学学报》1955年第1期。

[3] 参见沈有鼎《初基演算》,《数学学报》1957年第1期。

和 B 推出 A∧B。其公理模式有 14 条：

(1) A→A;

(2) (B→C) → (A→ (B→C));

(3) A∧ (A→B) →B;

(4) (A→B) ∧ (B→C) → (A→C);

(5) A∧B→A;

(6) A∧B→B;

(7) (A→B) ∧ (A→C) → (A→B∧C);

(8) A→A∨B;

(9) B→A∨B;

(10) (A→C) ∧ (B→C) → (A∨B→C);

(11) A∧ (B∨C) → (A∧B) ∨ (A∧C);

(12) (A→B) ∧¬ B→¬ A;

(13) A→¬ (B∧¬ B);

(14) A∧¬ (A∧B) →¬ B。

在初基演算中把公理（2）加强为：

(2′) B→ (A→B)

所得到的系统就是"极小演算"。在初基演算上增加公理"(A∨B) ∧¬ A→B"所得到的系统是 S4 与海廷直觉主义命题演算相交叉的一部分，沈有鼎称之为"次基演算"。在次基演算中把公理（2）加强为(2′)，所得到的系统就是直觉主义命题演算。在次基演算上增加公理"A→B∨¬ B"，所得到的系统就是刘易斯的 S4。在 S4 上增加公理："(∗) ¬ (B→C) → (A→¬ (B→C))"所得到的系统就是刘易斯的模态系统 S5。在 S5 中把公理（2）和（∗）加强为(2′)，所得到的系统就是通常的二值命题演算。

初基演算反映了三个系统的关系，其中的两个就是带模态词的命题逻辑系统 S4 和二值命题演算，两者有同一个来源，只是得到不同的强化或增补才出现了差异，而强化或增补过程中没有一个步骤使得我们怀疑它们的完全性，我们完全有理由把模态逻辑和二值逻辑视为同类。也就是说，沈有鼎的初基演算建立起了标准逻辑的两个标准，即是否起源于初基演算和是否具有完全性，这些工作对当前关于逻辑性的哲学研究依然具有重要意义。莫绍揆在两年后认为，沈有鼎的初基演算可以说是用直觉主义眼光来讨论模态系统，也可以说是用模态的观点来推广直觉主义系统，是一个新尝试，是一条很可继续研究的道路，他在公理的选择上对初基演算加以改进，提出了三个改进的初基演算系统。① 2000年，刘壮虎建立了初基演算的邻域语义学并证明了对于这一语义的完全性定理。②

1957 年，莫绍揆研究了一些具有有穷个模态辞（由命题变元以及否定词、可能模态词、必然模态词三种运算所组成的命题）的模态系统③，从一个基本模态系统 B 出发，研究具有有穷个模态辞的模态系统，使每一模态辞 ¬ $\square^{a_1}$ ¬ $\square^{a_2}$ ¬ ⋯ ¬ $\square^{a_n}$ 都对应于数列 a_1, ⋯, a_n，并根据模态辞之间的蕴涵、等价规定数列间的顺序、相等，这样就可以把模态辞个数的研究代数化，使讨论更便利和有系统地进行。此后，他继续这一方向的工作④，研究了一般构造有穷模态系统的问题，得到了部分结果。

1959 年，模态逻辑和直觉主义逻辑领域还有两个重要工作。第一，模态逻辑方面。莫绍揆讨论了模态系统之间的关系⑤，得到以下结果：（1）把当时已有的模态系统（卢卡西维茨的系统除外）的共通部分称为基本系统，这是最弱的系统，按照各种方式加强得出各种加强系统，共有 60 余种，而通常的模态系统都包含在内；（2）比较了刘易斯的 S1—S5，其中 S2、S3 和 S4 都属于上述加强的系统，S5 不在范围之内乃是因为它有叠置模态词，S1 不在其中则表明 S1 有缺陷；（3）古典二值逻辑使用了实质蕴涵而产生蕴涵悖论，导致刘易斯使用严格蕴涵从而产生现代模态逻辑。莫绍揆在前面讨论的模态系统都还存在着蕴涵悖论，

---

① 参见莫绍揆《莫绍揆文集》，南京大学出版社 1992 年版。
② 参见刘壮虎《初基演算的邻域语义学》，《摹物求比——沈有鼎及其治学之路》，社会科学文献出版社 2000 年版。
③ 参见莫绍揆《具有有穷个模态辞的模态系统》，《数学学报》1957 年第 1 期。
④ 参见莫绍揆《有穷模态系统的基本系统》，《数学学报》1958 年第 2 期。
⑤ 参见莫绍揆《模态系统与蕴涵系统》，《数学学报》1959 年第 2 期。这篇论文由 S. H. Gould 翻译成英文发表在 1967 年第 9 卷 *Chinese Mathematics*，第 439—462 页；1992 年，列于下述著作的参考文献：Alan Ross Anderson, Nuel D. Belnap, Jr., and J. Michael Dunn, *Entailment: The Logic of Relevance and Necessity*, II, Princeton University Press, 1992, p. 661。

因此，他提出一个蕴涵系统，在这个系统中，蕴涵词和模态词的性质都和直觉相符但蕴涵悖论消失了。第二，直觉主义逻辑方面。海廷的直觉主义系统 H 容许"从矛盾可推出任何命题"，招致约翰逊的批评，约翰逊发展了极小演算 J，但是 J 中却没有以下关系（甲关系）：在古典系统内能够推出命题 p 时，在该系统内恒能推出¬¬p；逆亦真。莫绍揆把直觉主义系统定义为与古典系统之间成立甲关系的系统。① 据此，极小演算不是直觉主义系统。但是极小演算具有以下性质：对于任何形式定理，如果将其中每一行如¬p 的部分命题替换为 p→q，那么所得的命题也是该系统内的形式定理。他把具有这种性质的系统称为普否系统，在论文中发展了很多种具有不同特点的普否系统，其中既包含极小演算又具有普否性质的系统是最为合适的一种直觉主义系统。然后，普否系统被推广为共否系统。共否系统是，其中一个系统具有带否定符号的定理时，另外一个系统必定也带有相同奇偶数的否定符号的定理。在极广泛的假设之下，互为共否的系统必定共同否定同样的命题。莫绍揆证明，归约的或开展的互为共否的系统中，如果有普否系统存在，那就一定是唯一的。归约系统是指具有以下性质的系统：如果¬¬¬p 是定理，那么¬p 也是定理（弱归约）；如果¬¬p 是定理，那么 p 也是定理（强归约）。开展系统是指具有以下性质的系统：如果 p 是定理，那么¬¬¬¬p 也是定理（弱开展）；如果 p 是定理，那么¬¬p 也是定理（强开展）。

逻辑中有一个确定含有数的量词的普遍规律的部分，称为"假变项理论"或"函项演算理论"，其实就是量词演算。1964 年，莫绍揆讨论了谓词演算中的枚举量词。② 枚举量词是以下这样的量词：

n 级全称量词 $\forall_n xA(x)$：除至多 n-1 个 x 以外其余 x 全使 A(x) 成立；

n 级存在量词 $\exists_n xA(x)$：至少有 n 个 x 使 A(x) 成立；

---

① 参见莫绍揆《普否系统、直觉系统、共否系统即其它》，《数学学报》1959 年第 4 期。英译版 "N-generalizable, Intuitionistic, Co-denial, Pseudo-modal and Co-Δsystems" 于 1961 年发表在 *Scientia Sinica* 第 10 卷，第 775—789 页，重印于 *Chinese Mathematics* 第 9 卷第 648—682 页。

② 参见莫绍揆《枚举量词与谓词演算》，《数学学报》1964 年第 2 期。

n 级恰有量词 $\Lambda_n xA(x)$：恰巧有 $n-1$ 个 x 使 A（x）成立。

莫绍揆认为，直到那时为止，数理逻辑学家通常都是把关于枚举量词（及摹状词）的讨论建基于同异性演算之上的，有关枚举量词（以及摹状词）的定义及其公理，都是借助同异性"＝"来表达的。因此照通常的做法，一级谓词演算被分成三个部分：（1）（通常的）全称、存在量词论；（2）同异性演算；（3）枚举量词及摹状词论。这样的处理方法有些缺点，他建议把以往的讨论方式加以更改：先发展枚举量词及摹状词论（它们恰好合成完整的纯狭义谓词演算），然后再在枚举量词论之上而发展（第一型的）同异性演算，这将是较合理想的做法：如果想和现在的处理方式相距不致太远，可先发展一级全称存在量词论再发展唯一性量词论，在唯一性量词论上发展第一型的同异性演算，以后再发展枚举量词及摹状词论。这虽对同异性演算做了改进，但狭义谓词演算仍被分成两段。

经典演算、模态逻辑演算系统和直觉主义逻辑演算系统（以及它们之间的关系）等方向上所取得的成就大致如前所述；这些逻辑都以二值原则为基础。这一时期，国内在多值逻辑领域的主要代表人物是胡世华、莫绍揆和王湘浩等。多值逻辑源于 1920 年前后卢卡西维茨（J. Lukasiewicz，1878—1956 年）和波斯特（E. Post，1897—1954 年）的著作。1950 年，胡世华构造了一个 $\aleph_0$ 值命题演算，其真值是自然数 0，1，…，而 0 是特指值，在这个演算中，可以定义所有那些与原始递归函数相当的联结词，并且可以把它解释为一个递归算术；1955 年，胡世华发表"$\aleph_0$ 值命题演算的有穷值的具有函数完全性的子系统"，和之前发表的论文一起研究了值数较少的命题演算嵌入值数较多的命题演算中去的问题，并给出了肯定解决方法。[①] 胡世华工作的依据是多值逻辑联结词的语义真值刻画（或称刻画方阵、矩阵模型）。一个多值逻辑可以用公理方法或刻画方阵确定，只不过不是所有使用矩阵或方阵刻画的多

[①] 参见（1）胡世华《一个 $\aleph_0$ 值命题演算的构造》，《中国科学》1950 年第 2—4 期；（2）胡世华《$\aleph_0$ 值命题演算的有穷值的具有函数完全性的子系统》，《数学学报》1955 年第 2 期；（3）Tzu-Hua Hoo, "m-valued Sub-system of (m + n) - valued Proposition Calculus", *Journal of Symbolic Logic* 14 (3), 1949. 同时参见 A. Prior, *Formal Logic*, 2nd ed., Oxford University Press, 1962。

值逻辑都能够有穷公理化。所以，一个有矩阵模型给出的多值逻辑是否能够公理化和在什么样的条件下能够公理化？一个公理化的多值逻辑系统是否能够给出和满足什么样的句法条件才能给出它的矩阵模型？这是多值逻辑中的两个重要问题。关于前一个问题，瓦伊斯伯格和罗瑟（J. Rosser，1907—1989 年）等人研究过；1957 年，莫绍揆讨论了这个问题并给出了一个可公理化的条件①，这个条件中的基本联结词 C（蕴涵）的要求比他们的要弱。1963 年，他提出两个新的系统②：任意一个具有么元素的归宿方阵与任意一个轮换方阵及一个适当的 E 方阵组成一个完全系；任意一个具唯一么元素及零元素的归宿方阵与一个适当的轮换方阵组成一个完全系。此前，他已经讨论过在多值逻辑的有穷系统中是否能够应用不受限制的抽象原则（概括公理）而不至于引出逻辑悖论，他的回答是否定的；论文的主要结果是：如果在一系统内形式定理 Cpp 成立，并且有推理规则"由 $(Cp)^{n+1}q$ 可得 $(Cp)^{n}q$"，那么应用不受限制的抽象原则必然导致逻辑悖论。③ 王湘浩于 20 世纪 60 年代在吉林大学数学系形成了一个研究多值逻辑的学科集体，在多值逻辑代数相关问题上取得了一系列重要成果。④

1959 年，金岳霖、胡世华、王宪钧（1910—1993 年）参加《十年来的中国科学·数学》的编写工作，执笔撰写的"数理逻辑"列于华罗庚（1910—1985 年）等撰写的"总论"之后第一章，包括"引言"、"十年来的历史发展"、"研究成果的综述"（分为演绎逻辑系统、多值逻辑、能行性问题和数理逻辑在新技术中的应用）和"文献"四个部分，指出"数理逻辑在我国的这十年是讨论、争辩并经过实践不断明确

---

① 参见莫绍揆《有限值方阵的公理化》，《南京大学学报》（自然科学版）1957 年第 3 期。

② 参见莫绍揆《n 值方阵系统的两个完全系统》，《南京大学学报》（数学半年刊）1963 年第 2 期。

③ 参见 Shaw-Kwei Moh, "Logical Paradoxes for Many-Valued Systems", *Journal of Symbolic Logic* 59, 1954；[美] 格勃尔主编《哲学逻辑》，张清宇等译，中国人民大学出版社 2008 年版。

④ 《吉林大学自然科学学报》在 1962 年第 2 期发表《在多值逻辑中求全部极大封闭集的一个能行方法》（庞云阶）；1963 年第 2 期发表《有限集合上缺值及不缺值函数的结构理论》（王湘浩）和《关于保分划之函数集的极大封闭性（I）》（罗铸楷）；1964 年第 3 期发表《在多值逻辑中二项关系所确定的极大封闭集》（罗铸楷、刘叙华）。

自己任务和工作方向的十年"①。从 1949 年开始的 17 年间,这段时期是我国数理逻辑(包括哲学逻辑)研究的基础时期,这种"基础性"主要体现在以下几个方面:第一,我国数理逻辑学者如沈有鼎、胡世华、莫绍揆和王湘浩等人发表了具有国际水准的学术成果,这些成果主要体现在哲学逻辑演算系统的建立、数理逻辑(递归论)中的能行性问题研究以及逻辑哲学等方面,其中大部分工作将为国内学界后来的研究奠定良好的基础;第二,这个时期培养了一些具有良好基础的数理逻辑工作者,为我国数理逻辑在将来的发展奠定了良好的基础;第三,我国数理逻辑工作者形成了若干个科研群体,这些群体的研究方向比较明确,在各自领域内既有学术带头人,也有核心研究人员。②

二 发展时期

1978 年 5 月 15 日至 21 日,中国社会科学院哲学研究所和《哲学研究》编辑部在北京组织召开了第一次全国逻辑研讨会,国内一百多位逻辑学工作者参加了会议,金岳霖出席了开幕式并做了书面发言,认为"这是值得我们庆祝的大事……这个会是逻辑工作者的学术讨论会"③。一些数理逻辑学家在会上以学术报告形式对数理逻辑做了比较全面的宣传:《作为现代逻辑学的数理逻辑》(胡世华)、《数理逻辑和形式逻辑》(王宪钧)、《传统逻辑与数理逻辑》(莫绍揆)、《可计算性理论的发展及其应用》(吴允曾)、《推理与计算》(张锦文,1930—1993 年)和《二十世纪逻辑学的发展》(张尚水);《二十世纪逻辑学的发展》随即发表在 8 月的《哲学研究》,为数理逻辑、哲学逻辑以及数理逻辑与哲学之间的关系提出了一个精致的简史。④

---

① 金岳霖、王宪钧、胡世华:《数理逻辑》,载中国科学院编译出版委员会主编《十年来的中国科学·数学:1949—1959》,科学出版社 1959 年版,第 32 页。丁石孙、万哲先、王世强、吴允曾(1918—1987 年)、陆钟万、晏成书(1923—1995 年)和唐稚松(1925—2008 年)参与了写作。
② 参见林夏水、张尚水《数理逻辑在中国》,《自然科学史研究》1983 年第 2 期。
③ 金岳霖:《金岳霖同志在一九七八年全国逻辑讨论会开幕式上的发言》,载《哲学研究》编辑部编《逻辑学文集》,吉林人民出版社 1979 年版,第 9—10 页。
④ 参见张尚水《二十世纪逻辑学的发展》,《哲学研究》1978 年第 8 期。随后,张尚水与林夏水合作发表了《数理逻辑在中国》(《自然科学史研究》1983 年第 2 期)。

在此前后，世界著名逻辑学家、哲学家王浩（1921—1995 年）多次访华，在北京、上海和南京等地做了大量数理逻辑前沿讲座，《哲学研究》《北京大学学报》《国内哲学动态》等刊物对这些讲座做了大量报道。① 1977 年 10 月，他在中国科学院计算技术研究所做了六次大型讲座，讲稿《数理逻辑通俗讲话》则由十四位数理逻辑学家翻译校对、由科学出版社在 1981 年出版并于 1983 年重印，包括八章正文"数理逻辑一百年""形式化和公理方法""计算机""问题与解""一阶逻辑""计算——理论的和可实现的""直线上有多少点？""统一化与多样化"和三章附录"骨牌游戏与无穷性引理""算法与机器"和"抽象机"。这部著作对数理逻辑的基本内容做了大体自足的讲述，篇幅不多而内容非常丰富（不少章节包含王浩自己的工作），金岳霖题写了书名，莫绍揆、吴允曾等人发表了多篇书介以助于理解②，这些都使得该书在国内学界的影响非常深远。

此见青蓝，薪火相传。凡此种种，为逻辑学工作者接续之前数理逻辑、哲学逻辑在国内的发展起了积极的推动作用，老一辈数理逻辑学家继续之前的研究工作，而且"在 1978 年后恢复了研究生培养制度，培养出一批学有所成的数理逻辑工作者。我国年轻一代的数理逻辑工作者日渐成长，成为我国数理逻辑科研领域的骨干力量"③。

（一）现代逻辑教材建设

逻辑研究和逻辑教育相辅相成。"昨天的教育满足不了明天的需要"④，逻辑教育涉及逻辑教材建设，这是一个深及逻辑本质和逻辑观念的工作，因为"除了任何定义中包含的困难外，我们并不确切地知道

---

① 参见（1）张尚水《美籍数理逻辑学家王浩教授在京作学术报告》，《哲学研究》1978 年第 1—2 期；（2）方海慎《美籍学者王浩教授来我校讲学》，《北京大学学报》（社会科学版）1982 年第 4 期；（3）喻纬、陈光还《王浩教授谈〈逻辑与数理逻辑〉》，《中学数学》1982 年第 5 期；（4）程星《中国哲学·西方哲学·反思——王浩教授讲学纪略》，《国内哲学动态》1986 年第 11 期。

② 参见（1）莫绍揆《王浩〈数理逻辑通俗讲话〉评介》，《数学研究与评论》1984 年第 3 期；（2）吴允曾《〈数理逻辑通俗讲话〉评介》，《数学进展》1985 年第 4 期。

③ 宋文坚：《逻辑学的传入与发展》，福建人民出版社 2005 年版，第 221 页。

④ ASL Commitee on Logic and Education，"Guidelines for Logic Education"，*The Bulletin of Symbolic Logic* 1 (1), 1995, p. 4.

逻辑是什么,我们不能在任何严格程度上定义它。但是,也许我们大多数人都对逻辑教科书的主要内容留下深刻印象"①。

在第一次全国逻辑研讨会的报告中,王宪钧提出:"国内现在有关数理逻辑的读物太少,我们应该大力组织出版这类读物。最好能够写出几套教材,为数学工作者的,为计算机科学工作者的,也要写一套为逻辑和哲学工作者的"②。1982 年,他在 20 世纪 60 年代完成的讲稿基础上增补出版了广为称引的《数理逻辑引论》,其中第三篇《数理逻辑发展简述》以 8 万字篇幅论述了数理逻辑从莱布尼茨到哥德尔的三个发展阶段,是我国学者撰写的第一部数理逻辑史专论,影响深远。③ 随后主编的"现代逻辑丛书"在 90 年代初陆续出版,目的是提供一批叙述简明易懂和不需要较多数学知识的入门性书籍和教材:《西方形式逻辑史》(宋文坚)、《逻辑演算》(刘壮虎)、《一阶逻辑和一阶理论》(叶峰)、《模态逻辑》(周北海)、《集合论导引》(晏成书)和《递归论导引》(郭世铭,1946—2000 年);原在计划之内但出版时没有列入丛书的有《模型论导引》(沈复兴)、《素朴集合论》(刘壮虎)。1986 年,周礼全(1921—2008 年)出版写成于 70 年代后半期的《模态逻辑引论》④,最后一章"模态逻辑简史"叙述了模态逻辑从亚里士多德至 20 世纪 60 年代的发展史,则是我国学者撰写的第一部模态逻辑史专论。1990 年,张尚水出版《数理逻辑导引》;1993 年,宋文淦出版《符号逻辑基础》,张家龙出版《数理逻辑发展史——从莱布尼茨到哥德尔》。

1993 年,康宏逵(1935—2014 年)编译出版了模态逻辑文集《可能世界的逻辑》,指出模态逻辑的复兴是当代逻辑学最重要的新发展,它是哲学逻辑大批分支的凝聚点,长篇代序"模态、自指和哥德尔定理:一个优美的模态分析案例"写成于 1990 年,全部内容八十九页约六万字,相当于一部观点鲜明、内容深刻的小型专著,是这一时期国内

---

① 金岳霖:《金岳霖全集》第 6 卷,人民出版社 2013 年版,第 476 页。
② 王宪钧:《数理逻辑和形式逻辑》,《逻辑学文集》,吉林人民出版社 1979 年版,第 23 页。
③ 参见(1)王宪钧《数理逻辑引论》,北京大学出版社 1982 年版;(2)康宏逵《品书录·〈数理逻辑引论〉》,《读书》1983 年第 3 期;(3)晶华《文、理通用的〈数理逻辑引论〉》,《大公报·读书与出版》1984 年 9 月 17 日。
④ 参见周礼全《模态逻辑引论》,上海人民出版社 1986 年版。

数理逻辑领域最重要的著作之一。①

在《逻辑学的传入与研究》中，宋文坚写道："80年代前，我国没出版过一本数理逻辑专著，科研论文也很少。……而这个时期欧美的逻辑界在现代逻辑前沿问题上成绩辉煌。"② 改革开放之后，经过几代逻辑学者的共同努力，国内逻辑学界这一境况开始有所好转。

（二）重回国际学术舞台（1978—1999年）

从1978年开始，莫绍揆在经典逻辑演算方面继续发表了一系列论文，涉及逻辑函词演算、改进二阶谓词演算以消除悖论、无类型的完备逻辑演算、直觉主义逻辑、极小演算以及元逻辑研究等方面，兼涉数学基础问题。③ 1981年，沈有鼎发表《"纯逻辑演算"中不依赖量词的部分》④，从带等词的一阶逻辑中分离出一个完全的、可判定的子系统。"纯逻辑演算"专指加入了"同一"概念之后的狭谓词演算，纯逻辑演算中不依赖量词的部分是纯逻辑演算中极其微小的部分。这篇论文采用一种与命题演算中运用真值表判定一公理是否是定理的方法相类似的判定方法，把真值表推广为值表，这种方法本身可以理解为一种公理系统；它以条件析取"〔A，B，C〕"为初始概念，括号记法承续丘齐（A. Church，1903—1995年）的工作，此后由张清宇等人在关于经典逻辑和模态逻辑的工作中做了进一步发挥，并为2010年提出的肖菲克尔（M. Schönfinkel，1889—1942年）型算子建立起新的公理系统、建立起与维特根斯坦的N算子及一些可判定模态逻辑的联系。⑤

20世纪80年代初期的第一版《哲学逻辑手册》对国内哲学领域中

---

① 参见[美]马库斯等著《可能世界的逻辑》，康宏逵编译，上海译文出版社1993年版。王浩的评论参见康宏逵《王浩来信摘抄（1984—1995）》，《科学文化评论》，2013年第6期。
② 宋文坚：《逻辑学的传入与研究》，福建人民出版社2005年版，第106页。
③ 参见莫绍揆《莫绍揆文集》，南京大学出版社1992年版。
④ 参见沈有鼎《"纯逻辑演算"中不依赖量词的部分》，《数学学报》1981年第5期。
⑤ 参见（1）张清宇《不用联结词和量词的一阶逻辑系统》，《哲学研究》1996年第5期；（2）张清宇、郭世铭、李小五《哲学逻辑研究》，社会科学文献出版社，1997年版；（3）张清宇《经典命题逻辑的一个公理系统》，《哲学研究》1997年第8期；（4）刘新文《谢弗函数研究》，暨南大学出版社2011年版；（5）Fangfang Tang, "From Wittgenstein's N-operator to a New Notation for Some Decidable Modal Logics", *History and Philosophy of Logic* 40 (1), 2019。

· 243 ·

的逻辑学工作者所带来的影响应该是巨大的，大部分研究工作都将在这个文献的基础上开展。

1988年，《哲学逻辑杂志》发表了徐明的硕士学位论文《一些U，S时态逻辑》①，是这个时期我国逻辑学工作者重返国际逻辑学术研究舞台的早期工作。时态逻辑始于20世纪50年代普莱尔（A. Prior，1914—1969年）的工作，1968年，坎普（J. Kamp）在博士学位论文中添加了两个新的二元联结词S（since，自从）和U（until，直到），并且证明：关于戴德金完备的严格全序来说，U和S是表达完备的。自从/直到逻辑的建立是模态逻辑研究中一个重大突破。伯吉斯（J. Burgess）在1982年为线序类和稠密及离散序的类建立起公理系统，完全性证明使用了模态逻辑完全性理论文献中所说的"逐步构造"（step-by-step）②方法，但把某种演绎封闭集巧妙地运用在"逐步构造"的过程当中；徐明把这些方法应用到（可能）非线性时间的一般情形并且提出了一些关于U、S时态语言的表达性结果，在前一个工作中，证明了极小的U、S-时态逻辑TL_{US}（φ）的存在，也建立了所有传递框架类和所有传递的左连通框架类等的"分叉时间"的逻辑。他们这些关于线序时间类的公理在时态逻辑文献中被称为"伯吉斯—徐公理"③。此后，徐明还在stit逻辑、条件句逻辑、道义逻辑和模态逻辑等领域中做了很多工作。④

问句逻辑在20世纪40年代开始提出。1991年，宋文淦采用解答集方法论为问题逻辑建立了一个自然推演系统W。1998年他又建立了一个新的自然推演系统E，形式上相当于以模态命题逻辑T为基底的带巴

---

① 参见 Ming Xu, "On Some U, S-tense Logics", *Journal of Philosophical Logic* 17 (2), 1988。

② 参见 Patrick Blackburn, Maarten de Rijke and Yde Venema, *Modal Logic*, Cambridge University Press, 2001。

③ Patrick Blackburn, Johan van Benthem and Frank Wolter, eds., *Handbook of Modal Logic*, Elsevier, 2006, p. 699.

④ 部分如下：（1）Ming Xu, "Some Embedding Theorems for Conditional Logic", *Journal of Philosophical Logic* 35 (6), 2006；（2）Ming Xu, "Action as Events", *Journal of Philosophical Logic* 41 (4), 2012；（3）Ming Xu, "Some Normal Extensions of K4.3", *Studia Logica* 101 (3), 2013；（4）Ming Xu, "Group Stratrgies and Independence", in T. Müller ed., *Nuel Belnap on Indeterminism and Free Action*, Springer, 2014；（5）Ming Xu, "Combinations of Stit with Ought and Know", *Journal of Philosophical Logic* 44 (6), 2015。

肯公式的模态谓词演算,其中的初始疑问算子"?"解释成"请确认",只能置于命题之前(该算子不能在公式中叠置或嵌套出现)。① 这个系统自然简明又内容丰富,扩张成无穷逻辑系统 $E\omega_1,\omega$ 则更合乎理想。

20世纪60年代,达·科斯塔(N. da Costa)创立弗协调逻辑。从1991年开始,张清宇发表《一个弱的弗协调条件句逻辑》和《弗协调模态逻辑 C_nG',$n\in\omega$》,并且与达·科斯塔合作发表《弱的弗协调条件句逻辑 C_nW》;第一篇论文将巴坦思(D. Batens)在1980年建立的弗协调逻辑系统 PI 和弱条件句逻辑系统组合成一个弱的弗协调条件句逻辑 PIW;第二篇论文建立的弗协调模态命题逻辑 C_nG' 是一个正规弗协调模态逻辑,包含达·科斯塔建立的弗协调逻辑系统 C_n 的全体定理,其完全性证明概括了很大一类正规弗协调模态命题逻辑的完全性;第三篇论文将 C_n 和弱条件句系统 W 组合起来得到一个完全的系统 C_nW。这些工作把弗协调逻辑引进国内研究范围并以之与国际学界联系起来②,此后,国内从事弗协调逻辑研究的年轻一代逻辑学工作者大都深受这些工作的影响。

在时态逻辑方面,1992年,王学刚为具有通常形式语义的时态算子 H、G、H′和 G′的任意序的类建立了一个极小的时态逻辑系统 $L_0′$,并用演绎封闭集合极大一致集方法证明了系统的完全性定理。随后,张清宇把这个极小系统和达·科斯塔的系统 C_n 组合成一个弗协调 G'、H' - 时态逻辑。③

---

① 参见(1)宋文淦《问题逻辑理论新探》,《湖北大学学报》(哲学社会科学版)1991年第3期;(2)宋文淦《问题逻辑》,北京师范大学出版社1998年版。

② 参见(1)Qingyu Zhang:"A Weak Paraconsistent Conditional Logic",*The Journal of Non-classical Logic* 8,1991;(2)Qingyu Zhang:"Paraconsistent Modal Logics C_nG',$n\in\omega$",*Boletim da Sociedade Paranaense de Matem'atica* 12/13,1991 – 1992;(3)Newton C. A. da Costa and Zhang Qingyu:"The Week Paraconsistent Conditional Logic C_nW",*Boletim da Sociedade Paranaense de Matem'atica* 14,1993 – 1994;(4)张清宇《弗协调逻辑》,中国社会出版社2003年版;(5)Newton C. A. da Costa, et al,"Paraconsistent Logics and Paraconsistency",in Dale Jacquette ed.,*Philosophy of Logic*,North Holland,2006。

③ 参见(1)Xuegang Wang,"The Minimal System $L_0′$",*Notre Dame Journal of Formal Logic* 33(4),1992;(2)张清宇《极小的弗协调 G'、H' - 时态逻辑》,载张锦文主编《数理和应用逻辑文集》,北京大学出版社1992年版。

一般认为，经典逻辑是本体论逻辑，直觉主义逻辑是认识论逻辑。在社会生活和社会科学中，许多命题同时具有主观和客观两个方面，为了刻画这种在一个命题之中反映出来的主观认识与客观事实的二重性以及它们之间的相互关系，郭世铭在1993年建立二重逻辑演算系统，讨论单个主体的命题逻辑。二重逻辑的语言是经典命题演算 PC 的语言增加一个模态算子 B，依语言习惯可以读作"认定""认为""相信""肯定""知道""可证"等，但目的在于刻画它们的共性。PC 公理、B 算子对蕴涵的分配公理和一致性公理构成的系统记为 B_D；B_D 加上正自信公理构成 B_T；B_T 加上正自觉公理构成 B_4；B_T 加上强正自觉公理构成 B_4^+；B_T 加上负自觉公理构成 B_5；B_T 加上强负自觉公理构成 B_5^+；B_4 加上负自信公理构成 B_6。各系统的推演规则都是分离规则和 B 概括规则。其中，B_D、B_T、B_4^+、B_5^+ 曾被斯迈利（T. Smiley）和汉松（B. Hansson）等人作为道义逻辑系统研究过。郭世铭主要讨论了 B_4（B_5 的情形类似）的完全性和可判定性问题。随后，他在此基础上发表《多主体认知逻辑》，建立了一个公理系统 $B_T^{(n)}$，讨论了一些其证明相当冗长的系统内定理及其直观意义。[①]

无穷逻辑是经典一阶逻辑在表达力方向上的扩张。李小五在1993年的论文中指出，协调性质这个概念是为解决经典一阶逻辑的问题而在1963年由斯穆里安（R. Smullyan，1919—2017年）提出的，在20世纪70年代初，基斯勒（J. Keisler）讨论了协调性质与无穷逻辑语言 $L_{\omega_1,\omega}$ 的关系，并证明了用 $L_{\omega_1,\omega}$ 表述的无穷逻辑关系 $B_{\omega_1,\omega}$ 的完全性，巴维斯（J. Barwise，1942—2000年）把协调性质概括到 $L_{\infty,\omega}$ 情形，得到了 $L_{\infty,\omega}$ 的片段的完全性定理和其他结果。李小五把协调性质概括到 $L_{\kappa\lambda\rho\pi}$（基数 κ、λ、ρ、π 使 κ 是无穷正则基数或是共尾度为 ω 的奇异基数且 $\omega \leq \lambda \leq \kappa$。如果 λ 是奇异基数，那么 ρ 是 $<\lambda$ 的正则基数，如果 λ 是正则基数，那么 $\rho \leq \kappa$，$\pi \leq \kappa$）的情况，并且用语言 $L_{\kappa\lambda\rho\pi}$ 表述他建立的几个以 B 为基础的无穷公理系统，证明了这些系统的完全性定理。随

[①] 参见（1）郭世铭《二重命题逻辑系统 B₄》，《哲学研究》（逻辑研究专辑），1993年；（2）郭世铭《多主体认知逻辑（语法部分）》，《自然辩证法研究》（逻辑研究专辑），1998年。

后,他出版了两卷《无穷逻辑》,并转入条件句逻辑的研究。①

邻域语义学是20世纪70年代初由蒙塔古和斯科特(D. Scott)提出来的。这种语义学的主要特点就是把命题之间的联结词都看作以命题为变元的函数,由该联结词联结的复合命题在某个可能世界上的真假情况由支命题的真假情况决定。如果复合命题在某个可能世界中的真假情况仅仅由支命题在这个可能世界中的真假情况能够确定,那么这个复合命题中的联结词就是外延的;一般情况是,为了确定一个复合命题在一个可能世界中的真假,不仅要考虑支命题在这个可能世界中的真假情况,还要考虑支命题在其他可能世界中的真假情况,这样的联结词具有内涵性质。邻域语义学把所有的命题联结词统一当作命题算子(用函数加以刻画)来处理。从1995年起,刘壮虎发表了一系列论文研究邻域语义学。在"邻域语义学和模型完全性"中,他提出了一般的命题形式语言和命题推演系统,建立起命题推演系统的邻域语义学,提出命题推演系统在邻域语义学中的几种不同的完全性,即模型完全性、弱模型完全性和框架完全性,运用典范模型方法给出了一个命题推演系统有模型完全性的充分必要条件,并且证明了任何命题推演系统都具有弱模型完全性。随后,他将邻域语义学推广到模态谓词逻辑,讨论了模态谓词逻辑的框架完全性,给出了模态谓词逻辑中巴肯公式在邻域语义学中的一个形式特征。这些工具和技术被毛翙具体应用到条件句逻辑完全性定理的证明。2008年,在和李小五合作的论文中,他们建立了主次条件句的极小系统$C2L_m$,根据邻域语义学引进了一般的典范模型概念,然后应用典范模型证明了系统的完全性。此外,在2008年发表的论文《有限全序语义和广义皮尔士律》中,他将二值逻辑中刻画实质蕴涵的保真性推广至有限全序中,用这推广的保真性给出蕴涵在有限全序中的语义条件,从而给出了完整的有限全序语义,在建立刻画有限全序的逻辑系统FO之后,证明了FO的完全性和可判定性;此外,论文提出广义的皮尔士律,证明其能区分不同基数的有限全序,然后给出了FO的扩充系统

---

① 参见李小五《协调性质与无穷逻辑几个公理化系统的完全性》,《哲学研究》(逻辑研究专辑),1993年;李小五在这一方向上的其他成果参见李小五《无穷逻辑》(上、下),社会科学文献出版社1996年、1998年版。条件句逻辑方面的主要成果参见李小五《条件句逻辑》,人民出版社2003年版。

FO$_n$并证明了 FO$_n$ 刻画了 n 个元素的全序。①

我国是逻辑学发展最早的国家之一（《墨子》一书中的"小取"篇是一篇内容丰富的逻辑著作），在吸收外来文化上也有优良传统（唐代玄奘介绍印度的逻辑学，即"因明"）。1980 年，沈有鼎结集出版了《墨经的逻辑学》；从 1994 年开始，张清宇在此基础上创制出一系列组合了词项逻辑和命题逻辑的名辞逻辑系统 MZ、MC 和 MD，《墨经》的逻辑学说在这些工作中起了重要作用。1998 年，张家龙运用经典一阶逻辑刻画了《墨经》中"侔"式推理的有效式。② 这些工作和其他人的工作一起揭示了中国古代逻辑，尤其是《墨经》逻辑可以达到的形式化高度及其有所欠缺之处，目前开始被介绍给国际逻辑学界。③

1995 年，"第十届国际逻辑、方法论和科学哲学大会"在意大利的佛罗伦萨举行，王路在会议报告中介绍了徐明、王学刚和张清宇三个人关于时态逻辑和弗协调逻辑的六篇英文论文，并且说："在中国，我们在研究中有一个很大的缺陷，那就是我们缺乏与国外进行学术交流。"④ 这一"缺陷"将在 21 世纪得到很大改观。1999 年，周北海在《符号逻辑杂志》发表《嫁接框架和 S1 的完全性》⑤。

---

① 参见（1）刘壮虎《邻域语义学和模型完全性》，《北京大学学报》（哲学社会科学版），1995 年第 3 期；(2) 刘壮虎："Neighborhood Semantics of Modal Predicate Logic"，《南京大学学报》（数学半年刊），1998 年第 2 期；(3) 毛翊《条件句逻辑的邻域语义学》，载《理由固然——纪念金岳霖先生百年诞辰》，社会科学文献出版社 1995 年版；(4) Zhuanghu Liu and Xiaowu Li, "Logic of Primary-conditionals and Secondary-conditionals", *Frontiers of Philosophy in China* 2, 2006; (5) 刘壮虎《有限全序语义和广义皮尔斯律》，《逻辑学研究》2008 年第 2 期。

② 参见（1）张清宇《名辞逻辑》，《中国哲学史》1994 年第 1 期；(2) 张家龙《论〈墨经〉中"侔"式推理的有效式》，《哲学研究》（逻辑研究专辑），1998 年；(3) 张清宇《直言推理系统》，《逻辑学研究》2008 年第 1 期；(4) 张清宇《名辞逻辑系统 MC》，《科学发展：文化软实力与民族复兴》（下卷），北京师范大学出版社，2009 年版。

③ 参见 Fenrong Liu, Jeremy Seligman and Jincheng Zhai, eds., *Handbook of Logical Thoughts in China*, Springer, 2019。

④ Lu Wang, "Logic in China", in M. Chiara, et al, eds., *Structures and Norms in Science*, Springer, 1997, pp. 471–472.

⑤ 参见 Beihai Zhou, "Grafted Frames and S1-Completeness", *Journal of Symbolic Logic* 64 (3), 1999。

(三) 融入国际前沿研究 (2000 年至今)

2000 年，王路出版《逻辑的观念》①，从"逻辑"这个名称的不同含义、不同逻辑教材的不同内容和不同逻辑史著作的不同内容出发，寻找其中共同的东西，探讨其内在机制。王路指出，逻辑的内在机制是指决定逻辑这门学科得以产生和发展的东西，在逻辑的发展中贯彻始终。围绕着逻辑的内在机制是"必然地得出"这一基本思想，他论述了逻辑这门科学的性质、范围以及逻辑和哲学的关系等一系列问题，指出逻辑在 20 世纪分析哲学和语言哲学中的重要作用以及逻辑对于理解西方哲学的必要性，等等。这些思想从观念上对国内逻辑学界，甚至哲学界造成了巨大影响，从而推进了 1978 年以来国内逻辑教学和研究现代化的进程。2016 年，他自己在研究亚里士多德逻辑、弗雷格逻辑和模态逻辑的基础上出版《语言和世界》②，构建了一种新的解释模式"句子图式"，用以对弗雷格的"涵义"和意谓理论、罗素的摹状词理论、克里普克 (S. Kripke) 的因果命名理论、奎因对分析与综合判断区别的质疑、盖提尔 (E. Gettier) 论题、维特根斯坦的事实构成世界论等做出了系统的新解释。

进入 21 世纪以后，哲学院系中年轻一代逻辑学工作者在老一辈逻辑学工作者的指导下也开始成长起来。几代学人在哲学逻辑很多分支的前沿问题上都有所研究和贡献，国际交流与合作也日趋普遍。

从 2003 年开始，周北海、毛翊和张立英等发表出版了一系列关于概称句语义解释和推理的论著。区别于经典逻辑研究的完美形式的数学推理，日常生活中常用的常识推理是非单调的，即前提增加时其结论可能会被收回。日常生活中大量使用的既表达普适性规律又容忍例外的概称句推理是一种非单调推理，就这种非单调推理来说，概称句是导致非单调性的本质原因。2004 年，周北海提出概称句是表达概念内涵的句子，形成概称句的概念式理解，在此基础上，于 2008 年建立了概称句

---

① 参见王路《逻辑的观念》，商务印书馆 2000 年版；2016 年列入商务印书馆"中华当代学术精品丛书"重版。

② 参见 (1) 王路《亚里士多德的逻辑学说》，中国社会科学出版社 1991 年第 1 版，2005 年第 2 版 (修订版)；(2) 王路《弗雷格思想研究》，社会科学文献出版社 1996 年第 1 版，商务印书馆 2008 年再版；(3) 王路《语言与世界》，北京大学出版社 2016 年版。

的"涵义语义",得到概称句的词项逻辑 GAG 与 Gaa,这两个逻辑分别是关于从概念到概念推理的逻辑和从概念到个例推理的逻辑,对这两类概称句推理及逻辑给出了合理的解释和刻画,判定算法和完全性定理证明在随后的工作中完成。应用模态逻辑和条件句逻辑的技术和方法,周北海和张立英对概称句的语义解释和概称句推理进行了系统研究,基于概称句的语义解释(双正常语义)给出了一批原创性的结果,包括结论是概称句的推理(演绎部分和归纳部分)以及概称句推理与归纳关系的讨论、概称句视角下的休谟问题等。在概称句推理部分,张立英给出了五个有不同直观的概称句推理逻辑系统 G0 - G4 并证明了系统的完全性。[①] 此外,在相干逻辑方面,周北海和贾青合作发表了一批研究成果。[②]

2003 年,余俊伟在张清宇关于弗协调模态逻辑工作的基础上提出"一个弗协调真值道义逻辑系统"发表在《哲学研究》,按照通常的做法添加常项和公理而将道义逻辑归约为弗协调真值模态逻辑,建立了一个可靠和完全的 $C_{nM}G'$,以之解决善良的撒玛利顿人悖论。2004 年,他建立了一个极小的弗协调逻辑系统,是从 C_ω 中去掉双重否定律后所得到的、比达·科斯塔弗协调逻辑系统 C_ω 更小的系统,证明了该系统相对于克里普克语义解释的可靠性和完全性定理。[③]

计算机科学的发展在 21 世纪进入了知识处理和智能模拟阶段,构造逻辑系统描述认知过程,进而实现知识表达和处理,已经成为逻辑学的主要研究任务之一。由于时空条件的限制,认知主体始终处于知识不

[①] 参见(1)Yi Mao and Beihai Zhou,"An Analysis of the Meaning of Generics",*Social Sciences in China* 24(3),2003;(2)周北海《概称句本质与概念》,《北京大学学报》(哲学社会科学版),2004 年第 4 期;(3)张立英《概称句推理逻辑系统 G0 - G4 的完全性》,《哲学门》第 7 卷第 1 册,2006 年 12 月;(4)周北海《涵义语义与关于概称句推理的词项逻辑》,《逻辑学研究》2008 年第 1 期;(5)Liying Zhang and Beihai Zhou,"Logics for Getting Generics by Deduction",*Studies in Logic* 6(1),2013;(6)周北海、马丽《概称句词项逻辑的树图判定算法》,《逻辑学研究》2013 年第 4 期;(7)张立英《概称句推理研究》,社会科学文献出版社 2013 年版;(8)陈星群、周北海《概称句词项逻辑系统 GAG 与 Gaa 的完全性》,《逻辑学研究》2017 年第 2 期。

[②] 参见(1)周北海、贾青《相干逻辑关系语义的推理解释》,《逻辑学研究》2015 年第 1 期;(2)贾青《相干逻辑的三种语义解释》,《逻辑学研究》2018 年第 9 期。

[③] 参见(1)余俊伟《一个弗协调真值道义逻辑系统》,《哲学研究》2003 年第 1 期;(2)余俊伟《一个极小的弗协调逻辑系统》,《逻辑与认知》2004 年第 3 期;(3)余俊伟《道义逻辑研究》,中国社会科学出版社 2005 年版。

完备状态。因此,克服逻辑全知者假定,恰当地刻画认知主体的信念推理结构,这是国际逻辑学界和人工智能学界共同关心的问题。在这一方向上,费京(R. Fagin)等人的广义觉知逻辑被公认为最重要的解决方案,并由此创建哲学逻辑的一个新分支——觉知逻辑。但是,由于该方案没有考虑到"觉知"概念本身的复杂性,忽略了觉知状态与信念推理间复杂的相互关系。2004 年,鞠实儿和刘虎在《哲学逻辑杂志》发表的《二维觉知逻辑》提出了研究觉知逻辑的新方法,并据此建立了新觉知逻辑系统。这篇论文独创性地使用二维逻辑方法研究觉知逻辑,构造不同的逻辑系统,多层面地刻画"觉知"概念,从而扩充了觉知逻辑的表达能力。论文首次将二维逻辑与模态逻辑相结合,给出了二维模态逻辑的形式系统,并发展出证明二维模态逻辑完全性的方法。具体地说,该论文将语言学中对预设问题的研究结果引入信念逻辑的研究中,表达预设的二维逻辑被用于建立各种"觉知—信念"模型。2013 年,刘虎和文学锋合作发表论文《恒常联系理论基础上因果的形式化》,给出了基于经验学习的因果逻辑,并探讨这种逻辑的哲学意义和应用价值。20世纪以来,逻辑学家为诸多哲学概念建立了形式化逻辑系统,形成了哲学逻辑这一分支繁多的研究领域。但是,对于因果关系这个核心的哲学概念,仍然没有一种统一的因果逻辑可被逻辑学界广泛接受。他们这篇论文致力于改变这种现状,确立因果逻辑作为哲学逻辑分支的地位。论文给出的因果逻辑以肇始于休谟的因果关系的恒常联系理论为基础。恒常联系理论曾经统治因果关系的哲学理论两百多年,但在近代逐渐式微,让位于反事实条件句理论。近数年来,国际哲学界兴起一股回到恒常联系理论的思潮,该论文为重新确立恒常联系理论提供强大的理论支持。在因果逻辑中,形式化的分析方法使我们能够明晰恒常联系理论的理论预设、概念结构和推理性质,从而使我们能够更清楚地看到它优于反事实条件句理论之处。后者已有较为完整的形式化理论。现有的基于反事实条件句理论的逻辑有着内在的系统缺陷,如承认因果关系在演绎后承下封闭等。因此,它们不能被学界广泛接受为因果逻辑。该论文的研究表明,因果关系不是一个独立的概念,它依赖时间概念和事件的影响范围概念。因果关系陈述的真假,依赖我们对过去经验的审视。以此出发建立的逻辑系统,能够克服原有逻辑的缺点,从而使一种真正的因果逻辑成为可能。①

2008年，熊明在《哲学逻辑杂志》发表《经典逻辑的直觉主义刻画》，通过引入内涵映射及其性质而为刻画中间逻辑建立了一个新的语义方法。在此前后，他在真理论和悖论等方面做了很多工作。2017年，他发表《布尔悖论和修正周期》一文，基于古普塔（A. Gupta）、贝尔纳普（N. D. Belnap, Jr.）和赫兹伯格（H. Herzberger）等人的真之修正理论，利用其中的修正周期作为刻画悖论的主要参量，并在作者提出的相对化T模式下，对一类称为布尔悖论的真理论悖论进行分析和刻画。分析表明，布尔悖论具有良好的对角线结构，在形式算术理论中具有一致的形式表达，其基本的语义特征——修正周期——与其矛盾性和矛盾程度的高低（悖论度）有密切的关系。由此建立了一系列的有关布尔悖论的形式构造和形式刻画方面的结果，揭示出这一类悖论在悖论度上具有的层次性和复杂性，使我们对悖论的认识有新的推进。具体成果概述如下：（1）在形式算术中完成布尔悖论及其相关系统的一个完全的形式构建，把哥德尔创立的对角线方法与修正理论中的修正序列及其周期特性进行结合，给出了一种从修正周期构建悖论的一般方法，扩大了悖论的研究范围；（2）基于塔斯基T模式在可能世界上的一个模态版本，利用布尔悖论的修正周期特征对它们的矛盾性给出了完全的刻画，建立了这些悖论之间关于悖论度的一般性的比较性结果；（3）在以上两个成果基础之上，最终证明了布尔悖论在悖论度的结构上是一个无界的稠密格，这一方面反映出布尔悖论作为一种逻辑对象具有良好的代数结构，另一方面也反映出布尔悖论本身的丰富性和复杂性，也间接反映了真作为一个循环性概念的难解性，这对于真的哲学分析提供了一个新的逻辑理论框架。②

20世纪60年代初，由麦金森（I. Makinson）与克雷斯韦尔（M.

---

① 参见（1）Hu Liu and Shier Ju, "Two-dimensional Awareness Logic", *Journal of Philosophical logic* 33（5），2004；（2）Hu Liu and Xuefeng Wen, "On Formalizing Causation Based on Constant Conjunction Theory", *The Review of Symbolic Logic* 6（1），2013。

② 参见（1）Ming Hsiung, "An Intuitionistic Characterization of Classical Logic", *Journal of Philosophical Logic* 37（4），2008；（2）熊明《塔斯基定理与真理论悖论》，科学出版社2014年版；（3）熊明：《算术、真与悖论》，科学出版社2017年版；（4）Ming Hsiung, "Boolean Paradoxes and Revision Periods", *Studia Logica* 105（5），2017。

Cresswell）首先引入模态逻辑的典范性概念被莱蒙（E. Lemmon，1930—1966年）与斯科特（D. Scott）大规模用于证明完全性定理，直到今天它还是常规的方法；范启德（Kit Fine）发表于1973年的工作以及对与之相关问题的探讨，开启了模态逻辑典范性问题研究这一方向。从2009年开始，裘江杰在这一方向上发表了一些研究成果：在典范框架方面，证明了极小正规逻辑K的典范框架中存在着连续多个在有穷步通达到死点的元素，对于典范框架的全景视图增加了新的细节；对典范框架上的拓扑结构做了相应的讨论；得到了典范框架中有界宽的生成子框架是相应逻辑的框架等结果；在典范公式和典范公理化方面，证明了由萨奎斯特（H. Sahlqvist）公式公理化的逻辑组成的类是一个其中有无穷长的链与反链的格。①

在模态逻辑的格论研究中，从2011年开始，康宏逵和杜珊珊陆续发表了一批成果。在《模态镜子里的反欧性》②中，他们用戈德布拉特-托马森定理证明了反欧性一般来说是模态不可反映的，由此找到了最小的反欧传递逻辑，并且证明了所有的反欧传递逻辑不仅具备有穷框架性，也都是可有穷公理化的，继而也都是可判定的；论文最后研究了反欧传递逻辑格里的濒表格逻辑，给出了几个具有"临界性"濒表格扩充的逻辑的实例。2014年，他们发表了两篇论文研究关于 *NExtK*4 的濒表格逻辑③，证明了传递逻辑格中的濒表格逻辑的判据及其应用结果：第一篇论文提出"点式归约"以及"在点式归约下的不变性"这两个重要的新概念证明了传递逻辑格中有穷深度濒表格逻辑的判据，还给任意传递框架到它自身中的归约做了穷尽的分类（传递框架间的真点式归约有并且只有五种）；第二篇论文证明了传递逻辑格中无穷深度濒表格

---

① 参见（1）裘江杰《萨奎斯特逻辑的格》，《逻辑学研究》2009年第1期；（2）裘江杰《模态逻辑典范框架的生成子框架》，《逻辑学研究》2009年第4期；（3）裘江杰《KAltn 的另一族正规扩张》，《逻辑学研究》2013年第2期；（4）裘江杰《模态逻辑中的典范问题研究》，中国社会科学出版社2014年版。

② 参见杜珊珊、康宏逵《模态镜子里的反欧性》，《武汉大学学报》（人文科学版），2011年第3期。

③ 参见（1）Shan Du and Hongkui Kang, "On Pretabular Logics in *NExtK*4（Part I）", *Studia Logica* 102（3），2014；（2）Shan Du, "On Pretabular Logics in *NExtK*4（Part II）", *Studia Logica* 102（5），2014；（3）杜珊珊、康宏逵《临界的传递逻辑》，科学出版社2017年版。

逻辑的判据，同时结合第一篇文章所得判据，将濒表格逻辑的判据研究结果应用到 NExtQ4 这个传递逻辑格的子格上，得到了关于该格的濒表格逻辑的基本结果，即 NExtQ4 与传递逻辑格相仿，它同样有连续统多个无穷深度的濒表格逻辑。"点式归约"以及"在点式归约下的不变性"这两个概念再次起到了重要作用。从问题的来源来看，这两篇论文的工作实际上延续了 20 世纪 80 年代以来布洛克（W. Blok，1947—2003 年）在传递逻辑格（由 K4 所有正规扩充构成的逻辑格）上关于顶部逻辑——濒表格逻辑（其正规的真扩充都是表格逻辑的逻辑）的相关判据的研究结果，给出了一个关键的统一而非分散的判据，这是传递逻辑格研究方面的理论意义。

冯棉在 2011 年和 2012 年发表了结构推理的一些成果，此后又研究了相干与衍推谓词逻辑。命题逻辑的一般弱框架择类语义是相干邻域语义的变形，特点是采用择类运算来刻画逻辑常项、语义运算与逻辑联结词之间清晰的对应关系。在论文《一类命题逻辑的一般弱框架择类语义》中，冯棉将这种语义用于一类 B、C、K、W 命题逻辑，包括相干逻辑 R 及其线性片段、直觉主义逻辑及其 BCK 片段等，并借助典范框架和典范赋值，证明了这些逻辑系统的可靠性和完全性。另外，从结构推理的观点来看，结合演算是一种很弱的逻辑，因为它仅容纳一种结构规则，即"结合规则"，正结合演算作为一种"正命题逻辑"，是结合演算的基础。在"正结合演算"中，他构建了正结合演算结构推理系统 BL 和对应的公理系统 B，阐述了结合演算拒斥"交换规则""收缩规则"和"弱化规则"的理论意义和应用价值，证明了系统 BL 和系统 B 的等价性。[①]

数学基础问题是数理逻辑诞生的主要动机之一，也是数理逻辑研究的一个主要领域。叶峰指出，迄今为止的科学所认识的世界是有限的，从微观的普朗克尺度到有限的宇宙尺度，经典数学在科学中的应用都是用无穷模型来近似地模拟有限事物。关于数学的可应用性方面存在一系

[①] 参见（1）冯棉《一类命题逻辑的一般弱框架择类语义》，《逻辑学研究》2011 年第 2 期；（2）冯棉《正结合演算》，《逻辑学研究》2012 年第 4 期；（3）冯棉《结构推理》，广西师范大学出版社 2015 年版；（4）冯棉《相干与衍推谓词逻辑》，华东师范大学出版社 2018 年版。

列逻辑问题，如无穷对于描述有限世界是不是逻辑上绝对不可或缺的，应用无穷模型进行模拟时在逻辑上如何保持对有限世界的真理性，数学在科学中的应用是否可能表达为从关于有限物理对象的真前提到关于有限物理对象的真结论的、纯逻辑有效的推导。在2011年前后的一系列工作中，他提出了一个严格有穷主义的逻辑系统SF①，证明了一部分经典应用数学（包括经典量子力学和广义相对论的数学基础）可以在这个系统中发展起来，由此说明经典数学在科学中的应用，原则上可以转换为从关于有限物理对象的真前提，到关于有限物理对象的真结论的逻辑有效的推导，从而从逻辑上解释了为什么用表面上谈论无穷数学对象的经典数学可以帮助推导关于有限物理世界的真理。SF是无量词的初等递归算术，它有自由变元但不用量词，所接受的自然数函数都是初等递归函数，可以完成哥德尔编码，用类型化的兰姆达演算记号但不真正假设存在函数、函数的函数等高阶实体，兰姆达演算的项被解释为计算程序而且都是初等递归的程序。哲学工作者中从事数学基础问题研究的还有邢滔滔、郝兆宽、许涤非、杨睿之等。

2011年，刘奋荣出版《偏好动态学的推理》②，其中一部分内容同年发表在《哲学逻辑杂志》，为"偏好"概念提出了两个新的逻辑模型。第一，模态的模型。这个模型采用动态认知逻辑的方法，先给出了静态的模态偏好逻辑，其中的偏好是可能世界上的一个偏序关系，在形式语言中由模态词表示，然后在这个系统中添加偏好变化的动态算子，例如"公开建议"，从而得到动态偏好逻辑。动态偏好逻辑给出了主体接收新信息前后偏好变化的规律，这体现在动态的归约公理中。由于归约公理都是等价的公式，动态偏好逻辑系统的完全性通过归约公理可以由静态偏好系统获得。此外，她在这个模型中探讨了如何将动态的偏好变化抽象理解成一种关系的变化，利用命题动态语言来描述可能的、更为复杂的偏好变化。这样，归约公理可以自动推导出来。第二，一阶的

---

① 参见（1）Feng Ye, "The Applicability of Mathematics as a Scientific and a Logical Problem", *Philosophia Mathematica* 18, 2010；（2）Feng Ye, *Strict Finitism and the Logic of Mathematical Applications*, Springer, 2011。

② 参见（1）Fenrong Liu, *Reasoning about Preference Dynamics*, Springer, 2011；（2）Fenrong Liu, "A Two-Level Perspective on Preference", *Journal of Philosophical Logic* 40（3），2011。

模型。这一方向中先前的著作大多将"偏好"作为初始概念,很少考虑偏好是如何产生的问题。刘奋荣认为,谈论偏好不仅与我们关于讨论对象的性质的认识有关,还与这些性质对我们而言的重要性排序有关,这就是所谓优先序。就形式而言,她利用一阶语言的片段定义了偏好关系。在这个模型中,优先序上的动态变化直接导致偏好的变化。她重点研究了几种情况:增加新性质、性质的重要性发生改变、剔除最不重要的性质。这三种情况分别对应逻辑语言中的三个动态算子,书中给出了这些算子对应的归约公理。在基于优先序的偏好模型中,该书证明了一系列"表征定理",它们表明,任何偏好的性质和变化都能在优先序中找到表征。这两个模型基于不同的直观,分别使用模态语言和一阶语言,但对偏好的原因和动态变化给出了形式的建模。在比较、进一步抽象这两个模型的基础上,她提出了偏好的双层理论,即在同一个模型中同时包含两个构件,一个是偏好的层面,另一个是偏好的原因层面,就语义而言,前者对应的是可能世界上的偏好关系,后者对应的是可能世界集合上的关系(一元谓词上的序)。然后,她在双层模型中综合考察了所有在上面两个模型中讨论过的动态算子,证明了一些对应定理:在可能世界上的偏好动态变化正好对应在优先序上的某个动态算子,反之亦然;另一方面,也证明了一些否定性的结果,表明并非所有的算子都能找到对应。

从数理逻辑的角度研究博弈由来已久。一个问题是,带有随机行动的博弈对应什么样的逻辑?在2013年的工作中,鞠实儿和文学锋将布林诺夫(A. Blinov)提出的带随机行动的语义博弈与布莱米(S. Blamey)提出的部分逻辑(partial logic)关联起来,为部分逻辑提供了若干博弈语义,通过把桑杜(G. Sandu)等人提出的IF命题逻辑等价地翻译为部分逻辑,他们间接地证明了:在IF命题逻辑对应的语义博弈中,不完美信息并不是必要的,而是可以由随机行动代替的。他们还指出,IF谓词逻辑的某些片段可以翻译为一阶部分逻辑,从而说明,IF逻辑中某些量词的独立性是由量词次序的不确定性造成的。此外,他们还考察了在更一般的逻辑与博弈背景下,如何将带随机行动的博弈扩展到其他种类的逻辑博弈,以及在博弈逻辑中引入表达随机行动算子的可能。2018年,文学锋研究了"判断聚合理论中的不可能性结果究竟适用于哪些逻辑"这一问题。尽管迪特里希（F. Dietrich）和蒙欣（P. Mongin）给出的判断聚合理论的一般逻辑模型已经具有较大的普遍性，但却将所有非单调逻辑均排除在外了。他论证了在判断聚合中使用非单调逻辑的必要性，区分了判断聚合中非单调逻辑的两种使用：解决不一致性和知识表达。论文证明了判断聚合理论的基本结果可以推广到非单调逻辑的情况。已有文献在证明这些结果时，通常在不同假定下给出不同证明。文学锋将两个不同假定下的证明融合为一个统一的证明，并澄清了证明中所需要的逻辑假定；作为副产品，他还证明了一类非单调逻辑的近似表征结果。①

有鉴于公共知识在动态认知逻辑框架中的研究已较为完善，王轶等人在2013年的论文《带分布式知识的公开宣告逻辑：表达力、完全性和复杂性》关注与之相对的分布式知识的动态认知刻画：首先对比公开宣告逻辑（最简单的动态认知逻辑之一）中增加公共知识和/或分布式知识算子所得逻辑的相对表达能力，然后探讨这些逻辑的公理系统，特别是完全性证明；他们采用"伪模型—树展开—折叠"方法，将涉及关系交运算（分布式知识就是一例）的公理系统的完全性证明提炼为验证语言中的有关算子是否对"跨类型互模拟"封闭；证明了同时带有公共知识和分布式知识的动态和静态认知逻辑的有效性检测问题都是 EXP-TIME 完全的。2016年，王轶出版《混合空间逻辑》，从混合逻辑（Hybrid Logic）在模态逻辑基础上所引入的"混合均衡观"和可能世界语义学中"视野缩小意味着知识增加"的约定出发，厘清由模态逻辑扩充为混合逻辑，由克里普克语义学切换至空间语义学后的比较重要的转变和相关的语形、语义、元性质（特别是模型论）结果，并以认知推理为导向将其拓展至混合空间逻辑的研究。混合逻辑、拓扑逻辑和子集空间逻辑是由哲学逻辑前沿研究所促成的三个分支学科，将三者结合起来的探索可以结合应用领域的特点和需求，引发对新理论和方法的探究，"混合空间逻辑"就是这一背景下的产物。②

---

① 参见（1）XuefengWen and Shier Ju, "Semantic Games with Chance Moves Revisited: From IF Logic to Partial Logic", *Synthese* 190（9），2013；（2）Xuefeng Wen, "Judgment Aggregation in Nonmonotonic Logic", *Synthese* 195（8），2018。

② 参见（1）YìN. Wáng and Thomas Ågotnes, "Public Announcement Logic with Distributed Knowledge: Expressivity, Completeness and Complexity", *Synthese* 190（Suppl.1），2013；（2）王轶《混合空间逻辑》，浙江大学出版社2016年版。

人们通过提供理由来证明知识。欣迪卡（J. Hintikka，1929—2015年）将语义知识刻画为真的信念。证明逻辑补充了柏拉图将知识描述为被证明为真的信念所缺失的第三个要素。证明逻辑（Justification Logics）的思想源于20世纪30年代哥德尔关于直觉主义逻辑的算术语义研究，阿逖莫夫（S. Artëmov）在90年代独立提出证明的逻辑（Logic of Proofs），逐渐发展成前者，是可证性逻辑的当代形式。证明逻辑在如下意义上是一种"显式"模态逻辑：公式A是模态定理，当且仅当在证明逻辑中有一条称为A的"实现"的定理，是通过用（证明）词项置换A中的模态词的出现而得到的，这些词项的结构显式地解释了它们的可作证据的内容。从这种意义上说，证明逻辑把证明"内部化"。源于20世纪50年代普莱尔工作的混合逻辑则是把可能世界语义"内部化"。菲廷（M. Fitting）把二者结合在一起，于2010年提出混合的证明逻辑方向，刘新文及其学生在2015年解决了他所提出的极小系统问题。在证明逻辑中，词项代表公式（所表达的命题）的证明，常项作为一类原子公式，代表公理的证明；已经证明，为了实现一些模态定理，有必要使用自指常项（自指常项表示的是包含这个常项本身的出现的公理的证明）。2017年，俞珺华研究了模态逻辑的非自指片段，并且证明了：（1）这个片段一般不对分离规则封闭；（2）当从一个较小的模态逻辑到一个较大的模态逻辑时，该片段通常不是"保守的"。[①]

知识逻辑（Epistemic Logic）是哲学逻辑的一个重要分支，传统上研究用"知道如是"（knowing that）表达的知识的推理规则。然而，在日常生活中我们还会使用诸如"知道是否"（knowing whether）、"知道如何"（knowing how）、"知道为何"（knowing why）、"知道是什么"（knowing what）等表达式来表述知识（统称know-wh）。在知识逻辑发展的初期，欣迪卡曾提出用一阶模态逻辑来处理这样的表达式。例如，"A知道谁杀了B"可以写成"存在一个人x，A知道x杀了B"。量词和模态词在这里的顺序非常重要，如果写成"A知道存在一个人x，x

---

[①] 参见（1）Rui Zhu and Xinwen Liu, "The Minimal System of Justification Logic with Names", in S. Ju, H. Liu and H. Ono, eds., *Modality, Semantics and Interpretations*, Springer, 2015;（2）刘新文、祝瑞《可能世界的名字》，中国社会科学出版社2017年版;（3）Junhua Yu, "On Non-self-referential Fragments of Modal Logics," *Annals of Pure and Applied Logic* 168（4），2017。

杀了B",意思就完全不一样了,这恰好体现了哲学中从物(de re)与从言(de dicto)的区分。然而,由于一阶模态逻辑的各种哲学及技术问题,后来的知识逻辑的文献中鲜有讨论这样的知识表达式,甚至在2015年出版的《知识逻辑手册》[①]中也几乎没有任何关于一阶知识逻辑或者"know-wh"的讨论。2015年前后,王彦晶提出一条处理"know-wh"的逻辑的系统性新进路[②]:将量词与模态词打包定义为新的"know-wh"模态词,例如直接引入"知道如何"这样的模态词("知道如何实现p"的语义是存在一个计划x主体知道这个计划x可以保证p)[③],而不使用整个的一阶模态逻辑的语言。这样做的好处是可以在技术上避免一阶模态逻辑整体上的一些问题,表达更接近自然语言,可以得到类似传统知识逻辑的比较直观的公理。更有意思的是,这样的打包会限制量词的出现,帮助我们得到一系列一阶模态逻辑的新的可判定片段。[④] 这种打包量词与模态词的思路可以让知识逻辑的领域更加丰富,得到一系列直观的关于"know-wh"的逻辑系统,启发哲学及语言学上的相关讨论,在人工智能的领域中推动关于各种知识的表示与推理的应用。当然,这种做法也带来了很多技术方面的挑战,比如所有这些逻辑都是非正规的模态逻辑,逻辑语言弱而模型丰富,公理化及完全性证明比较困难。王彦晶及其学生与合作者系统性地研究了"知道是否""知道是什么""知道如何""知道为何"以及"知道是谁"等的逻辑,开发出一系列处理相应技术问题的新方法,同时也发现了这些逻辑从技术上与之前哲学逻辑文献中已有逻辑的种种联系,开拓了知识逻辑的新方向。

在哲学逻辑领域,对于公理化、可判定性等基本问题的研究多针对特定的逻辑系统,很少有适用于多个系统的一般性结论。2015年,张炎和李楷发表的论文从逻辑类的角度出发,研究基于非决定离散时态逻辑

---

① 参见 H. van Ditmarsch, et al, eds., *Handbook of Epistemic Logic*, College Publications, 2015。

② 参见 Yanjing Wang,, "Beyond Knowing That: A New Generation of Epistemic Logics", in H. van Ditmarsch, et al, eds., *Jaakko Hintikka on Knowledge and Game Theoretical Semantics*, Springer, 2018。

③ 参见 Yanjing Wang, "A Logic of Goal-directed Knowing How", *Synthese* 195 (10), 2018。

④ 参见 Yanjing Wang, "A New Modal Framework for Epistemic Logic", in *Proceedings of TARK 2017*, 2017。

的多维模态逻辑类的可判定性问题，试图改变这个现状。这类逻辑的语言除了包含常见的时态算子外，还有多个一般模态算子，其意义依赖所对应的框架条件。他们首先给出了定义这类逻辑的语义结构——通用框架（generic frames），这是一种以奥卡姆框架为核心的、多维的克里普克框架，一般性的模态算子通过在其上添加若干个二元关系来解释。他们从语法上定义了两集一阶框架语言中的语句，并且证明：对任意的通用框架类 C，如果 C 可被上述集合中的语句定义，那么 C 决定的多维模态逻辑是可判定的。这个结论可以应用到包含时态的多种哲学逻辑上，论文展示了一个这样的应用，并得出多个时态认知 stit 逻辑的可判定性。1969 年，拉宾（M. Rabin）证明了 SωS 是可判定的，其中 SωS 是含 ω 个后继函数的带根 N 型（N 型是指树中每个极大枝都与自然数上的序同构）树——拉宾树的一元二阶理论。因为一元二阶语言强大的表达力和树结构的普遍性，拉宾定理在模态逻辑以及哲学逻辑界有着广泛的应用；拉宾树中每个极大枝都与自然数上的序同构，并要求存在最小元树根。2017 年，张炎通过归约方法证明：Z－型拉宾树的一元二阶理论是可判定的；Z－型拉宾树是拉宾树的一种变体，它们与拉宾树的主要区别在于不要求树根的存在，而只限制其中的极大枝与整数上的序同构。[1]

2018 年，刘奋荣与范·本特姆（J. van Benthem）合作撰写的《道义逻辑与改变偏好》[2] 发表在第 2 版《哲学逻辑手册》第 18 卷。同一年，琚凤魁发表《作为道义逻辑的 S5》，构造了一个简单的动态道义逻辑 SimDDL，用来形式化条件义务、禁令以及允许改变我们的义务的方式。SimDDL 有两个部分，静态部分是模态逻辑 S5 的一个变种 S5c，可以定义两种类型的义务：理想义务和实际义务。它的动态部分包含三个动态算子，能够解决一些道义悖论。这三个动态算子并不增加 SimDDL 的表达力，因此，它的完全性可以归约为 S5c 的完全性。[3]

---

[1] 参见（1）Yan Zhang and Kai Li, "Decidability of Logics Based on an Indeterministic Metric Tense Logic", *Studia Logica* 103（6），2015；（2）张炎《Z－型 Rabin 树理论的可判定性》，《逻辑学研究》2017 年第 2 期。

[2] 参见 Johan van Benthem and Fenrong Liu, "Deontic Logic and Changing Preferences", in D. M. Gabbay and F. Guenthner, eds., *Handbook of Philosophical Logic*, 18, Springer, 2018。

[3] 参见 Fengkui Ju, "S5 as a Deontic Logic", in J. Broersen, et al, eds., *Proceedings of the 14th International Conference on Deontic Logic and Normative Systems*, College Publications, 2018。

量子逻辑在国内哲学工作者中从业者很少，钟盛阳近年来发表了一些研究成果。量子系统的（纯）状态之间的非正交关系是自返和对称的，并且模态逻辑系统 KTB 相对于自返对称框架所组成的框架类是可靠和强完全的。在 2018 年发表的论文《论量子状态之间的非正交关系的模态逻辑》中，钟盛阳考虑非正交性关系的两个性质——分离性和叠加性，给出相对于满足自返性、对称性和分离性的框架所组成的框架类可靠且强完全的模态逻辑系统，也给出相对于满足自返性、对称性、分离性和叠加性的框架所组成的框架类可靠且强完全的模态逻辑系统，还证明了这两个模态逻辑都是可判定的。此外，在论文《克里普克框架与射影几何之间的对应关系》中，钟盛阳考察了一些在数学和量子理论中广泛使用的正交几何，即通过三元共线关系定义并配备二元正交关系的射影几何，证明它们对应于使用二元关系定义并满足一些条件的克里普克框架。确切地说是定义了四种特殊的克里普克框架，即几何框架、不可化约的几何框架、完备的几何框架和量子克里普克框架，证明了它们分别对应于纯的正交几何（或者等价地，具有纯的极性的射影几何）、不可化约的纯的正交几何、希尔伯特几何和不可化约的希尔伯特几何。①

2018 年，马明辉及其学生运用矢列演算研究了模态逻辑的全局后承关系：正规模态逻辑的所有全局矢列演算都容许全局切割消除，这个性质被用来证明 K4 上的任意正规模态逻辑从局部后承理论到全局后承理论的可判定性和插值性质的保持定理。同一年，马明辉在皮尔士逻辑图的深度演算系统方向建立起布尔代数以及分配格等逻辑代数的逻辑图演算系统。② 在 2014 年的论文《弗雷格式量化逻辑》中，克里普克将弗雷格的"句子作为专名"这一思想进行了推广和研究，提出了一个弗雷格式量化逻辑 FQ；2016 年，马明辉和刘新文在论文《论克里普克的弗雷格式量化

---

① 参见 (1) Shengyang Zhong, "On the Modal Logic of the Non-orthogonality Relation Between Quantum States", *Journal of Logic, Language and Information* 27 (2), 2018; (2) Shengyang Zhong, "Correspondence between Kripke Frames and Projective Geometries", *Studia Logica* 106 (1), 2018。

② 参见 (1) Minghui Ma and Jinsheng Chen, "Sequent Calculi for Global Modal Consequence Relations", *Studia Logica* 107, 2019; (2) Minghui Ma, "Peirce's Logical Graphs for Boolean Algebras and Distributive Lattices", *Transactions of the Charles S. Peirce Society* 54 (3), 2018。

逻辑》中指出 FQ 不是对一阶逻辑的重新表述，问题出在条件句算子的解释。为了把 FQ 中的一些有效项公理化，基于克里普克提出的句法和语义，马明辉和林渊雷在 2019 年的论文中提出了一个可靠和完全的三值弗雷格式量化逻辑 FQ^3，这个三值逻辑不同于克里尼（S. Kleene）和卢卡西维茨的三值逻辑，它是可判定的。[1] 同一年，马明辉和林渊雷还发表了贝尔纳普和邓恩（J. M. Dunn）四值逻辑的弱化系统，研究了其矢列演算系统和关系语义学。[2]

结　语

逻辑学和数学一样同属于基础学科。七十年来，我国几代哲学工作者在哲学逻辑的基础和前沿领域发表了大量研究成果，不仅为我国哲学领域的逻辑学科赢得了国际学术地位，而且对我国哲学学科的整体发展起到了积极的推动作用。如果数理逻辑和哲学逻辑等现代逻辑基础课程可以在更大范围内普及，以此为基础的研究就会在更大范围内得到开展和提高，从而更加有利于促进逻辑学科本身和哲学学科的发展，更加有利于加快构建中国特色哲学社会科学的学科体系、学术体系、话语体系。

致谢：原刊于《新中国哲学研究70年》（中国社会科学出版社2019年版）。在写作过程中，中国社会科学院哲学研究所领导给予了高度重视和宏观指导；北京大学宋文坚教授、北京师范大学宋文淦教授、中国社会科学院哲学研究所张尚水研究员和张家龙研究员等学界前辈给予了具体指导；许多逻辑学一线工作者提供了大量帮助，特此致谢！两位宋先生现以高龄辞世，谨以此文深切怀念！

---

[1] 参见（1）S. Kripke, "Fregean Quantification Theory", *Journal of Philosophical Logic* 43（5），2014；（2）马明辉、刘新文：《论克里普克的弗雷格式量化逻辑》，《哲学动态》2016 年第 3 期；（3）Minghui Ma and Yuanlei Lin, "A Three-Valued Fregean Quantification Logic", *Journal of Philosophical Logic* 48（2），2019。

[2] 参见（1）Minghui Ma and Yuanlei Lin, "A Deterministic Weakening of Belnap-Dunn Logic", *Studia Logica* 107（2），2019；（2）Minghui Ma and Yuanlei Lin, "Countably Many Weakenings of Belnap-Dunn Logic", *Studia Logica* 108（2），2020。

新著评论与推介

纯粹理性存在的非理性选择

——读托比亚斯·霍夫曼的《中世纪哲学中的自由意愿与反叛天使》[*]

吴天岳

摘　要：中世纪哲学常被批评只关心针尖上能坐多少天使之类的无聊问题。本文由此入手阐释为什么有关天使这一虚构理性存在者的反思，对于我们今天严肃的哲学思考仍然是有益的：天使的存在及其属性为我们创造了极佳的思想实验空间，帮助我们更好地反思人类作为理性行动者的存在。在此基础上，本文进一步结合霍夫曼《中世纪哲学中的自由意愿与反叛天使》一书的核心内容，考察了中世纪哲学如何通过分析理性行动者的意愿和理智的关系，来解释天使为何堕落，亦即一个纯粹的理性存在者为何会做出非理性的选择。本文批判性地重构了中世纪唯意愿论与唯理智论之争，着重突出了出色的思想家如阿奎那和奥利维如何超越立场之争，既坚持理性行动的可理解性，又捍卫理性行动者的自我控制能力，平衡意愿抉择中的理性和自由，以此尝试为我们今天构建一种更具有解释力的道德心理学和行动哲学提供有益的思想资源。

关键词：天使学（Angelology）　自由意愿　唯意愿论　唯理智论

作者简介：吴天岳，北京大学哲学系副教授、外国哲学教研室主任、西方古典学中心副主任。主要研究西方古代和中世纪哲学，专注于该时期的心灵哲学和伦理学研究。著有《意愿与自由——奥古斯丁意愿概念的道德心理学解读》，另有英文论文十余篇发表于 *Oxford Studies in Medieval Philosophy*、*Review of Metaphysics* 等刊物。

---

[*] Tobias Hoffmann, *Free Will and the Rebel Angels in Medieval Philosophy*, Cambridge: Cambridge University Press, 2021.

自文艺复兴时期的人文主义者开始书写哲学的历史以来，中世纪经院哲学的成就常常因为形形色色的意识形态原因而被诋毁和曲解，直至晚近才略有改观。① 一个常见的批评是，经院学者们总是在争论针尖上能坐多少天使之类的无聊问题。在这些批评者眼中，这样的问题毫无理论价值似乎是不言而喻的。

然而，事实果真如此吗？学界早已注意到有关针尖上的天使的争论实际上是 17 世纪的英国知识分子尤其是新教作家发明的神话，用来批评中世纪的天主教神学家沉溺于虚无缥缈的玄想。最新研究表明，这一说法最早可能出自英国圣公会牧师威廉·斯克莱特（William Sclater），他在一篇发表于 1619 年的《圣经》评注中抨击中世纪那些教宗制的支持者：

> 他们沉溺于有关天使受造的时间的论辩：天使们究竟是在可见世界之前还是与其一起【受造】？是在【创世的】第一天还是在其他什么时候受造？关系到他们的等级秩序、本质和数量，究竟是堕落的多还是坚守的多？他们能否占据某个地点？如果可以的话，在同一个时刻同一个地点会有许多天使吗？多少个天使可以坐在一根针尖上（a Needle's point），以及 600 个这类牛角尖（needless points）。②

正如论者所见，斯克莱特显然是利用了"针尖"和"牛角尖"的双关来嘲讽中世纪哲学家毫无必要的争论。③ 和众多修辞效果强烈的表述一样，它往往并没有事实的支撑。在中世纪浩如烟海的文献中，我们找不到相应的依据表明当时确实发生过有关针尖上能坐多少天使的辩论。它所呈现的更多的是某种带着偏见的臆想。

不过，斯克莱特此处提到的与天使有关的其他问题倒有据可查。例如阿奎那在《神学大全》中确实专门论及天使如何存在于物质空间之

---

① 中世纪哲学历史书写的种种迷思和误读，参见拙文《文艺复兴以降的中世纪哲学史研究》，《中国社会科学》2018 年第 1 期。

② William Sclater, *An exposition with notes vpon the first Epistle to the Thessalonians*, London, 1619, p 385, 转引自 Peter Harrison, "Angels on Pinheads and Needles' Points", *Notes and Queries*, 63, 2016, pp. 45–47。

③ 参见 Peter Harrison, "Angels on Pinheads and Needles' Points", Notes and Queries, 63, 2016。

中，并且追问不同的天使能否同时占据同一个地点。然而，如果我们可以抛弃对经院哲学的偏见，平心静气地读一下阿奎那的回答，我们会发现这是一个不依赖特定宗教信仰的纯粹形而上学分析：天使没有有形的身体，而是一种纯粹非物质的存在，因此不具有空间意义上的量或者广延可言，它也不能像有形的物质那样被某个空间包容于其中。然而，和其他存在者一样，天使也有着属于自身的活动，而这些活动被认为会在物质世界中产生因果效应，例如推动天球的转动或向人传递信息。阿奎那据此认为，要成为有广延的物质世界的直接原因，天使就必须以某种方式"在"物质世界之中，从而占据特定的空间。同时，由于一个物质变化的直接原因或推动者只能有一个，因此，同一个地点在同一时刻不能存在两个天使。①

阿奎那及其追随者的类似主张在当时引发了很大争议。中世纪思想史的一个重大事件是1277年的大谴责。当年3月7日，——这个日期的选择可能并非偶然，因为它正好是阿奎那的三周年忌日——巴黎主教唐皮耶（Tempier）在包括根特的亨利（Henry of Ghent）在内的16位神学家的协助下，一举罗列了219条命题予以谴责。其中第204条命题主张，类似天使这样的分离实体只能以自身活动的方式存在于空间中。唐皮耶认为这一主张包含着谬误，因为由此可以推出天使在没有活动的时候就不存在于空间之中。② 这一论断决定性地影响了此后的思想史图景，经院哲学家开始反思天使这样的非物质存在是否只能以因果的方式存在于空间中。例如司各脱就直接针对阿奎那的主张，论证天使的在场（*praesens*）在本体论上先于天使作为物质变化原因的存在，而阿奎那的理论却力图用天使的因果作用方式来解释天使的在场，这从根本上颠倒了一个事物的在场和一个事物的因果活动的本体论次序和解释次序。③

---

① 参见 Thomas Aquinas, *Summa Theologiae*, Roma: Extypographia Polyg Lotta, 1889。
② 参见 David Piché, *La condamnation Parisienne de 1277*, Nouvelle édition du texte latin, traduction, introduction, et commentaire par D. Piché, avec la collaboration de C. Lafleur, Paris: Vrin, 1999。
③ 参见 Duns Scotus, *Ordinatio*, II. D. 2, q. 2, a. 1 - 2, n. 204, 转引自 Richard Cross, "The Condemnations of 1277 and Henry of Ghent on Angelic Location, in Isabel Iribarren and Martin Lenz, eds., *Angels in Medieval Philosophical Inquiry: Their Function and Significancei*, Aldershot: Ashgate, 2008。

我们无暇进入有关天使空间位置的复杂论争，但无论是否接受天使的存在，是否认同阿奎那或他的批评者的主张，我们恐怕都难以否认这是有关一个存在物的存在样态、因果作用、空间性等形而上学核心概念的严肃反思。① 如果对近代哲学史的发端还有印象的话，当代读者或许就会意识到笛卡尔有关心灵如何与身体发生因果作用的反思，在某种意义上就是这一论争的自然延伸，因为笛卡尔式的心灵和中世纪哲学家所谈论的天使一样，都是没有广延的纯粹理性存在者。有趣的是，17世纪的英国哲学家如亨利·摩尔（Henry Moore）和拉尔夫·卡德沃斯（Ralph Cudworth）也曾提到过类似天使是否能在针尖上跳舞的问题，但他们并不认为这是毫无必要的牛角尖，而是借此来批判经院哲学家没有意识到天使这样的非物质存在在空间上也是可以延展的。显然，他们也和笛卡尔一样认为这是当下的哲学反思必须处理的严肃问题。②

以上或许可以说明有关天使的讨论在哲学史上曾经发挥的重要作用，但它仍然能对我们今天的哲学思考有所贡献吗？一个显而易见的障碍是，大多数哲学思考者不再认为天使存在于我们生活的物质世界之中并能在其中产生因果效用，他们也因此否认相关讨论的哲学解释效力。然而，正如论者所见，这样的拒绝显然忽略了思想实验在哲学思考中的重要作用。③ 如今广为人知的塞尔的"中文屋"、普特南的"缸中之脑"、查莫斯的"哲学僵尸"（Zombie）、富特的"电车难题"等，他们都不是来自经验中的案例，而是通过虚构的场景或存在物，在抽象掉某些复杂的现实因素和条件之后去考察我们的基本哲学直觉，以此来验证特定哲学理论的有效性。思想实验的作用甚至不局限于哲学家在扶手椅中的沉思，爱因斯坦的升降机、海森堡的伽马射线显微镜同样是推动科

---

① 相关研究见 Isabel Iribarren and Martin Lenz, eds., *Angels in Medieval Philosophical Inquiry: Their Function and Significancei*, Aldershot: Ashgate, 2008。
② 参见 Peter Harrison, "Angels on Pinheads and Needles' Points", Notes and Queries, 63, 2016。
③ 参见 Dominik Perler, "Thought Experiments: The Methodological Function of Angels in Late Medieval Epistemology", in Isabel Iribarren and Martin Lenz, eds., *Angels in Medieval Philosophical Inquiry: Their Function and Significancei*, Aldershot: Ashgate, 2008。

学思考的利器。① 如果我们有恰当的理由认为天使和"哲学僵尸""缸中之脑"这样的虚构对象一样,它们至少看起来是可以设想的,因而在逻辑上是可能的,我们也就有理由将他们引入当下的哲学反思。

在接下来的讨论中,我们会看到,尽管中世纪哲学家认为天使并非虚构而是现实的存在,但他们关心的首先并不是无法感知的天使本身,而是理想化的理性存在者,通过将天使作为理想的人来更好地反思人的本体论地位、理性认知条件和理性行动。对于今天的哲学思考者来说,这一策略尤其重要,因为今日科技不仅急剧改变着世界的样貌,生物技术和人工智能科技等也在迅速重塑人自身的存在、思考和行动方式。在可以预见的未来,人的生存方式将发生根本变化和强化,例如心灵上传(Mind Uploading)这样的科幻技术已经开始引发理论和实践的争议。因此,思考天使可能的属性既可以帮助我们理解当下的自我,也有助于我们更好地思考未来。

在这一背景下,我们就更能理解为何进入21世纪之后,欧美的中世纪天使学(Angelology)走出了传统的宗教和神学研究领域,越来越多地受到哲学界的关注。首先需要提到的是瑞士学者蒂琪亚娜·苏亚雷-纳尼(Tiziana Suarez-Nani)的工作,她于2002年出版了《天使与哲学:13世纪末分离实体的宇宙论功能与主体性》《托马斯·阿奎那与罗马的贾尔斯论天使的认知与语言》两部专著,几乎以一己之力让13世纪的天使学进入法语中世纪哲学研究主流。她尤其关注天使学在认知、语言和本体论反思中的作用。② 其次就是前文注释中已经提到的伊萨贝尔·伊里伯伦(Isabel Iribarren)和马丁·伦茨(Martin Lenz)2008年主编的《中世纪哲学探究中的天使:他们的功能与意义》,该书集中了一批优秀的欧美中世纪研究者,将视野拓宽,上至12世纪的经院哲学,下至17世纪的哲学讨论,除上述话题外,还引入了更一般性

---

① 有关思想实验在哲学思考中的作用,可以参考 James Robert Brown and Yiftach Fehige, "Thought Experiments", *The Stanford Encyclopedia of Philosophy* (Winter 2019 Edition), Edward N. Zalta ed., URL = < https://plato.stanford.edu/archives/win2019/entries/thought-experiment/ >。

② 参见 Tiziana Suarez-Nani, *Les anges et la philosophie. Subjectivité et fonction cosmologique des substances séparées au XIIIe siècle*, Paris: Vrin, 2002; Ea., *Connaissance et langage des substances séparées selon Thomas d'Aquin et Gilles de Rome*, Paris: Vrin, 2002。

的方法论和元哲学反思。① 最后要提到的就是我们眼前这部新著的作者托比亚斯·霍夫曼（Tobias Hoffmann），他在 2012 年就曾编著《中世纪哲学中的天使研究指南》。相比前面几部著作，该文集的一个重要突破就是在理论哲学之外，引入了关于天使之罪或天使的道德过失的实践哲学反思。②

天使之罪之所以会成为哲学问题，首先就在于它的发生是难以理喻的：堕落天使没有身体的束缚，也没有来自感性的七情六欲的搅扰，他们是纯粹理性的存在，而且其理性认知至少在做出抉择之前曾处于相对完满的状态，然而这些都没能阻止他们做出一个在道德上会受到谴责和招致严厉惩罚的选择，一个从根本上改变其命运的错误选择。

堕落天使的反叛是一个纯粹理性存在者的非理性选择，它从一开始就充满了悖谬和难解的谜题。当然，我们可以区分"理性"一词的两种不同用法，一种用来描述某种不同于动物感知的能力，它使得我们能够把握事物的本质并且根据这一认识来决定我们的行动；而另一种则带有明确的规范性意涵，它表达的是某种给定情境中的良好判断，它使得我们的行动能够指向所期待的良好后果。因此，我们完全可以设想某个决定是出于理性能力，但它并不必然指向我们所认定的良好的道德后果，因为理性的能力会被误用，我们人类的错误抉择大多如此。

上述区分在一定意义上弱化了"纯理性存在的非理性选择"的悖谬性，但在另一种意义上使其更加突出。因为我们很自然地会追问，究竟是什么原因导致了天使的错误选择呢？（1）一种可能是它出自堕落天使错误的理性认识或者判断，因为我们的选择通常符合我们关于什么是好的行动路线的理性判断。持这种立场的论者通常被看作唯理智论者。然而，这一解释首先有违我们有关天使作为理想的理性存在者的假设，它预设了在天使的理性认知中存在内在缺陷。其次，如果我们承认天使的认知会犯错，可能会对自己行动的道德属性及其后果无知，这就会有两种可能。一是这种无知是无可谴责的，或者无罪的，那么出于这种无知

---

① 参见 Isabel Iribarren and Martin Lenz, eds., Angels in Medieval Philosophical Inquiry: *Their Function and Significancei*, Aldershot: Ashgate, 2008。

② 参见 Tobias Hoffmann, *A Companion to Angels in Medieval Philosophy*, Leiden: Brill, 2012。该书收录了霍夫曼本人和加拿大学者彼得·金（Peter King）撰写的两篇讨论天使之罪的论文。

的抉择也同样是无罪的,天使就不会堕落;二是这种无知是应当受到谴责的,或者说有罪的,那么在天使堕落之前他就已经堕落,这同样不可接受。(2)因此,我们就不得不考虑第二种可能,即堕落天使的理性认知并没有缺陷,然而他们最终仍然选择了作恶,这正是他们的自由所在。稍后我们会看到,在中世纪的讨论中,做出这一选择的心理要素通常会被视为意愿(voluntas),这样的主张也随之被研究者称作唯意愿论。这时,我们要面对的问题是:意愿真的可以明目张胆地违背理性的判断作恶吗?如果可能的话,这样的意愿在什么意义上是可以理解的呢?更进一步,它在什么意义上是出于理性能力的呢?一个不能按照理性的正确判断行事的行动者在什么意义上是自由的,并且需要为他的非理性抉择承担责任呢?我们会看到,这一系列问题不仅适用于天使,同样关系到我们自身的理性实践活动,天使之罪只不过提供了一个极端的理想场景,让我们思考一个好人如何可能作恶,敦促我们去追问理性、意愿、自由、道德责任等一系列实践哲学的核心概念的内在关联。

正是在这一理论背景下,霍夫曼在《中世纪哲学中的自由意愿与反叛天使》(以下简称《反叛天使》)一书中,着重考察1220—1320年围绕天使堕落这一话题展开的自由意愿论战。这是一部富有理论野心的论著,作者不满足于呈现中世纪哲学盛期有关天使何以堕落的专门论争,而是将其放置于该时期有关自由的道德心理学的一般解释中去研究相关概念的历史演变。整部著作也因此突破了天使学的范畴,将读者引入经院哲学盛期内容丰富的行动哲学和伦理学领域。全书分为三个部分。第一部分一般性地考察安瑟尔谟至奥康的自由意愿理论,尤其关注理智和意愿两种官能如何为理性行动者的自由和责任奠定心理学根基。第二部分专注于有关恶之起源的一般性反思,上溯奥古斯丁和伪狄奥尼修斯,考察意愿如何被看作最初的恶产生的原因,这里所涉及的不仅有堕落天使路西法,还有人类始祖亚当和夏娃的最初过犯。第三部分才聚焦于天使之罪,专门讨论唯理智论者和唯意愿论者各自面临的理论挑战和应对策略。全书的论证进路是由一般到特殊,层层聚焦,由浅入深。但也因此不得不将单个哲学家的论述依次拆解为三个不同的部分,难免有所重复。同时考虑到汉语世界的读者对这段时期的哲学史较为陌生,接下来我将尝试整合三个部分的论述,尽可能按照时间顺序,来阐明相关哲学概念和立场的历史流变，而我也会在这一问题史概述中标明我与作者的一些分歧。

为了更好地理解我们这里所关心的哲学问题，有必要回溯到《反叛天使》未曾论及的古代哲学传统。如前所述，天使的堕落之所以让人困惑，很大程度上是因为一个理性的存在者自愿为恶这件事本身就富有争议。苏格拉底曾经断言"无人有意作恶"。在他看来，人们不可能违背知识的判断明知故犯，有意地去做理智认为恶的行为。[1] 与之相应，人们之所以作恶，实际上是因为理智认识不到自己行为的恶，在无知中造成了道德错误。人们通常所说的道德缺陷实际上是与实践理性相关的认知缺陷。苏格拉底也因此常常被看作唯理智论的鼻祖，认为理性存在者的理智判断决定了其行动动机，人们不可能违背理智关于最好行动路线的判断，否则人的行动就是不可理喻的，甚至难以被称为理性行动。他也因此通常被认为否认希腊人所说的 akarasia 或不自制现象，不认为激情或其他非理性要素可以使一个行动者违背其理智所做出的判断，例如一个糖尿病人在明知餐后进食月饼是一个糟糕选择的前提下，仍然禁不起美食的诱惑而做出了非理性的选择。

苏格拉底的主张捍卫了人的行动的可理解性，但另一方面又同人们有关不自制的现实经验和恶行同样出于自愿的道德直觉存在直接的冲突，这也使得恶行的起源和不自制现象如何可能成为行动哲学和道德心理学的核心论题。亚里士多德就曾起而捍卫不自制现象，认为一个行动者完全有可能在拥有正确的道德知识的情形下做出错误的选择。亚里士多德区分了拥有知识和运用知识两种心灵状态，不自制的人在一个具体的情景中虽然拥有正确的道德判断，但并未将之付诸行动。[2] 按照一种常见的，同时也是为中世纪哲学家广泛接受的解释，不自制行动者实际上只知道与他的行动相关的普遍命题，例如"糖尿病人餐后进食甜品是不好的"。他在行动的时候并没有将这一普遍判断应用于眼前的月饼，也就是说，他并没有在明确地做出"我餐后进食这块月饼是不好的"这样的涉及具体行动的理智判断之后，明目张胆地（clear-eyed）选择不好

---

[1] 参见 Plato, *Protagoras*, 352c2-7。相关讨论争议繁多，以后再做专文讨论，此处仅用来呈现一种苏格拉底式的唯理智论立场。

[2] 参见 Aristotle, *Ethica Nicomachea*, VII. 3。

的行动。不自制者的问题在于他没有在给定的情景中获得关于具体行动的恰当知识。在这一点上,亚里士多德和苏格拉底并没有分歧,我们的行动缺陷源自我们的认知缺陷,并不存在一个独立的心理动机,可以在理智现实地做出具体判断的情况下,完全无视其判断直接决定我们的行动。我们已经提到,这样一个独立的动机在中世纪被称为意愿,而它进入西方思想史的一个关键节点正是奥古斯丁。[1]

在我看来,奥古斯丁对意愿独立性辩护的一个关键文本,正是《上帝之城》第十二卷中有关天使之罪的讨论,它也是《反叛天使》一书的思想史起点。奥古斯丁认为天使路西法的堕落在于他错误地选择自己而不是作为善本身的上帝作为其终极目的,这一对造物主的背叛出自路西法恶的意愿(mala voluntas),这同时也是万恶的缘起。[2] 那么,这恶的意愿的原因又是什么呢?

> 进而言之,如果我们寻求他的恶的意愿的效力因(causa efficiens),那么,我们什么也找不到。因为当意愿本身产生恶的行动,还有什么是使意愿为恶的【原因】呢?因此,恶的意愿是恶行的效力因,而恶的意愿没有任何效力因。[3]

这里所说的"效力因",通常又译为"动力因",在近代以前的哲学讨论中,它指的仅仅是一个变化的起点,或者是促成一个变化开始、产生一定效果的原因,它可以是一个事件,也可以是一个行动者。奥古斯丁断然否认恶的意愿的产生存在这样一个在先的原因。然而,恶的意愿并非从创世的那一刻就存在——否则它就可以追溯到造物主——而是出现在某个特定的(形而上学)时刻,因此,它的产生或者出现需要得到解释。

奥古斯丁在《上帝之城》中创造性地引入了一个独特的"失效因"(causa deficiens)概念来解释恶的意愿的产生。与效力因带来现实的效

---

[1] 有关谁发明了意愿概念的思想史争议,参见拙著《意愿与自由:奥古斯丁意愿概念的道德心理学解读》,北京大学出版社2010年版。

[2] 参见Augustine, *De civitate Dei*, XII. 6。

[3] 参见Augustine, *De civitate Dei*, XII. 6。本文引用文献,均由作者自行译出。

用或后果相反，失效因的作用是使某物丧失效能，消解其作用，例如黑暗使视觉失效，黑暗并未直接产生任何存在，而是仅仅导致对象缺乏可见的形式。造成恶的意愿的原因也是如此，它和黑暗一样并不是现实的存在，而是存在的缺乏，它所导致的也是意愿本身的失效，失去了它欲求善的能力，如果我们一定要给这个恶的意愿的原因一个名字，它就是虚无（nihil）。①

霍夫曼在《反叛天使》一书中准确地重构了奥古斯丁引入失效因的理由，并且进一步指出这一带有强烈修辞色彩的论述实际上承认了恶的意愿的产生得不到传统的因果解释，或者在某种意义上说就是不可解释的。② 然而他据此断定，奥古斯丁并未将作为心灵能力的意愿本身看作恶的意愿的原因，认为是中世纪评注者才做出了这样的错误解读。在我看来，这一断定没能准确把握奥古斯丁著作中意指心灵能力的单数的意愿和意指心灵现实活动的复数的意愿的区别，也因此未能理解《上帝之城》中有关天使之罪的失效因解释并不和他在其他著作中将意愿及其自由决断作为恶的最终原因冲突：意愿能力之所以构成道德行动尤其是恶的最终解释，恰恰是因为没有任何外在于它的其他能力或存在物可以改变意愿，可以剥夺它决定自身限时活动的自由，这正是意愿的独立性所在。关于这一点，我在别处已有详细讨论，此处不再赘述。③

在霍夫曼看来，首先将最初的恶和意愿能力关联起来的是安瑟尔谟。他在《论魔鬼的堕落》一文中详细讨论了起初正直的天使如何选择了不义。安瑟尔谟明确认定没有任何其他原因激发或者吸引路西法的意愿，作为能力的意愿本身就是不义的意愿的效力因。④ 霍夫曼敏锐地指出，安瑟尔谟更重要的贡献是改变了有关天使之罪论争的焦点：重要的不再仅仅是这一恶的起源的形而上学解释，而是在恶的意愿之后一个理

---

① 参见 Augustine, *De civitate Dei*, XII, 更详细的分析见拙著《意愿与自由：奥古斯丁意愿、概念的道德心理学解读》，北京大学出版社 2010 年版，笔者在那里将 causa deficiens 译作"消解因"，不够妥帖。

② 参见 Tobias Hoffmann, *Free Will and the Rebel Angels in Medieval Philosophy*, Cambridge: Cambridge University Press, 2021。

③ 参见吴天岳《意愿与自由：奥古斯丁意愿概念的道德心理学解读》，北京大学出版社 2010 年版。

④ 参见 Anselm, *De casu diaboli*, 27, 引自 Tobias Hoffmann, *Free Will and the Rebel Angels in Medieval Philosophy*, Cambridge: Cambridge University Press, 2021。

性存在者的心灵结构，尤其是其道德动机的心理结构。这也意味着恶的起源问题由一个形而上学问题转化为道德心理学问题，这决定性地影响了随后经院哲学的发展。在安瑟尔谟看来，天使的意愿能力必须具有两种不同的动机倾向，否则它就只能按照它最初所造的方式运行，就不可能有不同的选择，因此也就没有义和不义可言。意愿的这两种倾向或者偏好（affectiones）分别使得理性的行动者指向他眼中的幸福和约束着他的正义。与此同时，安瑟尔谟强调路西法不仅拥有在两种不同偏好中选择的自由，而且他应当对自己的罪及其可能的后果有恰当的知识，他只是不知道自己会现实地遭受永恒的惩罚。这意味着路西法的意愿不仅是自由的，而且应当是理性的。① 前面我们已经看到，意愿的这两个彼此独立的条件隐藏着内在的冲突；意愿的自由很可能要求行动者违背其理性的判断，而理性的判断也可能使得意愿在现实中只有一种可能的偏好能够成为现实。这两个要素之间的张力主导着此后有关自由意愿的道德心理学理解。

对后世经院哲学家产生更直接的影响的是彼得·隆巴德（Peter Lombard）的《箴言集》。最终完成于1158年的这部著作系统整理了基督教的传统教义，通过大量引述早期教父尤其是奥古斯丁等权威学者的主张，尝试给所有已知的神学问题给出权威回答。该书得到拉特朗大公会议的认可，并且在1220年后成为神学院的基本教材。《反叛天使》中所论及的哲学文本往往来自对此书的评注。隆巴德在《箴言集》中沿用了安瑟尔谟的说法，认为意愿是天使之罪的根源，并且意愿本身是一种善。② 更重要的是，他在此书中引入了关于自由决断的一个影响深远的定义：

> 自由决断（liberum arbitrium）是理性和意愿的一种官能，通过它，我们在有恩典相助时选择善，在缺乏恩典时选择恶。它被称为"自由"的，是由于意愿能够转向不同的方向，而被称作"决断"

---

① 参见 Tobias Hoffmann, *Free Will and the Rebel Angels in Medieval Philosophy*, Cambridge: Cambridge University Press, 2021。

② 参见 Tobias Hoffmann, *Free Will and the Rebel Angels in Medieval Philosophy*, Cambridge: Cambridge University Press, 2021。

则是由于理性，因为它是理性的一种官能或能力，而鉴别善恶的【职责】属于它。①

这里的关键在于引入理性这一官能。在此之前，受奥古斯丁的影响，12世纪的经院哲学家在论及天使之罪时，首先关心的是意愿。而隆巴德在沿用了奥古斯丁的"自由决断"这一表述时，明确地把作为天使道德责任根基的自由同理性认知能力关联起来。

人的自由和理性的内在关联在13世纪重新被发现的亚里士多德行动哲学中体现得更为鲜明。亚里士多德的《尼各马可伦理学》在1246 1247年被罗伯特·格罗斯特（Robert Grosseteste）完整地译为拉丁文，而在此之前，其中的行动理论已经通过大马士革的约翰（John Damascene）的《论正统信仰》一书12世纪的拉丁语译本为西方世界所知。其中，影响最为深远的就是将意愿界定为理性欲求的说法，这颠覆了12世纪以意愿为心灵主导的主流认知。亚里士多德对不自制现象的解释其实已经表明，一个理性的行动者是不可能在做出一个具体的理性判断时做出与之相反的决定的，这实际上取消了人的行动的可理解性。最能体现一个理性行动者道德主体性的行为被亚里士多德称为"prohairesis"，它在中世纪和"自由决断"的概念联系起来，因为它本身既是理性谋划的结果，也体现着作为理性欲求的意愿，它是行动者在对终极目的的欲求下通过谋划做出的决断或选择。② 随着亚里士多德行动理论在拉丁世界的传播，一个崭新的话题出现了：自由决断的根基究竟是意愿还是理智？霍夫曼将其称为"心理学的转向"（the psychological turn），这一转向始于总执事菲利普（Philip the Chancellor），经由大阿尔伯特、波纳文图拉等人的发展，最终在阿奎那的思想中得以成熟。③

霍夫曼通过细致的比较和分析指出，阿奎那是第一个将亚里士多德

---

① Peter Lombard, Sententiae, II. 24. 3 n. 1, 引自 Tobias Hoffmann, *Free Will and the Rebel Angels in Medieval Philosophy*, Cambridge: Cambridge University Press, 2021, p. 20.

② 参见 Tobias Hoffmann, *Free Will and the Rebel Angels in Medieval Philosophy*, Cambridge: Cambridge University Press, 2021。

③ 参见 Tobias Hoffmann, *Free Will and the Rebel Angels in Medieval Philosophy*, Cambridge: Cambridge University Press, 2021。

对自由决断的理解贯彻到有关反叛天使的讨论中的中世纪哲学家。① 在阿奎那看来，自由决断不仅意味着行动者通过理智和意愿成为其行动的源泉，而且赋予行动者采取不同于现实的行动路径的自由空间，或者说按其他方式行动的自由。与奥古斯丁和安瑟尔谟不同，阿奎那认为自由决断的根基首先在于理智，或者说理智的非物质性。与感知不同，理智认知活动不仅不依赖外在的感官，而且不受限于个别的物质对象，而是对其认识对象的普遍本性的把握。因此，当理智根据其普遍认识对个别行动进行判断时，其结果就是不确定的。例如，一个糖尿病人既可以把眼前的月饼判断成有损身体健康的过度甜食，也可以把它看作能够带来感官愉悦的佳肴。重要的是，虽然理智的判断在行动之前是不确定的，但一旦行动者根据对行动对象和目的的认知做出确定的判断后，意愿就一定会符合理性对于行动做出的判断，也正是在这一意义上意愿被称为理性欲求，霍夫曼将其称为"判断—意欲"一致论（Judgment-Volition Conformity Thesis）。由此不难推断，意愿之所以做出错误的道德抉择，是因为理智在先的判断存在缺陷。相应地，一个不自制的行动者并不是在明目张胆地违背理智现实地做出特定的判断，而只是违背了他所拥有的某种一般性知识。或者说不自制者的道德缺陷在于未能将一般性的道德知识转化为现实的、确定的道德判断。这些都构成了阿奎那唯理智论的核心内容。②

与此同时，霍夫曼也敏锐地注意到阿奎那在谈到判断和意欲的因果关系时，非常地小心。在亚里士多德传统的四因说框架下，阿奎那拒绝认为理智的判断以效力因的方式来产生意愿行动，而是强调理智只是提供了意愿的形式因和目的因。换句话说，理智仅仅提供了行动理由，真正构成行动动机的是意愿官能，它决定着我们在一个给定的情景中是否运用某种一般性的知识，将其转化为现实的、不容违背的个别判断。霍夫曼认为这一点决定了阿奎那只是一个温和的唯理智论者。③ 但与此同

---

① 参见 Tobias Hoffmann, *Free Will and the Rebel Angels in Medieval Philosophy*, Cambridge: Cambridge University Press, 2021。
② 参见 Tobias Hoffmann, *Free Will and the Rebel Angels in Medieval Philosophy*, Cambridge: Cambridge University Press, 2021。
③ 参见 Tobias Hoffmann, *Free Will and the Rebel Angels in Medieval Philosophy*, Cambridge: Cambridge University Press, 2021。

时，他也因此留下了一个理论的空隙：是什么导致意愿拒绝将理性行动者拥有的正确知识付诸运用呢？是在先的理智的缺陷，还是意愿本身的缺陷呢？

天使之罪这一棘手案例使阿奎那的温和唯理智论可能面临的理论困境变得更加突出。阿奎那认为天使之罪出于意愿的选择，而意愿之所以做出错误的道德选择，是因为理智本身的失效。阿奎那认为天使作为纯粹的理智存在者，无须通过感知获得理智认知形式（species intelligibilis），因此能够直观地把握事物的本质，而这一把握本身也因此是不可错的。不过，天使的理智仍然是有限的，因为在一个给定的时刻，天使不能同时考虑他所知的所有理智形式。所谓天使理智的失效，指的是天使未能在关键的抉择时刻考虑他应当考虑的理智形式，例如路西法就只考虑了幸福，而没有考虑正义和秩序。[1] 然而，我们之前提到的纯粹理性存在的非理性选择悖谬会让阿奎那陷入两难之中：（1）如果理智的这一导致天使之罪的缺陷本身是应当受到谴责的道德过失，那意味着路西法在初罪之前已经犯了罪，这显然是荒谬的；（2）如果理智的这一缺陷本身无可指责，那么路西法由于无知而做出的错误选择就可以脱罪，这同样难以接受。霍夫曼在细致地考察了阿奎那不同时期的解决方案后指出，阿奎那最终认为路西法在抉择的时刻有义务去考虑他事实上并未考虑的理智认知形式，因为他的意愿可以考虑也可以不考虑这些认知形式，因此他的理智在特定时刻失效仍然可以归之于意愿，是意愿疏忽的结果。这一疏忽具有规范性后果，它使得本来无可指责的理智局限成为应当受到谴责的道德过失。当然，我们会进一步追问意愿疏忽的原因，阿奎那最终和奥古斯丁一样，承认这一疏忽没有自身之外的原因，它的出现是没法得到进一步解释的，这也正是其自由所在。霍夫曼认为阿奎那在此放弃了严格的唯理智论立场，将意愿最终确立为道德过失的原因。[2]

需要指出的是，这一理论退让其实也给了我们充分的理由去重新考

---

[1] 参见 Tobias Hoffmann，*Free Will and the Rebel Angels in Medieval Philosophy*，Cambridge：Cambridge University Press，2021。

[2] 参见 Tobias Hoffmann，*Free Will and the Rebel Angels in Medieval Philosophy*，Cambridge：Cambridge University Press，2021。

察阿奎那行动理论的一般框架，尤其是关于理智判断和意愿行动一致性的解释。霍夫曼自己也注意到，阿奎那尽管否认明目张胆地违背实践理性现实地进行考虑的判断的可能性，但他认为人是有可能违背良知做出具体判断的。① 霍夫曼提到了阿奎那断言良知的判断只是纯粹认知的结论（conclusio cognitiva），而自由决断所包含的判断则是偏好性的结论（conclusio affectiva），但认为阿奎那并未解释二者差异的来源。② 我在其他地方详细论述了这一区分，并强调正是自由决断作为意愿的表达决定了它所做出的的判断是偏好性的，是不容违背的。这实际上提供了重新反思意愿和理智在实践推理中的优先性的重要线索，它或许将向我们昭示阿奎那可能更接近温和的唯意愿论，而不是温和的唯理智论。当然，这需要更深入全面的研究。

无论如何解释阿奎那的主张，他对理智判断在决定道德抉择中的强调都引起了同时代人的不安。1277年的谴责令中就包含如下命题：

（129）只要激情和特殊知识处于现实之中，意愿就不能违背它。

（130）如果理性是正确的，那么意愿也是正确的。

（163）意愿必然地追求理性坚定地相信的事物，它不可能回避理性所要求的事物。然而，这一必然性并非强制，反而是意愿的本性。③

这些命题未必直接针对阿奎那本人，但它们明确地指向唯理智论传统，尤其是前述"判断—意欲"一致性原则。在13世纪后半叶的这一批判浪潮中，通过重新思考亚里士多德行动哲学所带来的心理学转向，唯意愿论作为一种道德心理学主张也得以体系化，其代表人物包括波纳文图拉的学生布鲁日的瓦尔特（Walter of Bruges）、根特的亨利、彼得·奥利

---

① 参见 Thomas Aquinas, *Scriptum super libros Sententiarum*, II, d. 24, q. 2, a. 4; *De veritate*, q. 17, a. 5; *Summa Theologiae*, I–II, q. 19, a. 5。

② 参见 Tobias Hoffmann, *Free Will and the Rebel Angels in Medieval Philosophy*, Cambridge: Cambridge University Press, 2021。

③ Tobias Hoffmann, *Free Will and the Rebel Angels in Medieval Philosophy*, Cambridge: Cambridge University Press, 2021, p. 61.

维（Peter Olivi）、司各脱和奥康等。

1277年谴责幕后的一个重要推动者正是根特的亨利，他是一个不属于任何修会的在俗神学导师，其思想深受奥古斯丁传统的影响，但也吸纳了阿维森纳和亚里士多德传统的本体论和知识论。亨利的自由意愿理论与阿奎那的最大差别在于对理智和意愿的关系的解释。亨利拒绝接受"判断—意欲"一致性原则，他认为理智所把握的善只是意愿做出决断的一个条件，而并非促成其具体选择的原因。相应地，理性行动者的自由也不在于理智认知的普遍性和不确定性，而首先在于意愿推动自身做出选择的自由，意愿总是能够不同于理智的判断做出不同的选择，主宰自己意欲的朝向。在亨利看来，任何形式的决定和意愿的绝对自由都是不相容的。①

亨利这样一个鼓吹意愿绝对自由的哲学家却成为1277年这场声势浩大的思想审查运动的幕后指导，这听起来颇有讽刺意味。不过，需要注意的是，这里的自由意愿只是对理性行动者本体论地位的描述性刻画，并不包含对自由意愿作为一种内在价值的规范性肯定，并不意味着这自由一定是善的。而在天使之罪的讨论中，这自由恰恰被看作天使堕落的原因，而且是无法进一步解释的终极原因。在亨利看来，路西法在做出致命选择之前并没有任何理智的缺陷，恰恰相反，是他的意愿的错误抉择给他的理性认知能力蒙上了阴影：他因为源自意愿的骄傲才错误地把成为反叛者的领袖判断为值得欲求的善。② 亨利的解释简单明快，但和他的一般性的唯意愿论框架一样，有点过于明快，将理性行动者非理性选择的动机完全归结于意愿，为了捍卫意愿的自由丝毫不顾及意愿选择的可理解性。意愿的选择也因此很难同自发的情感冲动区别开来，它们都独立于理性的判断出现在心灵之中，作为动机力量决定着人的偏好和外在行动。与此同时，在亚里士多德形而上学框架下，亨利的意愿理论还面临一个额外的困难：使意愿得以自由地自我推动如何可能？亚里士多德传统否定严格意义的自我推动，因为就所产生的变化而言，推

---

① 参见 Tobias Hoffmann, *Free Will and the Rebel Angels in Medieval Philosophy*, Cambridge：Cambridge University Press, 2021。

② 参见 Tobias Hoffmann, *Free Will and the Rebel Angels in Medieval Philosophy*, Cambridge：Cambridge University Press, 2021。

动者处于现实之中，而被推动者则处于潜能之中，如果推动者和被推动者同一，则同一物将既处于现实又处于潜能之中，这违背不矛盾律。亨利认为在意愿的自我推动中，作为推动者的意愿和作为被推动者的意愿只有概念上的区分，没有实在的差异。① 这样的解释显然难以让人信服，因为即使是路西法的意愿，它在做出决断之前和做出决断之后，显然有实在的变化，而不是纯粹概念上的差别。

在亨利之后，唯意愿论逐渐成为学界主流，其中司各脱和奥康的理论贡献相对而言已为一般知识界所熟悉，限于篇幅，此处不再多谈。这里需要特别提到的是彼得·奥利维，这位司各脱之前的方济各会哲学家最近得到前所未有的关注，不少中世纪哲学史家认为他是13世纪最有原创性的思想家之一。② 相比亨利，奥利维对自由意愿的辩护有过之无不及。它不仅仅认为自由是意愿的内在本性，而且构成了一个理性存在者的位格，否定意愿的自由决断，就是在否定理性存在者的位格尊严。

> 这种错误【按：指否定自由决断的错误】摧毁了所有人性的善，甚至所有神圣的善……要我说的话，这不足为奇，因为它剥夺了我们真实的存在，也就是我们的位格（*personalitas*），它所赋予我们的，不过是让我们成为理智化的野兽，或者拥有理智的野兽。③

这段自由礼赞非常明确地将自由决断和理智区分开来，甚至不惜引入"理智化的野兽"这种虚构对象来刻画丧失了自由意愿的人类，它或许可以看作奥利维眼中的"道德僵尸"。在奥利维看来，自由意愿的一个重要体现就是它能够为自己设立所欲求的目的，只要该目的包含任何善的特征。④ 这和阿奎那的主张大相径庭。在阿奎那看来，理智设定了意

---

① 参见 Tobias Hoffmann, *Free Will and the Rebel Angels in Medieval Philosophy*, Cambridge: Cambridge University Press, 2021。

② 参见 Robert Pasnau and Juhana Toivanen, "Peter John Olivi", *The Stanford Encyclopedia of Philosophy* (Fall 2021 Edition), Edward N. Zalta ed., URL = < https://plato.stanford.edu/archives/fall2021/entries/olivi/ >。

③ Peter Olivi, *Summa*, II. 57c, 引自 Tobias Hoffmann, *Free Will and the Rebel Angels in Medieval Philosophy*, Cambridge: Cambridge University Press, 2021。

④ 参见 Tobias Hoffmann, *Free Will and the Rebel Angels in Medieval Philosophy*, Cambridge: Cambridge University Press, 2021。

愿所欲求的目的，意愿作为理性欲求，它必然欲求理智向它现实地呈现的善。而奥利维认为，即使理智将一个对象呈现为完满的善，例如幸福，意愿仍然可以回避对它的追求，即使意愿不能追求它的对立面亦即不幸。这一非幸福论主张在司各脱和奥康的学说中得到进一步推进，从而为早期近代哲学自然和意愿的分离奠定了基础。①

有意思的是，在论及天使之罪时，霍夫曼敏锐地注意到，奥利维却以一种更为细腻的方式来解释堕落天使的决定。一方面，奥利维认为阿奎那的主张有一种理智决定论的危险，它使得理智认知的必然性转化为判断的必然性，最终指向意愿认同的必然性；另一方面，奥利维又承认路西法的实践认知能力需要得到进一步的澄清。他区分了强实践认知和弱实践认知，前者不仅包含对事实的断定，对于行动中所包含的善的认识，而且还有对所认识到的善的情感态度。他沿用方济各会的传统，将其称为"品尝"，即感受被理智所认识的善的甜美。奥利维认为，这种强实践认知需要通过经验来强化。而路西法在做出抉择时显然缺乏这样的经验，也因此不具备强实践认知，由此产生了骄傲，或者一种指向自身的自爱，以至于轻蔑作为至高存在者的上帝。②换句话说，路西法的选择虽然根源在于意愿的败坏，但也和他不具备完满的实践知识的认知状态联系在一起。和阿奎那一样，奥利维拒绝承认意愿可以违背完满的实践认知去明目张胆地作恶。同样与阿奎那一样，为了平衡天使之罪的自由和可理解性，奥利维重新去反思现实情境中理智和意愿的关系，而不是固守某种在先的理论立场。

在亨利和奥利维等人的主张成为主流的同时，唯理智论并没有沉寂，方丹的戈弗雷（Godfrey of Fontaines）就是其中最为杰出的代表。和同时期的亨利一样，戈弗雷也是神学院的在俗导师，但他深受道明会的阿奎那和艺学院导师布拉班的西格尔（Siger of Brabant）的影响。与之前提到的哲学家不同，戈弗雷反思自由意愿的基本出发点是形而上学，

---

① 参见 Tobias Hoffmann, *Free Will and the Rebel Angels in Medieval Philosophy*, Cambridge: Cambridge University Press, 2021。

② 参见 Tobias Hoffmann, *Free Will and the Rebel Angels in Medieval Philosophy*, Cambridge: Cambridge University Press, 2021。

而不是道德心理学。① 他因此对亨利有关意愿自我推动的主张提出了猛烈的抨击。他认为如果意愿能力能够推动自身产生特定的意愿行动，那么这就意味着作为推动者的意愿能力以一种更卓越的方式拥有特定的意愿行动，而由此可以推知它在推动自身产生特定的行动，如不顾一切地追求自身的幸福之前，它已经以一种更卓越的方式在追求自身的幸福了。或者说在天使的第一个恶的意愿行动出现之前，作为能力的意愿本身已经败坏，这显然是荒谬的。②

与唯意愿论者针锋相对，戈弗雷认为理智所认知的善不仅仅是意愿行动的形式因和目的因，而且也是其效力因。在他看来，意愿是一种被动能力，如果理智没有向它显示一个对象的善，意愿本身是不会产生朝向对象的意愿活动的。因此，并不存在着内在于意愿能力自身的自由，也没有所谓意愿自主性。人的自由来源于理智的非物质性和自反性（self-reflexivity），理智能够从不同的方面考虑一个对象的善，甚至可以重新考虑自身做出的判断，由此决定我们的行动。然而，理智一旦做出明确的判断，意愿就只能与之保持一致。③ 霍夫曼指出，戈弗雷仍然极力避免理智决定论的后果。他认为意愿仍然可以决定是否推动理智进行谋划，或者是否将某个对象和理智能力联结起来从而开启理智判断。然而，这里的问题仍然是：意愿出于什么样的原因去推动理智或者应用理智，尤其是在堕落天使还没有任何过失之前？④ 由于方丹的戈弗雷没有专门论述路西法的恶的意愿的原因，我们无法做出决定性的判断，也无从得知他是否和阿奎那一样承认，恶的意愿的产生在一定意义上是不可理解的。

篇幅所限，我们仅仅选择了《反叛天使》一书论及的最有代表性的几位思想家的主张加以重构，以勾勒经院哲学盛期自由意愿论辩的历史

---

① 参见 Tobias Hoffmann, *Free Will and the Rebel Angels in Medieval Philosophy*, Cambridge: Cambridge University Press, 2021。
② 参见 Tobias Hoffmann, *Free Will and the Rebel Angels in Medieval Philosophy*, Cambridge: Cambridge University Press, 2021。
③ 参见 Tobias Hoffmann, *Free Will and the Rebel Angels in Medieval Philosophy*, Cambridge: Cambridge University Press, 2021。
④ 参见 Tobias Hoffmann, *Free Will and the Rebel Angels in Medieval Philosophy*, Cambridge: Cambridge University Press, 2021。

轮廓和基本理论框架。更多的历史细节和理论辨析，还有待读者去进一步开掘。但笔者希望，以上的粗略勾画足以展示这段常被忽略的哲学时期的多元立场和丰富成就，尤其是中世纪的思想家在论战和具体辨析中修正和发展相关理论主张的探索态度。权威的主张和日常的直觉只是他们思考的起点，在对恶的意愿的因果和道德心理学分析中，出色的思想家如阿奎那和奥利维，总是试图同时捍卫理性行动的可理解性和理性行动者的自我控制能力，平衡着意愿抉择中的理性和自由，而不是固守某种理论立场，这是真正的哲学精神所在，也是一种恰当的行动理论和道德心理学必须捍卫的理想。

霍夫曼的《反叛天使》一书所追求的也正是这种哲学理想。它直接面对的是中世纪文本，处理的是一个带有浓厚基督教色彩的话题，但在对历史文献的耐心梳理中，作者始终关心这些讨论的当代相关性，尽可能借用当代读者容易理解的术语和案例来进行分析。他虽然大量使用唯意愿论和唯理智论的标签，但非常小心地避免简化历史人物的复杂思想，尽可能准确地翻译和展示这些被当代学界不公正地忽略的思想资源。因为全书论及人物著作甚多，全书语言力求清晰直白、简明扼要。然而注释中包含的大量原始材料和二手文献的信息极见功力，为未来进一步深入开掘相关话题提供了指引。作者的母语为德语，长期在英语世界工作，又即将接任索邦大学中世纪哲学教职，出众的外语素养使得他能够整合相关领域英、德、法、意学界的相关成果，视野非常开阔，不像某些以英语为母语的哲学史家固守一隅。当然，研究对象内容的丰富，相关哲学史研究方兴未艾的现状，都决定了这本书更像是一份请柬，邀约没有历史偏见的读者去开掘中世纪的思想宝矿。在可见的将来，它不仅将成为中世纪哲学天使学研究的必读书目，而且也将成为西方自由意愿思想史的重要参考，帮助我们更好地理解理性存在者的理智、意愿与自由。[①]

[①] 本文写作得到国家社会科学基金重点项目"西方古代至中世纪哲学中的自由与责任研究"（项目号：19AZX011）的资助，特此致谢。

观念史自觉、解释学态度与历时性中的共时性

——评王中江的《自然和人：近代中国两个观念的谱系探微》

郝颖婷

摘　要：王中江的近著《自然和人：近代中国两个观念的谱系探微》是一部观念史研究的典范性著作。首先，作者具有明确的观念史方法论自觉，准确选取了自然和人这两个"单元—观念"作为研究对象，历时性地廓清了两者在近代中国观念史上的多义性与演变的复杂性，同时共时性地呈现了两者分化与统一的观念链条运动结构，保持了观念史研究的哲学性。其次，作者呈现了一种难能可贵的解释学态度，在观念史考察中既未标榜某种现代方案的优越性，也未吹捧某种传统视域的超拔，而是在解释学展开的时间距离中呈现了近现代诸种视域融合中观念的位移与嫁接。最后，作者并未停留于历时性呈现观念演变上，而是通过引入超自然、实在、物质、文明、生命和心灵等第三项建立起了观念链条，在个案式研究中实现了对近代自然和人观念网络的共时性透视。不论在方法论、对象的选取上还是内容的启发性上，该作都堪称近年来观念史研究中的扛鼎之作。

关键词：观念史　自然　人　历时　共时

作者简介：郝颖婷，北京大学哲学博士，浙江大学人文学院博士后。

一　作为哲学研究的观念史研究

美国哲学家阿瑟·洛夫乔伊（Arthur Lovejoy）将其开创的以"单元—观念"（unit-ideas）为对象的哲学研究范式称为观念史研究（study of history of ideas)。① 这一研究范式克服了传统哲学研究过度注重单个哲学家思想内部体系而忽略哲学史本身历时性发展的缺陷，同时又以"单元—观念"勾连起以哲学史为核心的科学史、社会史与政治跨学科叙事，能够更全面地解释人类思想中核心观念的形成与发展，故而在面世之后很快在整个人文学科领域流行起来。而在汉语学界，近三十年来观念史研究也已蔚为大观，这些研究或以汉语经典世界中的核心概念为对象，或以近现代中外交汇、古今融合所形成的关键词为线索，逐渐勾勒出了汉语世界中观念如何在古今中西间演变脉动的思想地图。不过，在过往的众多"观念史"研究中，也有不少存在着方法论上缺乏自觉、混淆观念史与概念史研究的问题。

尽管观念史研究与概念史研究两者看上去都是以某种关键语汇作为研究对象的，但其旨趣关切却大相径庭。概念史（Begriffsgeschichte）究其根本是一种历史语义学（Historische Semantik）②，这一学科范式的代表性人物科塞雷克（Reinhart Koselleck）指出，概念史是"史学研究的一种职能：它关乎概念的形成、运用和变化"③。概念史往往以某些关键历史概念作为确定的锚点，研究同一概念在不同历史情境中的不同作用，彰显其在不同群体、语境中的内在张力，尤其挖掘某些重要概念对西方现代性的塑形与引领作用。而发轫于洛夫乔伊的观念史则本质上是一种反思性的哲学语义学（Philosophical Semantics）。④ 如果说概念史的研究对象是某些确定能指在历史上的变迁，着力展现能指在历时性层面的复杂性、矛盾、张力和裂隙，那么观念史则试图在廓清能指历时性复杂变迁的基础上，呈现整个能指链或者说观念链内部的共时性结构。因此，观念史研究对"关键词"的选取并非像概念史一样以古今变迁或者

---

① 参见［美］阿瑟·洛夫乔伊《存在巨链——对一个观念的历史研究》，张传有、高秉江译，商务印书馆2019年版。
② 参见方维规《历史语义学与概念史》，载冯天喻等主编《语义的文化变迁》，武汉大学出版社2007年版。
③ 转引自方维规《概念史研究方法要旨——兼谈中国相关研究中存在的问题》，《新史学》第3卷，中华书局2009年版，第3页。
④ 参见［美］阿瑟·洛夫乔伊《存在巨链——对一个观念的历史研究》，张传有、高秉江译，商务印书馆2019年版。

说现代性形成、现代知识体系形成核心问题意识①,而是如洛夫乔伊所说,是要以"单元—观念"为凭依,"穿越全部历史领域"进行一种"历史的综合",最终在哲学的高度将"单元—观念"组织为"可以理解的统一体"。②因此,尽管观念史很大程度上摒弃了传统哲学体系化、精英化、经典化的研究途径,转而更强调"单元—观念"的历时性展开,更为关注伟大思想家经典世界与集体思想生活世界的互动,但它依然是一种旨在回答根本哲学问题,呈现人类思想共时性根本结构的哲学研究。

王中江教授的近著《自然和人:近代中国两个观念的谱系探微》(商务出版社2018年版,以下简称《自然和人》)虽然未以观念史为名,但显然是一部典范性的观念史研究著作。这种典范性源自作者清晰的方法论自觉,他提出观念史研究"既追寻观念的历史演变过程,又探讨其思想构造和形态,既从整体上把握观念的主要特性,又展现出其在不同阶段和不同哲学家那里的复杂表现"③。这一方法论自觉将作者的观念史研究彻底区别于史学化的概念史研究,同时又保证了自身作为哲学研究的高度,避免了成为方法论意识匮乏的一般思想史叙事。作者选取"自然"和"人"作为近代中国观念史研究的关键词,不仅仅因为这两个观念就历史层面在中国思想近代化历程中有着举足轻重的地位,更是因为它们是洛夫乔伊意义上的"单元—观念":它们并非精英化、体系化、内涵外延明确的哲学术语,而恰恰相反,是广泛存在于群体中习焉未察且意涵模糊,但却潜在决定了人们思维模式的根本观念。因此,在观念史层面对自然和人这样的"单元—观念"进行考察,较之单纯体系化哲学术语研究或对概念的历史考察都是更为困难的:将自然和人这样的"单元—观念"哲学化,呈现其历时性变迁与共时性深层结构的观念史研究,根本上是跨越了哲学、史学、社会学、文化史的哲学研究。

---

① 科塞雷克以现代性形成的"鞍型期"历史分期作为概念史研究的历史观假设,这也就指向了其核心问题意识:从古代到现代的历史转型,具体可参见郭台辉《作为方法的概念史及其"鞍型期"假设》,《中国社会科学评价》2020年第1期。
② [美]阿瑟·洛夫乔伊:《存在巨链——对一个观念的历史研究》,张传有、高秉江译,商务印书馆2019年版,第15—16页。
③ 王中江:《自然和人:近代中国两个观念的谱系探微》,商务印书馆2018年版,第2页。

这种困难性首要地体现在"自然"和"人"这两个观念的多义性上。作者在前两章分别考察了自然和人在近代中国观念谱系中的诞生与形成，极为细致地梳理了近代大量相关文献，涵盖辞书、报刊、书信、论著等，几乎可谓面面俱到，进而总结出了自然和人分别具有的五种意义。不过，作者并未满足于对这种多义性的考索和呈现，而是进一步提出，自然和人作为"单元—观念"，其多义性是被其在观念链条中相互对立又彼此定义的差异性位置决定的——如果仅仅对"自然"和"人"这两个观念中的任何一个进行考察，最终必然走向茫然无所依的材料泛滥而洞见匮乏的境况，只有将这两者放入相对又相依的观念链条中，才有可能揭示其深层观念结构。

作者提出，近现代中国"自然"和"人"两个观念的建构基本是在两种模式下展开的：首先是"自然与人的分化"，其次是"人与自然的统一"。[①] 作者总结的这两种模式实际上在哲学层面揭示了这两种观念链条的运动方向：前者是以自然的实体化（substantiation）乃至本体化（ontologicalization）为主导，实现人在知识论层面的从属性主体化（subjectivation）；而后者则是通过确立一种以人为主导统合二者的主体化实体，促使经过现代自然科学洗礼后已然实体化的自然重新从属于人的主体化过程。自然和人的这一观念链条在这两个方向上的运动共存于近现代中国思想史的每个时期，往往显示为两者其一的主导性运动和来自另一方的对抗运动。如在作者总结的自强新政时期（1861—1895年）和制度革新时期（1895—1915年），主导观念链运动的是以现代科学作为动力的实体化自然，人的主体化要服从和服务于这一客观自然的进化历程，但与此同时这两个时期也出现了如章太炎反对将自然本体化，强调人"自识"之主体性的思潮；而在其后的新文化运动时期（1915—1920年）、哲学和文化的体系化时期（20世纪20—40年代末），则在科玄论战、东西方文化论战的震荡中更多学者强调人之精神的本体论地位，要求由人在精神、知性上成为"新人"，完成其主体化并由此引领自然的实体化，但与此同时实体化、科学化的自然观念也已经固定成了

---

① 王中江：《自然和人：近代中国两个观念的谱系探微》，商务印书馆2018年版，第6页。

某种毋庸置疑的社会常识。作者不仅仅在历时性观念史上廓清了自然和人在近现代中国观念史上的多义性与演变的复杂性，更重要的是这一研究以自然和人这样的"单元—观念"为锚点，共时性地呈现了整个近现代中国观念网络的哲学性结构。

可以说，"自然"和"人"两种"单元—观念"相互对立又彼此定义，在近代中国古今中西的剧烈碰撞中争夺着观念链条上的主导权（hegemony），最终在哲学上建构起了现代中国的知识图景，并在科学观、价值观、文明观乃至传统心性论、人生观等多个维度产生了深刻而根本的影响。

二　开放视域下的解释学循环

《自然和人》作为近现代中国观念史研究的另一个突出特点，在于其解释学（Hermeneutics）态度。尽管作者并未在文本中明确表达这一观点，但如果仔细阅读我们就可以发现，自始至终贯穿这部论著的一个重要主题是"融合"："自然"和"人"这对观念在中国近代的出现，既不是单纯通过翻译而引入的新术语、新概念，也不是原有传统经典话语的简单延伸，而恰恰是古今中西之间的主体间视域融合的产物。而作者以其观念史方法与哲学关切呈现出的自然和人在近现代中国的观念谱系，同样是一种视域融合，显示出一种以解释学循环为认识论前提的解释学态度。

解释学循环常常被误认为一种流俗的历史主义或相对主义文本阅读理解模式，即强调文本或历史理解具有语境性和相对性，而主体的阅读和理解必然同样掺杂了主体视域的干扰，因此解释学循环的发生就意味着不存在对"事情本身"恰如其分的理解，而仅仅能够得到视域融合后建构出的结果。但实际上，这恰恰是对伽达默尔（Gadamer）解释学循环的误读。解释学循环实际上指出，不同历史情境与文本语境对同一观念理解与表述的不同、不同历史主体处理同一问题时视域的各异，这一由历史延宕而出的差异网络，恰恰指向了解释学"批判"的可能性："时间距离才能使诠释学的真正批判性问题得以解决，也就是说，才能把我们得以进行理解的真前见与我们由之而产生误解的假前见区分开来。"① 时间距离具有一种生产性，它促使主体不断在时间性中敞开进而得以历史化、符号化，这就意味着根本上并不存在排除了主体主观性、视域性的客观历史和关于历史的客观知识，历史总是已经发生了的、构成了主体之视域的东西。换言之，主体总是已经是历史之效果，主体由其视域而能够进行理解的原因正在于它已经在历史中主体化、符号化了，这便是伽达默尔所说的"我们得以进行理解的真前见"。因此，当主体意识到历史具有效果并因此获得这一时间距离延宕出的效果历史（Wirkungsgeschichte）意识，历史上的任何观念都将不再是封闭的、局限的，历史本身也绝非僵死的、停滞的，主体及其历史得以在这种理解中实现自我延续与自我更新，这便是伽达默尔意义上的解释学循环。在这一互动中，历史所赋予的"前见"与视域不再仅仅是单纯的偏见、误认、局限性，而恰恰会成为引领主体再次走入历史、实现历史更新的批判性力量。

在《自然和人》中，这一解释学态度体现在作者对文本的谨慎使用与对自身观点的审慎表达上。我们可以发现，作者在其研究中尽可能与其研究对象拉开一段时间距离，以一种平实却冷峻的方式进行叙述。在结束了第一篇前两章对"自然"和"人"两个观念在中国近代发生与演变的历时性考察后，作者进入了论著的主体部分，分五个篇章在五个主题下分别对十三位中国近现代重要思想家、哲学家进行了个案式考察。这些研究对象几乎覆盖了中国近代保守与激进、传统与现代思想光谱的两极，大多数研究者都难以避免地会在这样的光谱中定位这些思想家，甚至多有以一种"同情的理解"或强调"内在理路"的态度，将研究者与被研究对象的距离无限拉进，完全服从于研究对象的立场和倾向。然而，这种看似对被研究对象历史语境的理解与接纳态度，实际上却取消了时间距离，导致这些研究成为一种全然的复述，失去了解释学循环的批判性和解释力。与之相反，《自然和人》对近现代思想人物的考察中既没有标榜某种现代方案的优越性，也未吹捧某种传统视域的超拔，而是尽可能地拉开时间距离，试图呈现诸种视域融合下思想的可能错置与矛盾。这种态度在作者对几位立场和观点都较为激烈的思想家的

---

① ［德］伽达默尔：《真理与方法》，洪汉鼎译，上海译文出版社1999年版，第383页。

研究中更为明显,这里笔者想尤其强调作者对章太炎和辜鸿铭解读的启发性。

章太炎一生思想多变,"自然"观念也并非其思想转变的主线,以之作为核心线索组织章太炎的思想无疑是较为困难的。但作者敏锐地发现,章太炎对"自然"观念的肯定与否定一直从属于其思想主轴的变动偏移,这一主轴就是"人的道德自立"[①]。正是为了找寻和论证主体必须"以自识为宗"的道德独立性,将之从不论天还是自然、进化等宰制性他者的束缚中解放出来,章太炎才不断调整其"自然"观念,先是以自然解构超自然,之后又以唯识学解构自然,使主体无所依傍,最终只能归宗"自识"。引领作者发现章太炎这一思想主轴的并非其哲学体系中的核心概念、思想资源之类习见的线索,而恰恰是章太炎想要推动近代中国政治革命、作为"行动人物"而非"观念人物"的面相。[②] 对"观念人物"作为"行动人物"之历史语境的关注,并不会损害其作为"观念人物"深度或者导致其思想成为一时一地的相对之物。恰恰相反,语境性意味着思想家在历史中的对根本真理性问题的真正理解与敞开,意味着主体尝试在其历史化中领会并承担其责任。就章太炎这一个案而言,正是以近代中国政治革命作为问题意识和前提才激活了"自然"和"人"观念,使之真正成为具有生命力与启发性的重要观念,也正是在这种语境性中才能真正彰显思想家的深刻与研究者的敏锐。

另一个值得重视的个案研究是辜鸿铭。在缺乏解释学态度的研究者那里,辜鸿铭往往被定位为反现代性的典型保守主义者,然而作者却提出,辜鸿铭的反现代性实则是现代性问题的表征,理解辜鸿铭首先要将其放入20世纪初西方现代性困境之中,而非仅仅是在传统与现代、东方与西方非此即彼的二元对立中选择一个位置。[③] 正是通过将辜鸿铭从古今中西的单纯对立中松绑,恢复其语境性与恰当的时间距离,作者才能够进一步揭示传统与激进何以同时存在于辜鸿铭身上:辜鸿铭并非直

---

① 王中江:《自然和人:近代中国两个观念的谱系探微》,商务印书馆2018年版,第163页。

② 王中江:《自然和人:近代中国两个观念的谱系探微》,商务印书馆2018年版,第168页。

③ 参见王中江《自然和人:近代中国两个观念的谱系探微》第十二章,商务印书馆2018年版。

接继承了某种作为东方社会经验的传统,他是在思考应对20世纪初西方文明现代性危机的基础上重新认知东方传统的,由是他也并非在东方西方两种地方经验、两种特殊文化之间进行斟酌比较,而是在思考人类普遍意义上的出路与未来的层面激活了儒家思想。这再次证明,只有通过正视时间距离,洞察那些引领并最终催生思想家普遍主义思考的特殊历史语境,才能真正揭示思想家诸观念的普遍之维,否则研究就难以避免成为前反思性的复述。《自然和人》中作者这一恰切的解释学态度,值得所有有志于哲学史、观念史与思想史研究的学者注意。

三 共时性观念链条中的"自然"和"人"

历时性与共时性这对术语来自语言学家索绪尔(Saussure),他提出普通语言学的研究对象应当是具有共时性一般语法形式的语言(langue),而非历时性的作为个体现象的言语(parole)。[①] 这对概念之后被法国人类学家列维-斯特劳斯发扬光大,成为支撑结构主义方法的基础框架。这里笔者想要借用这对概念来强调《自然和人》作为观念史研究的另一个显著特点:重视观念的共时性。

上文在方法论部分已经提及,观念史研究尽管以"史"作为载体呈现观念的历时性变迁,但更重视的依然是通过对历时性变迁的条分缕析最终廓清观念的根本共时性结构,因此观念史究其根本依然是哲学研究。而在《自然和人》中我们同样可以发现,在前两章的历时性观念考察后,研究的主体部分是在不同观念链条中对重要思想家"自然"和"人"观念的个案式探究。在这些个案式探究中,占据核心地位的是共时性而非历时性。换言之,如果前两章的历时性观念史梳理是整部著作的经线,那么其后五篇共十三章的个案式梳理就是一条条纬线,构筑起了"自然"和"人"的共时性观念链条,两者交叉,方才形成了近现代中国自然和人的观念史网络。在这一观念史网络中,作者选择了超自然、实在、物质、文明、生命这五者与自然和人构成观念链条。其中,超自然、实在、物质与自然的关系更为紧密,这三种观念链条更多是从

---

① 参见[瑞士]索绪尔《普通语言学教程》,商务印书馆1980年版。

观念史自觉、解释学态度与历时性中的共时性　◎

自然滑向人，倾向于从自然出发确定"自然"和"人"的关系以及人的主体化模式。而后两者文明和生命则显然与人的关联更为密切，在这两种链条中思想家是从人的主体化位置出发来勾勒自然的形象的。这就要求读者注意到，自然和人不仅仅在历时性观念史演变中具有复杂性和多义性，在共时性观念链条中依据其所处位置不同，其含义同样会发生偏移。换言之，自然和人两者之间绝非静态的对称关系，而是处于动态的对观念链条主导权的竞争之中。许多思想史研究将这种观念之间的相互竞争处理为不同思想家、不同思想流派之间的竞争，这种处理方式固然不能算错，但并没能穿透观念的共时性结构。《自然和人》则揭示了穿透观念共时性结构的方式，就是通过引入第三项，使观念链条发生倾斜，由是通过观念链条的运动性和倾向性来剖析其共时性结构。

此外，笔者认为以现代中国作为视角，同样能够对观念链条的共时性结构进行透视。作为中国哲学学科下的研究成果，《自然和人》几乎并未涉及近现代马克思主义传入中国后对"自然"和"人"观念的影响和重塑，加之作者极为审慎地将观念史研究的时间节点定在了中华人民共和国成立之前，也就避免了对中华人民共和国成立后官方意识形态对"自然"和"人"观念的规定。但这里笔者不揣冒昧，想要略微突破学科藩篱，对《自然和人》进行一种源自现代中国后设视角的可能增补，从而进一步彰显"自然"和"人"的观念史主题的重要性。

正如法兰克福学派第二代学者施密特（A. Schmit）在对马克思自然概念的研究所指出的："无论在哲学上还是在自然科学上，自然的概念都不能脱离社会实践每度对自然的作用。"[1] 20 世纪中国革命作为近现代历史上最为重要的社会实践，也总是已经深刻地作用于"自然"和"人"的观念之上，而如果立足于中国社会主义实践，从这一后设视角向前看我们不难发现，近代"自然"和"人"观念已经为这一实践铺设了草蛇灰线。朱羽在其以"自然"为主题对中华人民共和国成立后"十七年"时期文艺实践的研究中引入了林春关于中国社会主义实践的分析作为展开自然不同面相的基本框架[2]，这里不妨同样以林春这一"社会—民族国家—发展"框架（social-national-developmental

---

[1] ［德］A. 施密特：《马克思的自然概念》，商务印书馆 1988 年版，第 58 页。
[2] 参见朱羽《社会主义与"自然"》，北京大学出版社 2018 年版。

framework)①，来找寻现代中国社会主义实践在近代中国自然和人观念中的伏线。

在这一三元框架中，社会主义一方面是传统中国平等主义的延续②，另一方面又是指向未来的建构"新人"及其联合体的崇高理想；而民族主义一方面是包括礼法、习俗、宗教在内的中华文明的自我赓续，另一方面又意味着这一传统共同体必须以现代民族国家的形式成为独立的主权国家；发展主义则意味着对富强的追求相应的对以科学话语为代表的现代性的接受。三种主义诉求互相嵌套，彼此关联又彼此竞争，共同主导了近现代中国革命的曲折历程。而在作者所铺陈的自然和人的近现代观念史上，我们同样可以发现这一三元框架的踪影：发展主义支配了自强新政时期以严复为代表的崇尚进化、追求富强的自然观，同时发展主义背后的科学话语也正是胡适的实证主义自然观、张申府的唯实自然观、金岳霖的新实在论自然观的根源所在；民族主义不仅仅反映于近代种族意味上"人"观念的建构，同样体现在如冯友兰、张岱年这样的哲学家在普遍语境下对传统儒家天人观的激活，辜鸿铭、梁漱溟、马一浮等思想家对传统心灵、心性、礼俗等"第二自然"的固守；社会主义就其作为"新人"与"新秩序"的理想层面而言，则体现在章太炎对新革命主体的建构、陈独秀的多维度"个人"观念，而如冯友兰、张岱年对天人会通理想秩序的想象实则是民族主义与社会主义两种意识形态共同作用的结果。从作者所揭示的近代中国自然和人的观念史中，我们其实已经不难发现现代中国社会主义实践的潜在路径。

以现代中国革命及社会主义实践对近现代"自然"和"人"观念进行一种视角上的增补，并不是想要替作者越俎代庖地揭示"自然"和"人"观念史的进一步现代面相，这是一个过于困难也过于冒险的工作。笔者通过这一可能视角仅仅是想要强调，"自然"和"人"绝非囿于书斋之中的纯粹观念或哲学体系，它根本上与近现代中国的政治实践、社会实践相关联——自然被不同类型的实践活动改造或设置，人则作为实

---

① 参见 Lin Chun, *The Transformation of Chinese Socialism*, Durham：Duke University, 2006。

② 参见［日］沟口雄三《中国的冲击》，王瑞根译，孙歌注释、解说词，生活·读书·新知三联书店 2011 年版。

践活动的结果而完成其主体化历程。反过来说，理解并呈现自然和人在近现代中国的观念史，同样不仅仅是一项单纯的学术活动，它本身就具有实践性，这种理解的实践性将在当今再次建构起我们作为实践者的坐标系。而就这一点来说，《自然和人》所开启的富有意义的观念史工作才刚刚开始。

哲学殿堂

守望智慧的记忆：北京大学哲学殿堂的故事

王中江

摘　要：哲学在不同的空间中展开。北京大学哲学门的建立及发展对于现代中国哲学界具有里程碑的意义和作用。这一哲学殿堂是属于北大的，在一个时期中它又是属于整个中国的。这里发生的哲学故事和记忆既丰富又丰厚。

关键词：守望　智慧　记忆　哲学　殿堂

作者简介：王中江，男，郑州大学特聘兼职教授，北京大学哲学系教授，教育部长江学者特聘教授，主要致力于儒、道哲学，出土文献和近代中国哲学研究。

在人类迄今所从事的各项活动中，哲学称得上是头号沉思冥想的一项古老而又常新的活动。在好奇、怀疑和自由独立的思考中，哲学家不断地超越它的过去，用智慧的链条造就出了不同的伟大理智传统，其中一个我们把它叫作"西方的"，另一个我们把它叫作"中国的"。在过去的大部分时间里，这两个伟大的理智传统彼此都是独立发展的。但到了现代，这一切都发生了变化，犹如大西洋的水汹涌澎湃地侵入了太平洋，西方的理智传统终于同中国的理智传统汇合了。这在过去是完全不可想象的，对此感到惊异是非常自然的。东西方哲学在现代中国的空前接触和相遇，首先是扩大了中国哲学的外延，更重要的是，它使既不同于中国过去也不同于西方的一种新的哲学的出现成为可能。不要被两者之间一时发生的纷争所困扰，要知道，真正的批评从来就是促进哲学变化的动力。目睹了这一过程初期的罗素，他是现代最早踏入中国这块土地上的当时头牌的西方哲学家，对这两种理智传统合流之后的结果，抱有很高的期待。他希望一个新生的中国能够吸收两者的长处同时又能够避免它们各自的短处，造就出一种新型的文明。罗素说人类有一种经验，即不同文明之间的接触，常常成为人类进步的里程碑。现在这种情形最有可能在中国发生。

显然，这是一个长期性的目标，要在短期内就能摄取、消化、吸收另一个巨大理智传统的精义，其中大大小小的困难可想而知。张之洞这位保守的晚清官僚，他一度担任学部的主管，对来自日本翻译的许多西学新名词深感厌恶，尤其是其中的"哲学"。因为张之洞忧虑它会对已有的秩序构成威胁，好像哲学的追问和沉思在中国从来就没有发生过。这种短视的目光导致的一个直接结果，是哲学被排除在清末学堂章程和大学的学科之外。不过，这一不幸的局面没有持续多久。张之洞的做法一开始就受到了王国维的有力批评，王氏是最早对哲学提出真知灼见和为哲学进行有力辩护的哲学家之一。他说哲学原本就是中国古代学问的一部分，它只有益处而没有害处。明智的人都愿意接受王国维的看法。1912年，清帝国刚刚被革命的洪流淹没，中国的第一个哲学系就在中国近代的第一所"国立"大学——京师大学堂应运而生，它当初叫作"哲学门"：一个专门出产和供应智慧的地方，一个令人神往的爱智和明哲的殿堂。在这里，人们可以自由地品尝智慧的果实而不必担心会受到什么惩罚。在时代的巨大变迁中，北大哲学门以它的沉着、刚毅和不懈精神，耐心地开启着现代中国的智慧之源。至今，它已走过了一个世纪的历程。

在一个世纪之中，哲学门里的哲学故事丰富多彩，塑造这些故事的主角是身居其中的哲学家和他们的追随者。这些故事是北大的，也是属于整个现代中国哲学共同体的。有人说，历史本质上是对过去各种各样事物的保存和记忆，我赞成这一说法。哲学门中保留下来的大量记忆，是一部热爱智慧的历史。它是现代中国理智新传统成长过程的见证者，又是这一新传统的缩影和标尺，这是千真万确的。在这里生活、工作和学习过人的人们，忠实于他们自己的选择，以哲学为天职，痴迷于精神的绿洲，津津乐道于宇宙和人生的奥妙。有人说"最是文人不自由"，我倒是觉得"最是哲人真风流"。人类天生都是程度不同的哲学家、科学家和艺术家。如果说兴趣是最好的导师，那么我们每个人都可以自己指导自己。哲学的沉思始于好奇和着迷，终于好奇和着迷。一个真正按照兴趣生活和思考的人，他还有什么更高的奢望？进行哲学思索的人不必像歌德《浮士德》中的魔鬼墨菲斯特利斯说的那样，犹如在绿色的原野上吃枯草的动物，或者像黑格尔所说的那样命里注定罚我思考哲理。他们是类似于金岳霖所说的世界上的哲学动物，这样的人即使身陷囹圄，他们仍念念不忘心中的哲学问题。金岳霖说他自己就是其中的一位。我将这本文集命名为"守望智慧的记忆"，就是想以此来表现哲学家对智慧这一特殊事务的热爱和执着精神。

哲学家在自身领域的创造都凝聚在了他们的著述里，其他领域也大多如此。一百年来，北大哲学家群体留下了大量的著述，这是北大哲学门和现代中国哲学共同体的一笔无限的精神遗产。这里我们选择的虽然只是其中非常有限的一部分，但同时希望它又能够高度呈现哲学家对哲学的洞察以及他们在这一领域中建立的典范性。根据论文的不同内容，并为了便于大家的阅读和思考相关的问题，我们将这些论文分别置于相对不同的主题之下。其中第一部分的"哲学门中的人和事"，所选的是几位哲学家对他们身临其境的哲学门的回忆，从中我们可以了解到当年哲学门的沧桑巨变、逸闻趣事，并间接地去感受一下这座智慧殿堂的氛围。在这些回忆中，蔡元培先生的名字一再出现，他是现代意义上的北京大学的真正奠定者，也是现代中国哲学的先驱之一。他从事的专业领域是哲学和伦理学，北大哲学门的兴盛，同他具有直接的关系。陈独秀、李大钊、胡适等先生都是由他揽聘的，他还聘任了只有中学学历的梁漱溟先生。梁漱溟先生谦虚地回忆说，其他一些人来到北大是教育别人的，而他来到北大则是学习的。梁先生为人矜持，陈先生性格豪放。据冯友兰先生回忆，在中华民国八年（1919）的毕业合影中，梁先生和陈先生一起坐在前排，陈先生将自己的双脚伸到了梁的前面。照片出来后，学生们让陈先生看照片，陈先生说照得很好，只是梁先生的脚伸得太远了。学生们告诉他，那是您的脚，陈先生大笑不止。这里会聚的哲学家，风格如此各异。人们爱说哲学家与众不同，殊不知他们之间也是那么不同。

北大及其哲学门是现代中国文化成长过程中的引导者。身处其中的知识分子和哲学家引领着现代中国人的进步。在现代中国经济、社会、政治和文化等各项革新中，哲学起着强烈的催化作用。只要我们想到新文化运动，我们同时就会想到北京大学，想到哲学门。这场运动的灵魂人物就是北大的哲学家——蔡元培、胡适、陈独秀、李大钊、梁漱溟等先生，还有他们的追随者傅斯年、罗家伦、顾颉刚等年轻学子们，当时他们已初露头角。这里是现代中国大学精神的发源地，蔡元培先生把这个精神概括为"思想自由，兼容并包"；这里是现代中国文化精神的大本营，陈独秀将它概括为"德先生"和"赛先生"；这里是现代中国新思潮的重镇，胡适把这个新思潮称为"研究问题，输入学理，整理国故，再造文明"；这里还熏陶出了一位奇人毛泽东，他是新文化运动之子，在破坏一个旧世界上无与伦比。但这里也是老文化的复兴阵地，梁漱溟先生致力于揭示孔子仁爱的真谛，在世界不同文化的对比中发现了中国文化的独特价值；似乎是顽固的辜鸿铭先生，也在这里获得了发表自己言论和思想的讲台。今天再来观察他当时对西方文明的反思和对中国文化的辩护，反而有孤明先发之感。蒋梦麟先生描述当时新旧派别共存于北大的情形说："背后拖着长辫、心理眷恋帝制的老先生与思想激进的新人物并坐讨论，同席笑谑。"① 这里是如此开放和多元，又是如此具有活力和创造性，这也就是为什么我们能够说新文化运动是中国历史上又一次伟大的自由思想运动。在这里，我们看到了哲学的力量，看到了哲学对于推动中国革新的力量。正如贺麟先生所说："哲学的知识或思想，不是空疏虚幻的玄想，不是太平盛世的点缀，不是博取科第的工具，不是个人智巧的卖弄，而是应付并调整个人以及民族生活上、文化上、精神上的危机和矛盾的利器。哲学的知识和思想因此便被认为是一种实际力量——一种改革生活、思想和文化上的实际力量。"②

对于什么是哲学，我们一直有着不同的解释。但要真正认识哲学，不能靠辞典或教科书上的定义。我们要关注的是哲学家眼中的哲学是什么，特别是要透过他们在哲学上具体做了哪些工作来了解。在西方，对于亚里士多德来说，哲学的本质是寻求智慧；对于马克思来说，哲学主要在于改造世界；对于罗素来说，哲学是介于科学与宗教之间的东西；对于石里克来说，哲学是服务于科学的；对于海德格尔来说，哲学是

---

① 蒋梦麟：《西潮》，辽宁教育出版社1997年版，第108页。
② 贺麟：《五十年来的中国哲学》，辽宁教育出版社1989年版，第1页。

"对超乎寻常的东西作超乎寻常的发问";对于默尔多赫(Iris Murdoch)来说,哲学的目的在于澄清,在于从思想上发掘最深刻和最一般的观念。在现代中国哲学家眼中,哲学也被不同地界定。在胡适那里,哲学是对人生切要问题从根本上去着想并寻找一个根本的解决;在金岳霖那里,哲学是一种按哲学规则来进行的游戏;在冯友兰那里,哲学是对人类精神生活进行系统性的反思。哲学"到底是怎么一回事"的答案,就在这些千姿百态的不同答案中。

任何哲学总要从某种假定出发,这在科学中也不例外。人们为什么乐意选择某一假定而不选择别的,部分原因是出于他们的个性。张岱年先生曾同金岳霖先生谈到熊十力的哲学,金岳霖先生说:"熊十力的哲学有一个特点,就是他的哲学背后有他这个人"①,在这一点上,詹姆士走得很远,他断言"哲学史在极大程度上是人类几种气质冲突的历史"②。但他并不孤立,卡尔纳普诊断热衷于形而上学哲学家的心理之后说:"一元论的形而上学体系可以是表达一种和谐的与平静的生活方式,二元论的体系可以是表达一个把生活看作是永恒的斗争的人情绪状态;严肃主义的伦理学可以是表达一种强烈的责任感,或者表达一种严厉的统治欲。实在主义常常是心理学家称之为外向的那种性格类型的征象,它是以容易与人和物发生联系为特征的;唯心主义是一种对立的所谓内向的性格类型的征象,这种性格倾向于从不友好的世界退却而生活在它自己的思想和幻想之中。"③

哲学令人疑惑的地方,一是它的不确定性,二是它的价值和作用究竟如何体现。表面上看起来,哲学家的工作是徒劳的,他们从来没有真正解决一个问题。后来的哲学家来到哲学的队伍中,"不过是"先破坏一座先前建立起来的大厦,然后再建立一个属于自己的世界。但更加真实的情况是,哲学提供的是各种高级的沉思和智慧。每一种哲学体系都具有自身的"一贯之道",它是哲学家殚精竭虑、慎思明辨对世界所做的不同旨趣的深度洞察、高超直觉和美妙体悟。就一方面而论,每一种

---

① 张岱年:《忆金岳霖先生》,《金岳霖学术思想研究》,四川人民出版社1987年版,第37页。
② [美]詹姆士:《实用主义》,陈羽纶、孙瑞禾译,商务印书馆1997年版,第7页。
③ [美]怀特编:《分析的时代——二十世纪的哲学家》,杜任之等译,商务印书馆1981年版,第222页。

整全性解释都不是最终性的；就另一方面而论，它也不是"最终性"的没有解决。因为我们总是在一种深度的洞察中获得了智慧。梦是人人都熟悉的现象，但正是弗洛伊德充分发现了梦的奥妙，建立了梦的哲学；"现象"是人人见到的"现象"，但正是胡塞尔率先建立起了"现象学"；"解释"在日常生活中经常发生，但正是伽达默尔建立起了"哲学解释学"。这正是哲学家之所以被称为哲学家的理由，也是我们不轻易把哲学家的称号赋予一个人的理由。比起其他知识体系来，哲学知识的这种不确定性，既是哲学知识的常态，也是哲学知识和智慧多样性的体现。我们没有"统一的"原创性的哲学体系，就像我们没有"一样"的原创性小说作品那样。如果不同的原创性小说作品各有不同的美感和诱惑，那么不同的原创性的哲学体系也各有不同的智慧和魅力。哲学之所以能够发挥作用，正是由于它的多样性和丰富多彩性能够满足人们的不同精神需求。

有人抱怨说，哲学是不结果实的花；也有人抱怨说，哲学家喜欢躲在象牙塔里。这样的抱怨同哲学的价值毫不相干，同哲学家的工作性质毫不相干。对于那些只知道眼前利害关系的人，他们的心灵只能被幽闭在洞穴中，他们无法享受智慧的阳光。据说，有人被批评为不知天高地厚，他说"我为什么要知道天高地厚"。有许多事务是非常务实的，相比于这些事务，哲学的事务确实是务虚的。它不能给人供应食物，但它却能够塑造人的灵魂。进入哲学，我们就进入了自由之地，进入了无限的精神之旅。它令人冥想，令人深刻，令人多智，令人明辨，令人安详，令人达观。要不，拥有哲学也就获得了一种教养，即便不能由此而变得温文尔雅，起码也是一种装饰。能够用哲学进行装饰自己的人，已经是在享用一种特殊的奢侈品。哲学家需要的是宁静和沉思，老子早就道出了这一点："不出户，知天下，不窥牖，见天道。"一些人对科学家与技术工程师之间的分工习以为常，但却经常混淆哲学家和行动家之间的界限。《周礼·冬官考工记》的作者已清楚社会需要分工："或坐而论道；或作而行之……坐而论道，谓之王公；作而行之，谓之士大夫。"哲学家的本职工作就是"坐而论道"。由此，现代中国产生了职业性的哲学家和各种不同的哲学体系。他们的大部分人都在北大哲学门中留下了各自独特的身影。

现代中国哲学发生的最独特事件,是西方哲学的涌入为中国哲学的发展注入了大量的新因素。对于当时的许多中国知识人来说,这些因素都是非常新颖的,他们迫切想从中为中国一系列的革新找到向导和指南,于是各种哲学、思潮和观念都在中国有了它们的用武之地。现代中国思想文化运动中的自由主义、激进主义和保守主义思潮,不管是多是少,都同外来的各种思潮和观念息息相关。在直接运用这些外来新哲学和观念解决中国当前的危机时,它们纷纷都变成了方法和"主义",变成了信仰和"意识形态"。就是强调"研究问题"的胡适,也在实验主义中找到了他尝试改变中国的法宝。与此同时,哲学作为一门专门学问和学术的兴趣也增长起来了,它的结果是造就了哲学各个领域和部门的专家。除了中国哲学外,这些领域和分支大都是仿照哲学在西方的分化而建立起来的。这是十分必要的,因为没有这种专门化,哲学的研究就不会变得如此丰富和细密。我们在每一个方面都比过去知道得更多、更详细。现代中国哲学的这一新发展,首先发端于北大哲学门,一代又一代的人在这里建立了他们的学术典范。目前的一个新趋势是,哲学领域的交叉研究变得迫切起来,某种程度的贯通也有必要了。

在古典中国理智传统的复兴中,西方的理智传统确实起到了"他山之石"的作用。严复惊呼,没有料到西方的智慧之光竟照出了我们固有的智慧宝藏。有许多中国古代理智传统的探索者一直致力于揭示中西理智传统中的一些类似的东西,以此来证明中国理智传统的普遍性意义,他们不能想象人类的理智传统会差别到没有可以比较的地步。但也有一些人,他们侧重于从中西理智传统的不同中来观察中国哲学,其结果是对中国哲学独特性和个性的发现。不管如何,儒学、佛学、道学或者广义的中国子学都得到了复兴,不同于历史上的现代新儒家、新佛家或新道家也出现了,这是十分可喜的。在这些不同的方向上,北大哲学门都躬逢其盛。在经历了一个世纪之后,如何再一次创造性地转化中国哲学,这是我们面临的新课题,北大哲学门中的人们牢记着他们的应有角色。

总而言之,现代中国哲学建立起来了,它不同于历史上任何一个时期的哲学,它是东西方哲学相互接触、相互融合和创造的产物。冯友兰先生说:"在中国现在进行的转变中,哲学家特别幸运,因为自21世纪初以来,他们重新审查、估价的对象,不仅有他们自己的过去的观念、理想,而且有西方的过去和现在的观念、理想。欧洲、亚洲各个伟大的心灵所曾提出的体系,现在都从新的角度,在新的光辉照耀下,加以观察和理解。随着哲学中新兴趣的兴起,老兴趣也复活了。在这种形势下,如果当代中国思想竟无伟大的变革,倒是非常可怪了。"[1] 在现代中国哲学的这场变革中,不折不扣,北大哲学门具有里程碑的意义。

(原为《守望智慧的记忆:北大百年哲学殿堂文选》所写的"编者的话",现略改刊出)

---

[1] 冯友兰:《中国哲学与未来世界哲学》,涂又光译,《哲学研究》1987年第6期。

《哲学中国》征稿启事

《哲学中国》创刊于2021年，由郑州大学哲学学院主办。辑刊以哲学意义上的中国建设为宗旨，立足于哲学领域中的各种问题和中国语境，同中国哲学界同仁们一道，致力于"哲学中国"事业的不断扩展。期望从事哲学的同仁们，不唯成为哲学不同领域的专家，亦成为哲学家。辑刊愿在建立哲学中国上尽绵薄之力。

本刊特设"哲学对话和评论""哲学论说""哲学家访谈录""学科回顾与前瞻""新著评论与推介""哲学家回忆录""哲学殿堂"等栏目。敬请关心、关怀"哲学中国"事业的同仁不吝赐稿！

本刊接受电子投稿。投稿者请将稿件以电子版 Word 格式发给《哲学中国》编辑部（zhexuezg@zzu.edu.cn）。译文请同时提供原文。稿件字体统一为宋体，题目和节题字号为小四号，正文统一为五号，脚注为小五号；统一页下注，每页单独编号；作者需提供摘要、关键词、作者简介和文章英文译名。引文注释规范请参看"中国社会科学出版社学术著作体例规范"。稿件字数一般以1.5万字以内为宜。所刊论文，付以薄酬。

《哲学中国》和中国社会科学出版社对稿件有使用权。

中国知网"著作权使用声明"：

为了传播论文，本刊许可中国知网以数字化方式使用本刊全文。中国知网不再向作者支付著作权使用费。